ESTUDIOS CIDIANOS

COLIN SMITH

Estudios cidianos

CUPSA EDITORIAL   **MADRID**

ensayos/planeta

DE LINGÜÍSTICA Y CRÍTICA LITERARIA

Dirección: ANTONIO PRIETO y ÁNGEL VALBUENA PRAT

© Colin Smith, 1977

Cupsa Editorial, Cristóbal Bordiu, 35, 2.ª (207), Madrid-3 (España)

Cubierta: Hans Romberg (montaje: Jordi Royo)

Primera edición, septiembre de 1977

Depósito legal: M. 27.395-1977

ISBN 84-390-0053-7

Impreso en España

Talleres de Tordesillas, Organización Gráfica

C/ Sierra de Monchique, 25 - Madrid-18

SUMARIO

PRELIMINAR

Es un placer presentar al lector español unos ensayos que se redactaron para su primera publicación en inglés, más algunos nuevos. El extranjero saluda a los compatriotas del Cid y no deja de sentir la necesidad de disculparse por su atrevimiento al pretender ofrecer opiniones sobre su grandioso Poema que a menudo disienten de los de los propios nacionales; pero el Poema, aunque tan nacional, también por sus cualidades pertenece a la universalidad de la literatura, y los extranjeros atraídos a él —obsesionados por él— no nos podemos callar. Hasta es posible que el advenedizo vea las cosas con nuevos ojos y nueva claridad. Si algo aprenden en estas páginas los españoles, vaya lo aprendido a aumentar el orgullo que debieran sentir por su Poema, que todavía está lejos de ser valorado en su justo precio.

De los ocho capítulos, tres (3, 6 y 7) son inéditos. Los demás están traducidos con algún cambio necesario —abreviación de ejemplos, supresión de apartados que figuran en otra parte, corrección de algún error, indicaciones de bibliografía reciente. En una nota al comienzo de cada capítulo hago constar la naturaleza de los cambios. Expreso mi agradecimiento por haberme amablemente concedido el permiso para traducir y reimprimir los estudios a los directores de las revistas Medium Aevum, Modern Language Review, Bulletin of Hispanic Studies, Proceedings of the Leeds Philosophical and Literary Society. *Por diversos motivos —de los que dejo constancia en las notas— debo igualmente dar mis gracias a mis buenos amigos y colegas Alan Deyermond, Derek Lomax, John Morris, Peter Russell, Roger Walker y Geoffrey West. La deuda con todos los que se citan en las notas bibliográficas es grande; hasta cuando discrepo de ellos, algo me habrán enseñado. Se verá que discrepo hoy (1976) de mis propias opiniones de 1967 y de 1971.*

En las páginas que siguen se ejercita la mente racional buscando datos, comparando fuentes y conjugando posibilidades. No estarán exentas de pasajes pesados, hasta de pedantería. Espero que se haga patente, brillando por momentos a través de la erudición, el profundo amor que siento por el Poema. No creo que se pudieran es-

cribir tales páginas, ni aun como parodia, sobre algún poetilla de los siglos pasados, justamente sepultado bajo el olvido. El ingente artefacto que es el Poema *nos llama, primera obra de una literatura, primera expresión vernácula de un gran pueblo naciente; como toda obra de arte realmente grande, está siempre con nosotros, dentro de nosotros, nos fascina y hace preguntas y plantea problemas: ¿cómo, cuándo, para qué, con qué medios? No me dedico a la investigación erudita sin haber sufrido primero, durante muchos años, el estímulo artístico del* Mio Cid *como poema, como drama humano. Y digo «sufrir» porque lo que llega a ser amor obsesivo bien puede ser sufrimiento. Muchas veces en la investigación, ponderando una colección de datos o considerando el argumento de un crítico, vuelve a resonar en el texto o en la mente algún noble verso del* Poema *—diría yo, de Per Abad—, rica recompensa por el tiempo invertido, nuevo estímulo, nueva razón para lanzarse otra vez a sondar el misterio.*

COLIN SMITH

Cambridge, diciembre de 1976.

I. PER ABAD Y EL "POEMA DE MIO CID"

Procedencia: *Medium Aevum*, XLII (1973), pp. 1-17.

Al volver a especular sobre la identidad y el papel del Per Abad que se nombra en el primer *explicit* del manuscrito del *Poema*, bien sé que el problema ha sido estudiado ya en varias ocasiones. La modesta cantidad de nuevos datos que puedo ofrecer justifica, sin embargo, esta nueva investigación.

Todos parecen estar de acuerdo en que el poema propiamente dicho termina con el verso 3730. Los versos 3731-3 son, según la edición paleográfica de Menéndez Pidal (impresa separadamente en Madrid, 1961):

> Q*u*ien escriuio este libro del Dios parayso, amen!
> Per Abbat le escriuio enel mes de mayo,
> En era de mill τ C.C.   xL.v. años.

El análisis de estos versos, y las opiniones de los críticos acerca de ellos, ocupan las págs. 12-18 del tomo I del *Cantar de mio Cid* (Madrid, 1908, y ediciones posteriores) de Menéndez Pidal. Sus conclusiones sobre este punto, así como sobre otras muchas cuestiones, podemos decir que eran universalmente aceptadas hasta fecha reciente. Creía Pidal que el poema, compuesto alrededor del año 1140, había sido copiado en el único manuscrito conservado por Per Abad en el año 1307 de Cristo (esto es, Era 1345), y que en el *explicit* se había escrito al principio una tercera *C* en lo que se observa hoy como un blanco; esta *C* después habrá sido borrada, quizá para dar apariencia de mayor antigüedad al manuscrito. Añadió Pidal (pág. 18) que los reactivos no muestran señal alguna de tinta en el lugar de la letra supuestamente borrada. Dos paleógrafos, consultados por Pidal, apoyaron a él y a otros especialistas anteriores al opinar que la letra del manuscrito corresponde al siglo XIV, y que no resultaba de modo alguno incompatible con una producción del año 1307 de Cristo (pág. 6, nota)[1]. En cuanto a Per Abad, Pidal cataloga muchos

---

[1] Los dos eran Léopold Delisle, director de la Bibliothèque Nationale de París, quien «se inclina a creer que el [manuscrito] del Cid es de comienzos del XIV», y A. Paz y Melia, «quien cree evidente que el códice es del siglo XIV,

candidatos posibles, y los propuestos por eruditos anteriores, insinuando que como el nombre era «comunísimo», había de resultar infructuoso cualquier esfuerzo por identificar a nuestro hombre (pág. 17 y nota). Creía Pidal que *Abbat* era probablemente apellido y no título eclesiástico, pues de haber sido esto «debiera ir seguido de la mención del convento». Observaba por fin Pidal, sobre el *explicit*, que «ni hay motivo para sospechar sea copiada del *explicit* del manuscrito que sirvió de original al que hoy conocemos» (pág. 18).

En 1957 concluía A. Ubieto Arteta una serie de observaciones importantes [2] acerca de la fecha y evolución del *Poema* apuntando que «Pudo existir un *PMC* escrito en 1140, y aun antes de 1128, pero es evidente que sufrió refundiciones... La fecha de mayo de 1207 dada por el *PMC* en sus últimos versos nos está dando con precisión el momento en que un refundidor del viejo poema lo actualiza.» Es decir, que la fecha en el *explicit* del manuscrito es la verdadera, que no necesita enmienda; y que Per Abad no fue mero copista, sino un refundidor. Las pruebas que aduce Ubieto para apoyar su opinión son muy diversas tanto en su naturaleza como en su fuerza; algunas, bastante endebles, fueron rechazadas con bastante facilidad por Pidal [3]. En cuanto a la fecha de 1207 que trae el manuscrito, y al papel de Per Abad, Ubieto desde luego tenía igual derecho a opinar que Pidal, pues éstos son temas para la conjetura documentada, no para la demostración científica.

Otra aportación sólida de fecha reciente es la de M. Jules Horrent, en 1964 [4]. Horrent está de acuerdo con Pidal en que la palabra *escriuio* hace de Per Abad un copista, no autor. Después de exponer cuidadosamente sus argumentos, concluye Horrent que en el *explicit* el copista sí había escrito una tercera *C*, pero que luego, dándose cuenta de su error, la había borrado él mismo. Como copiaba en el siglo XIV (MCCC) de un original que llevaba la fecha 1207 (Era 1245), era natural que escribiese el *mill* τ *CCC* de su propio siglo. Piensa Horrent, por tanto, que

> 1.° Le manuscrit conservé date d'un XIVᵉ siècle sans doute déjà bien engagé [véase la opinión de Paz y Melia en mi nota 1], comme le suggère un examen paléographique mené

y bastante entrado a juzgar por algunos caracteres, aunque bien puede ser de 1307, como parece decir el *explicit*».
    [2] «Observaciones al *PMC*», *Arbor*, XXXVII (1957), pp. 154-170.
    [3] «La fecha del *CMC*», en *Studia Philologica... D. Alonso*, III (Madrid, 1963), reimpreso en *En torno al «PMC»* (Barcelona, 1963), pp. 165-169.
    [4] «Notes de critique textuelle sur le *CMC*. I: A propos de l'explicit de Per Abbat», en *Mélanges... M. Delbouille*, II (Gembloux, 1964), pp. 275-282.

sans tenir compte de l'explicit, et non de 1307, comme le prétendent la plupart des éditeurs et des historiens de la littérature.

2.° Le texte conservé a été copié sur un modèle de 1207. Ce modèle ne représentait pas le poème dans son premier état, mais il n'est pas possible de préciser si c'était une simple copie sans originalité narrative ou la mise par écrit d'un remaniement où le récit aurait subi certaines innovations. Les seules données de l'explicit *(escribir, libro)* ne permettent pas de résoudre un problème qui dépasse celui des transcriptions du texte (pág. 281)

Pasa luego Horrent a preguntarse si Per Abad era el copista de 1207 o del manuscrito conservado (del siglo XIV). Ambas opiniones, dice, son sostenibles. Prefiere, en fin de cuenta, la segunda posibilidad, pues el error de la tercera *C* más lógicamente se puede atribuir a un copista del siglo XIV.

Me inclino fuertemente a aceptar lo que dice Ubieto y en parte lo que dice Horrent. Discrepo de éste en lo siguiente: me parece más lógico suponer que un copista anónimo en algún año del siglo XIV bastante avanzado copió entero el *explicit* de su modelo de 1207, con la mención de Per Abad y todo, que no suponer que en el siglo XIV tal copista suprimiera el nombre del original y pusiera el suyo —Per Abad—, al mismo tiempo que conservara la fecha de 1207. Como Horrent creía que tal opinión era casi tan sostenible como la que terminó adoptando, es posible que él esté dispuesto a conceder este punto.

Me pregunto si Horrent estará dispuesto también a considerar de nuevo el papel de Per Abad en 1207. Ubieto no discute la palabra *escriuio* como tal, pero parece evidente que para él Per Abad fue en ese año el refundidor que puso al día un poema viejo. Horrent, en otro estudio importante publicado en 1964[5], postulaba una primera versión del poema «une vingtaine d'années après la mort du héros» (esto es, alrededor de 1120), una segunda versión entre 1140 y 1150, y un «nouveau remaniement après 1160, agrémenté de 'modernisations', sous le règne d'Alphonse VIII». En esto Ubieto y Horrent están, pues, casi de acuerdo. Aunque yo mantengo mis reservas sobre las versiones del poema en el siglo XII —versiones inconocibles, si es que las hubo—, y aunque mis razones para creer que el poema tal como lo tenemos se compuso en los primeros años

---

[5] «Tradition poétique du *CMC* au XIIᵉ siècle», *CCMe*, VII (1964), pp. 451-477.

del siglo XIII[6] son muy distintas de las aducidas por Ubieto, estoy casi de acuerdo con estos dos estudiosos. Las opiniones de Russell y de Pattison, recientemente publicadas[7], también apoyan la fechación del poema en esos primeros años del siglo XIII. Pero Horrent y otros pueden pedir —y es lógico— argumentos más convincentes acerca de esa palabra *escriuio*. Es verdad que en la mayoría de los manuscritos medievales el acto de composición o autoría se hace constar por *fer, fazer, componer,* y que *escrivir* significa 'copiar'. Una excepción nos la da el *Poema de Alfonso XI:*

> la profecía conté
> e torné en dezer llano,
> yo, Ruy Yáñez, la noté
> en lenguaje castellano[8].

y otra la introducción en prosa a la tardía y anónima *Revelación de un ermitaño* (*BAE*, LVII, pág. 387), que cuenta de su autor que *la escriuió en rymas.* Como no tenemos catálogo que nos permitiera estudiar los usos hispánicos medievales en la redacción del *incipit*, colofón y *explicit* de los manuscritos, es aconsejable limitar nuestra indagación a los textos que más se acercan en el tiempo al *PMC*. Berceo habla de su autoría empleando *fer, componer.* El *Apolonio* emplea *conponer* (1c), el *Fernán González fer* (1d). La comparación más exacta con el *PMC* nos la da el *Libro de Alexandre*, que algunos han creído pertenece a los primeros años del siglo XIII (no a mediados) y que ha sido fechado por un investigador reciente en el año 1204 de Cristo[9]. No me preocupo aquí con el posible nombre del autor, ni con la posibilidad de que este autor fuera Berceo (según se dice en el manuscrito P), sino solamente con la fraseología en la que se menciona el autor; por tanto, podemos limitarnos al manuscrito O del poema. En la edición de Willis, las estrofas 2673-4 contienen frases en las que el presentador (cuya actividad no nos cumple concretar aquí) se despide del público y pide un paternóster. La estrofa final, núm. 2675, es:

---

[6] Véanse el capítulo 2 de este libro y la sección III de la Introducción a mi edición del *Poema.*
[7] P. E. Russell, «Some Problems of Diplomatic in the *CMC* and their Implications», *MLR*, XLVII (1952), pp. 340-349, reimpreso en su libro *Temas de «La Celestina» y otros estudios (del «Cid» al «Quijote»)* (en prensa); D. Pattison, «The Date of the *CMC*: A Linguistic Approach», *MLR*, LXII (1967), pp. 443-50.
[8] D. Catalán, *Poema de Alfonso XI* (Madrid, 1953), p. 33. Catalán no vacila en creer que Ruy Yáñez es el autor.
[9] N. J. Ware, «The Date of Composition of the *Libro de Alexandre*. A Reexamination of stanza 1799», *BHS*, XLII (1965), pp. 252-255.

> Si quisierdes saber quien escreuio este ditado,
> Johan Lorenço bon clerigo e ondrado
> [natural] de Astorga, de mannas bien temprado,
> el dia del iuyzio Dios sea mio pagado. Amen.

Sobre el sentido de esto se ha discrepado bastante. Alarcos Llorach y otros han creído que Juan Lorenzo era simple copista, pero Menéndez Pidal decía (y volvía a decir en 1957) que era el autor [10]. Ian Michael juntó todas las opiniones en 1965 [11], sin expresar preferencia alguna, pero en su trabajo de 1970 él considera las estrofas 2673-5 como formando una unidad y da por sentado que el presentador y *quien escreuio este ditado* son la misma persona, dejando únicamente por resolver entre Berceo y Juan Lorenzo el problema de la autoría: «In the conclusion, the poet moralizes on his hero's end, takes leave of his public and thanks them for their patience, requests a reward in the form of a paternoster and reveals his name (differently in each MS)» [12]. Si Pidal, Michael y otros están dispuestos a creer que *escreuio* en el *Alexandre* quiere decir que Juan Lorenzo lo compuso, tenemos una base para razonar que Per Abad compuso (*escriuio*, dos veces en el *explicit*) la versión existente del *PMC*. Se puede objetar que Pidal aceptaba a Juan Lorenzo como autor del *Alexandre* mientras creía que Per Abad era copista, no más, del *PMC;* pero esta divergencia dependía de su concepto de la diferencia radical entre los dos textos, siendo el *Alexandre* una creación evidentemente culta, mientras el *PMC* se había desarrollado durante bastante tiempo y debía su existencia al *autor-legión.* Hoy día, cuando somos muchos los que queremos ver en el *PMC* una obra de arte por un autor único, y de ningún modo desprovista de rasgos cultos [13], es posible considerarla como no muy diferente del *Alexandre* y de otras obras parecidas.

Existen otras semejanzas entre el *explicit* del *PMC* y el del *Ale-*

[10] E. ALARCOS LLORACH, *Investigaciones sobre el «Libro de Alexandre»* (Madrid, 1948), cap. 4. El argumento de Alarcos depende en parte de la comparación con el manuscrito P del poema, que trae en la estrofa equivalente... *quien fizo esti ditado / Gonçalo de Berceo...* Sobre esto apunta Alarcos que «Ya Baist indicó cómo la sustitución de *fizo* por *escreuio* fue hecha por un copista, el Juan Lorenzo, precisamente porque era copista y no autor del libro, sin tener en cuenta la medida del verso». Pidal afirmó por primera vez la autoría de Juan Lorenzo en 1907 (en una reseña de Morel-Fatio), y lo volvió a afirmar en la rehecha edición 6ª de *Poesía juglaresca* (Madrid, 1957), pp. 278-280.
[11] «Estado actual de los estudios sobre el *Libro de Alexandre*», *AEM*, II (1965), pp. 581-593, especialmente la sección V sobre «El autor».
[12] *The Treatment of Classical Material in the «Libro de Alexandre»* (Manchester, 1970), p. 241.
[13] Véanse el capítulo 4 de este libro y la sección III de la Introducción a mi edición del *Poema.*

xandre. En ambos casos es de notar que dos copistas, del siglo xiv
y de los años alrededor de 1300, respectivamente, conservaron la
mención de uno que suponían probablemente ser el autor, juntamente con la oración de tal autor por su propia salvación. El acto
de conservar de este modo el nombre poco habrá tenido que ver
con la noción de la fama literaria ni con el reconocimiento de un
logro artístico, pero mucho con esa oración. Además, la persona que
sabemos a ciencia cierta que fue copista y no más escribía por lo
general *Laus Deo* o *Laus tibi Christe,* como lo hizo Alfonso de Pa-
radinas al final del manuscrito S del *Libro de buen amor,* pues el
oficio mecánico de copista no le daba el derecho a orar en ese momento por la clemencia divina, derecho que tenían los autores[14].
Saco, pues, la consecuencia, con Ubieto y con el apoyo de los datos
del *Libro de Alexandre,* de que Per Abad era al menos un refundidor del *Poema de mio Cid* en el año 1207 de Cristo. Además, como
la refundición era en la Edad Media una actividad tan esencial y tan
creadora, y como no sabemos qué estado anterior haya tenido el
Poema (si es que lo tuvo), a Per Abad bien le podemos conceder
la dignidad de ser considerado como autor.

No hubiera llevado tan lejos la discusión —en esta esfera de la
especulación, conviene confesarlo— si no tuviera un candidato, un
Per Abad identificable. Según dijo Pidal al catalogar a los que han
llevado este nombre (con *Abbat* como apellido, no como título monástico), es demasiado frecuente para justificar las conjeturas de
los eruditos del siglo pasado, conjeturas sin apoyo en documento
alguno. Hay que buscar un Per Abad no sólo activo en la época
apropiada, sino también con interés en, o en contacto con, la leyenda o bien el historial documentado del Cid. Creo haber encontrado tal hombre. La pista está en una de las obras del propio Pidal,
donde consta extensamente. El no prestó atención a la pista porque
estaba convencido de que el manuscrito existente del *Poema* lo copió

---

[14]   Donde se hace más claramente esta distinción es en la última estrofa de
la *Vida de San Millán* (ed. B. Dutton, Londres, 1967):

> *Gonzalvo fue so nomne   qui fizo est tractado,*
> *en Sant Millán de Suso   fue de ninnez criado,*
> *natural de Verceo,   ond sant Millán fue nado.*
> *Dios guarde la su alma   del poder del Peccado.*
>   *Amen, Amen, Amen.*
> *Hic liber est scriptus, qui scripsit sit benedictus*
> *finito libro, redatur. Gratias Christo.*

Aquí hay una oración por la salvación del autor, y el copista pide sólo una
bendición. El copista pide una bendición en términos parecidos al final de la
Santa Oria de Berceo.

Per Abad en el año 1307 de Cristo, pero tal pista viene a ser significativa si fijamos nuestra atención en un Per Abad del año 1207.
En la sección «Cartulario cidiano» de *La España del Cid* (tomo II, 5ª ed., 1956) hay en las págs. 840-4 el texto del «Apócrifo del abad Lecenio», más dos páginas de documentos y de comentarios por Pidal. Este diploma lo habían conocido varios eruditos en los siglos XVII a XIX, y en 1921 fue reproducido en facsímil y en forma transcrita por J. Delalande, con algunos comentarios breves pero acertados que fueron adoptados por Pidal y que tendrán su utilidad para nosotros aquí [15]. Pidal titula el diploma: «Alfonso VI da al Campeador y a su pariente el abad Lecenio, hijo de Sancha Vermúdez, el monasterio de Santa Eugenia de Cordobilla, con su término de behetría en territorio de Aguilar.» Al final se fecha el diploma: «Facta carta aput Legionem anno tercio in quarto mense post obitum Sancii regis in Zamora», fecha que Pidal (siguiendo a Delalande) interpreta como «del 7 enero al 7 febrero 1075». Citando trozos de otros diplomas de 1118, 1147, etcétera, en parte auténticos y en parte falsos, Pidal explica cómo se iba formando progresivamente el texto del diploma de Lecenio. Es imposible llegar a saber la fecha exacta de la falsificación. No puede ser anterior al papa Eugenio III (1145-53), pues el diploma le menciona, según ya apuntó Delalande. Existía a lo menos desde 1223, como demuestra Pidal al definir el propósito para el cual se había preparado (*La España del Cid*, pág. 846):

> 1222 y 1223. Violencias cometidas sobre las heredades de Santa Eugenia entre el abad de Aguilar, el concejo de Cordobilla y don Pedro de Santa Ovenia (= Eugenia) en los años 1187, 1201, 1209, 1221. El abad de Aguilar, don Miguel, vence a Pedro, abad de Santa Eugenia, ante el rey Fernando III en Carrión «e fallaron sues cartas que traía Petro abbad falsas» (A.H.N., Aguilar de Campóo, Becerro, fol. 64v; 111-P; Becerro mayor, 12 c).

En la Edad Media no se emprendió ninguna falsificación con fines meramente anticuarios; había siempre una finalidad práctica. En este caso está claro que en una disputa ya antigua sobre la posesión de terrenos y sobre la jurisdicción en Cordobilla, ciertos habitantes

---

[15] J. DELALANDE, «Une Charte d'Alphonse VI de l'année 1075 (?)», *RH*, LIII (1921), pp. 550-556. Las obras anteriores aludidas son: FRANCISCO SOTA, *Chrónica de los príncipes de Asturias* (Madrid, 1681), y FRANCISCO DE BERGANZA, *Antigüedades de España*, I, (Madrid, 1719). Las otras referencias a obras no consultadas por mí se han tomado de Pidal, p. 844. Bello pone un breve comentario en la p. 76 del tomo II de sus *Obras* (1881). Algo se podría aprender de una obra de Argaiz (1675), a juzgar por las citas que de ella se hacen con relación a los archivos de Oña (véase mi nota 17), pero no he podido ver un ejemplar.

se creían estar en su derecho, pero como carecían de título documental, lo falsificaron. Algunos documentos anteriores y en parte auténticos que obraban en su poder, citados por Pidal, les convencieron de que tenían el derecho moral a falsificar el documento que hacía falta. Es probable que hayan hecho esto algo antes de 1223, cuando se iba acalorando la disputa con el abad de Aguilar, quizá muy poco antes de 1223, cuando supieron que el asunto iba a ser presentado ante los jueces reales.

El diploma falsificado es extenso, está redactado con las fórmulas debidas, y está confirmado por una lista de personajes verdaderamente impresionante. Los falsificadores se esmeraron en no limitar los términos del diploma a los hechos que necesitaban citar en su disputa sobre los terrenos y los derechos de behetría. Con gran astucia decidieron matar dos pájaros con un solo tiro documental, incluyendo una larga sección cuyo objeto era autenticar las reliquias del monasterio de Santa Eugenia [16]. Tan impresionante resultaba su falsificación que ella logró convencer a eruditos tan duchos en la historia medieval como eran Sandoval, Sota, Berganza y Risco, etcétera. Hasta Pidal, en sus comentarios, se muestra demasiado benévolo al juzgar la autenticidad de partes de este diploma y de otros textos con él relacionados.

Que hubo en efecto un monasterio de Santa Eugenia en Cordobilla se evidencia por la mención repetida de él en el diploma falsificado, pues tal mención no podría ser totalmente contraria al hecho. Pero a pesar de sus reliquias impresionantes debió ser una casa modesta, y puede no haber existido mucho más allá de 1223, pues no volvemos a encontrar mención de ella. Desde que Pidal reunió los materiales para *La España del Cid* se han encontrado más en la documentación del monasterio de Oña, que publicó en 1950 Juan del Alamo. En esta colección los diplomas números 110, 146, 175, 208 y 215 tienen que ver con Santa Eugenia de Cordobilla, aunque el autor de la edición prefiere no juzgar su autenticidad [17]. Es interesante su nota al número 175:

---

[16] «... et *propter* amorem aliarum reliquiarum que iby continentur, s*cilicet*: sancti Petri apostoli et sancti Iohannys Babtiste et sancti Stephani pre(sbyte)ris et sancti Nicholay et sancti Gregoriy et sancti Benedicti et sancte Lucie et sancte Gemme et sancte Centolle et sancte Agnetis et aliorum sanctorum plurimorum Dey, quorum reliquie iby recondite sunt, quas abbas Lezenius de Roma et de Iherusalem et de sancto Saluatore Ouetensis eas atulit ac [*sic: léase* ad] domum Sancte Eugenye» (*La España del Cid*, p. 841).

[17] *Colección diplomática de San Salvador de Oña (822-1284)* (Madrid, 1950), 2 tomos.

Fundó este monasterio San Lecenio, para conservar debidamente reliquias de la virgen Santa Eugenia, martirizada en Marmolejo, cerca de Córdoba. El santo fue su primer abad, gobernando la casa por más de veintitrés años, durante los cuales obtuvo diversos privilegios reales. Pero como dicho cenobio se fundó para parientes del Cid y de San Lecenio, vino a poseerlas en 1115 el conde don Pedro Díaz, al cual, por tener el patronato de la casa, le llamaron Pedro Díaz de Santa Eugenia. Dicho magnate traspasó en 1150 el derecho de patronato al monasterio y abad de Oña.

El documento número 146 pretende mostrar que la iglesia abacial de Santa Eugenia fue consagrada en 1118 por Pascal, obispo de Burgos. Este texto contiene varias secciones y muchas frases idénticas a las que constan en el supuesto diploma de 1075, incluso con la mención del Cid; pero igual que el diploma de 1075, el de 1118 es en gran parte también una falsificación.

Cordobilla era y es un lugar modesto. Madoz *(Diccionario geográfico,* tomo VII, Madrid, 1847) lo describe: «Lugar con ayuntamiento en la provincia de Palencia... partido judicial de Cervera de Río Pisuerga. Tiene 9 casas, una iglesia parroquial (Sta. María), que fue hijuela del monasterio de Premostratenses de Aguilar.» El reciente *Diccionario geográfico de España* (Ediciones del Movimiento, tomo XIII, Madrid, 1960) no concede siquiera a la aldea una existencia independiente, sino que lo cataloga como uno de los anejos de Nestar, diciendo que tiene «105 habitantes, 18 viviendas»; la vieja asociación con el monasterio de Aguilar se mantiene en el nombre oficial moderno, «Cordovilla de Aguilar» [18]. El pueblo está en el extremo nordeste de la provincia de Palencia, no lejos de su frontera con la provincia de Burgos y unos dos kilómetros de la frontera de Santander; está unos ocho kilómetros al norte de Aguilar de Campóo, cuyo monasterio —fundado en 1152— dominó la región. El pueblo estaba en la diócesis de Burgos y estaba abierto a las influencias que venían de allá; está al este del Pisuerga y estaba por tanto siempre en territorio castellano, no leonés.

---

[18] Conviene separar cuidadosamente esta Cordobilla de otra que consta en Madoz, Cordobilla la Real, también en la provincia de Palencia pero en el partido judicial de Astudillo. Hay en Madoz otras Cordobillas en otras provincias, más seis lugares llamados Santa Eugenia, pero ninguno en las provincias de Burgos o Palencia. No creo que tenga razón Pidal cuando insinúa (en el párrafo citado arriba de *La España del Cid,* p. 846) que *Santa Ovenia* es una versión alternativa, popular, de *Santa Eugenia; Ovenia* es, por su fonética, una forma popular de *Eufemia,* otra santa bastante frecuente en la toponimia medieval.

Para poder decir algo sobre Lecenio conviene citar las primeras cláusulas del diploma de 1075. Después de la invocación inicial, continúa:

> In eius nomine ego Aldefonsus imperator Ispaniae trado tytulum uestre petycionis uobis domno Roderico Diaz Campeatori una cum consanguineo uestro Lezenio abbaty, qui uitam sanctam ducit, filius Santia Uermudez, scilicet domum Sancte Eugenie que est in terretorio de Aquilar, que ascendit supra uillam de Cordouilla...

Las frases que mencionan a Rodrigo Díaz y a Lecenio imitan las de otros diplomas citados por Pidal y de diplomas en la colección de Oña; éstos pretenden ser de los años 1098 (con punto de interrogación), 1118, 1147 y 1148, pero su autenticidad es dudosa. Me es imposible confirmar la existencia real de Lecenio. Su nombre es muy poco frecuente en la época, pero no desconocido. No creo que fuera santo de ninguna clase; Pidal no incurre en el error de llamarle tal, y creo que Juan del Alamo al publicar los documentos de Oña ha representado mal el sentido de la frase que se refiere a Lecenio en los diplomas, pues *qui uitam sanctam ducit* se emplea de él en vida y quiere decir que es miembro de una orden monástica. Ni Lecenio ni su madre, Sancha Vermúdez, tienen una existencia real (que yo sepa) en documentos que pudiéramos decir que son a la vez auténticos e independientes del grupo sospechoso de Santa Eugenia. Tampoco es fácil ver cómo Lecenio y su madre hubieran podido ser parientes del Cid (véase la nota sobre Petrus Uermudez, abajo). Ese término *consanguineus* en el diploma de 1075, y en otros, infunde sospechas por su vaguedad. Creo que en el monasterio de Santa Eugenia hubo una tradición de que el fundador y primer abad fue Lecenio, y de que éste fue pariente de alguna clase del Cid. La supuesta relación o parentesco con el Cid se incluyó finalmente en el diploma falsificado para enaltecer la dignidad de la casa, exactamente del mismo modo que personas laicas afirmaban su descendencia del Cid con el objeto de enaltecer su genealogía. Nuestras sospechas acerca de todo esto crecen cuando nos damos cuenta de que la asociación que esperaríamos encontrar en un convento que algo debía al Cid sería no con Oña, sino con Cardeña; pero este monasterio no se menciona en los diplomas. Aquí, sin embargo, cabe una nota interesante. Sota (*Chrónica de los príncipes de Asturias*, página 538), que escribía en 1681 y se refería al diploma de 1075, dice que: «El Abad Lecenio, a quien se hizo esta donación, era primo del Cid, y en Cardeña se tiene por tradición, que fue el que le compuso muchos romances.» Esto hace de Lecenio otro miembro más de la legión de primos del Cid, y nos sugiere que en algún momento tardío Cardeña, cuna de las leyendas cidianas y panteón de su mesnada, reclamó para sí a Lecenio. No creo que Pidal tuviera enteramente razón al parafrasear el diploma de 1075: «Alfonso VI da al Campeador y su pariente el abad Lecenio... el monasterio», según la cita hecha arriba. Lo interpreta mejor Sota, quizá, cuando escribe (págs. 537-8) que el Rey concede el monasterio a Lecenio «a ruego del Cid Campeador», o cuando más abajo (pág. 657) Sota define el diploma: «Es una donación que el Rey don Alonso el Sexto hizo al Abad Lecenio a instancia de su primo el famoso Cid Campeador...» Desde el punto de vista de los falsificadores en el siglo XIII, poco importa el sentido exacto que demos a sus palabras; bastaba la asociación del Cid con la primitiva garantía de sus terrenos y de sus privilegios, y los falsificadores esperaban que esta autoridad bastara a los ojos de los jueces reales.

Aunque los falsificadores mostraron cierta habilidad, se propasaron en su entusiasmo. La frase en la que se menciona al Cid en el diploma de 1075 —domno Roderico Diaz Campeatori— serviría para crear sospechas acerca del documento, aun cuando no hubiera otros factores en contra. Berganza observó (Antigüedades de España, pág. 443a) que resultaba extraño que el Rey usase el don al dirigirse al Cid, aunque no pasó luego a impugnar la autenticidad del diploma. Es sospechosa asimismo la versión latina de Campeador, puesto que el Cid no empleó este nombre en ningún documento que ahora aceptamos como fidedigno antes de su donación a la catedral de Valencia en 1098. Los falsificadores lo incluyeron, evidentemente, bajo la presión de la fraseología épica. La extraña manera de fechar el diploma —anno tercio in quarto mense post obitum Sancii regis in Zamora— también parece ser obra de uno que tiene la cabeza llena de recuerdos épicos, y también lo bastante inocente como para concebir que Alfonso VI pudiera en realidad haber fechado así un diploma, cuando éste tanto se había beneficiado de la muerte de su hermano en circunstancias dudosas.

Al final del diploma, en la forma acostumbrada, encontramos la lista de los confirmantes. Primero el Rey, luego los clérigos. Habrá bastado una ojeada a estos últimos para convencer a los jueces de Fernando III de que el diploma era falso, pues entre ellos aparecen «Petrus Legionensis episcopus», quien (como apunta Pidal) ocupó la sede desde 1087 solamente, y «Pelagius Ouetensis», que ocupó la sede desde 1101. Los confirmantes laicos tienen mayor interés, como ya observaba Delalande [19]. Son dieciocho, y son notables por el hecho de que lejos de formar una colección de nombres sacados al azar de los documentos auténticos de los años alrededor de 1075 (que los falsificadores habrían hecho mejor en emplear), varios son de personas relacionadas histórica o legendariamente con el Cid. Esto ha debido impresionar o a lo menos dejar perplejo a Pidal, aunque se limita a apuntar *(La España del Cid*, pág. 846) que «entre los confirmantes de 1075 se injirieron personajes cidianos que de ningún modo corresponden a ese año, como Martín Fernández de Peña Cadiella». Estos personajes son:

Comes Garsias: García Ordóñez, probablemente. Confirmó la *carta de arras* de Jimena en 1074 en la forma *Comes Garsscia*, sin apellido.

Comes Gonzaluo Assurez: Se le conoce en diplomas auténticos hasta el año 1081 de Cristo; hermano del famoso Pedro Ansúrez, y padre (según el *PMC*, y según Pidal, también en la historia) de los Infantes de Carrión Diego y Fernando; se le menciona en los versos 2268, 2441, 3008, 3690 del poema. En la versión de la historia de Zamora que utilizó la *PCG* (503.b.15) los hermanos Pedro, Gonzalo y Fernando Ansúrez obedecieron la orden de Urraca y acompañaron a su hermano al destierro en Toledo después de la derrota de Golpejera en 1072.

Aluar Fannez: Conocido en la historia, y en el *PMC* el principal teniente y consejero del Cid.

Gonzaluo Nunnez de Lara: No es identificable en la historia y tampoco está presente en el *PMC;* pero en el capítulo 939 de la *PCG* figura un *Gonçalo Munnos* (con variante *Nuñez* en la *Crónica de 1344)* de *Orbaneia,* uno de los capitanes de la hueste que acompaña al Cid desde Valencia a las Cortes *(PCG,* 614.a.12).

Martin Monnoz de Monte Maior: Se le conoce en documentos que van de 1080 a 1111; en el *PMC* figura en los versos 738, 1992 y 3068, y en el primero de éstos es *el que mando a Mont Mayor.* Pidal menciona, en el *Vocabulario* del tomo II de su *Cantar de mio Cid,* su presencia en nuestro diploma de 1075 y el título que allí tiene, añadiendo que «aunque este personaje no aparece con ese título en otros documentos auténticos, residió efectivamente

---

[19] «... on notera simplement ici que le faussaire paraît s'être appliqué à faire figurer parmi les souscripteurs un certain nombre de personnages mêlés de très près à l'histoire du Campeador, et qui tous jouent un rôle dans le *CMC*» (p. 550). Según se verá, el asunto no es tan sencillo como cree Delalande en su última frase.

en esa ciudad portuguesa». Si no tenemos documentos nosotros, es posible que tampoco los tuviesen los falsificadores del siglo XIII; por consiguiente, es probable que ellos tomaran el nombre y el título de una fuente épica.

Aluar Diaz dOca: Se le conoce en documentos que van desde 1068 a 1111; era gobernador de Oca y Pedroso, cerca de Burgos, y se casó con la hermana de García Ordóñez, Teresa. Está presente en el verso 2042 del *PMC*, y en otro verso que restauró Pidal, el 3007[b]: *e Alvar Díaz el que Oca mandó.* La *CVR* le da un modesto papel en la escena del lecho de muerte de Fernando I, así que puede haber figurado también en esa leyenda poética.

Roy Diaz Campeador: El Cid. Lo que se dijo arriba acerca del uso de *Campeador* vale aquí también, pero con mayor fuerza, pues es aún menos probable que el Cid de la historia hubiera empleado tal título en primera persona al confirmar un diploma.

Diago Ordonnez: ¿Será el que, en las crónicas y romances y por tanto en la epopeya perdida, pronunció delante de Zamora el reto mezclado con maldición, a raíz de la muerte de Sancho II? Figura en los diplomas de la época una persona de este nombre.

(Petrus Roiz de Olea: No es personaje cidiano; pero es curioso observar que Bello[20], citando a Sandoval, dice que en 1077 hubo un *Mio Cid Pedro Ruiz de Olea* entre los confirmantes de un diploma. El mismo hombre confirmó en 1086 un diploma de Oña, pero sin poner en esa ocasión el *Mio Cid:* documento número 86 de la *Colección* de Oña.)

Petrus Uermudez: Figura en todo el *PMC.* En el verso 2351 se le llama *sobrino* del Cid, y en el verso 3303 las hijas del Cid son sus *primas cormanas;* pero no sabemos qué base tuviera este parentesco. Es posible que figure en el diploma falsificado gracias a alguna relación con Sancha Vermúdez, madre del abad Lecenio; Pidal, ansiando establecer la historicidad de los parentescos que se citan en el *PMC*, se refiere con ilusión a estos vínculos, pero sólo a base del diploma falsificado *(La España del Cid,* pág. 682). Varias personas de este nombre confirmaron diplomas desde 1069, pero es imposible saber si alguno de ellos era el compañero —¿o pariente?— del Cid.

Martin Fernandez de Penna Cadiella: No tiene papel en el *PMC* conservado, pero figura como personaje en la versión que utilizaron los cronistas: *Martin Ferrandez* era otro de los capitanes que, con sus caballeros, acompañaron al Cid desde Valencia a las

---

[20] *Obras* (1881), tomo II, p. 68.

Cortes *(PCG,* 615.a.3). Antes, en la crónica (610.a.40), *Martin Fe-rrandez natural de Burgos* habla extensamente con otros hombres del Cid acerca de lo que conviene hacer después de la afrenta de Corpes. El título *de Penna Cadiella* (= Benicadell) se registra por primera vez en nuestro diploma; la *CVR* y la *Crónica de 1344,* siguiendo una fuente árabe, dicen que el Cid tomó Benicadell (en 1091) y puso por capitán de la plaza a un *cavallero que avia nombre don Martin.* Conviene seguir el razonamiento de Pidal a favor de la historicidad de todo esto en *La España del Cid* (págs. 411, 553 y 768-70). Añadiré solamente que la *Crónica particular del Cid,* impreso por Belorado, Abad de Cardeña, en 1512, pone entre las tumbas de la mesnada del Cid —muchas de las cuales son, como sabemos, tumbas de personajes épicos y legendarios— la de *don Martin Fernandez de Peña Cadiella vasallo del Cid,* lo cual suena más a recuerdo épico que a dato histórico.

Esta lista nos da diez personajes, entre los dieciocho confirmantes laicos, que en la historia o la leyenda tuvieron relaciones con el Cid. Estoy dispuesto a apostar a que ningún otro diploma nos daría una proporción tan alta. Parece que los que falsificaron el diploma conocían extraordinariamente bien al Cid de la historia y de la leyenda. Pusieron tantos personajes cidianos entre los confirmantes en parte para impresionar con la resonancia de nombres famosos, en parte para apoyar la pretensión de que Lecenio era pariente del Cid (quien, de este modo, habría tenido que ver con la fundación del monasterio). Si el asunto iba a ser discutido ante los jueces en 1223, los falsificadores podían alegar que los que habían estado en la corte en 1075, cuando Alfonso VI otorgó la petición del Cid, incluían —según todo criterio razonable— no sólo a García Ordóñez y a Gonzalo Ansúrez, miembros de la corte, sino también varios de los del Cid. Es notable, además, que los falsificadores conocían mejor a los personajes cidianos que a los eclesiásticos. Conforme notó Pidal, los falsificadores cometieron un anacronismo sólo con los personajes cidianos, al nombrar a M. Fernández (que no pudo ser *de Penna Cadiella* hasta después de 1091); pero cometieron errores con los dos obispos mencionados arriba, y otro al poner entre los confirmantes a *Ouecus Onniensis abbas,* pues el abad de Oña desde 1072 hasta lo menos 1089 era Ovidio. Con respecto a estos eclesiásticos, los jueces de 1223 fácilmente habrán podido comprobar en los registros la falsedad del diploma. Con respecto a los seglares, apenas habrán tenido los medios para comprobar el título de Martín Fernández, pero pueden haber tenido sus dudas acerca de *don* y de

Campeador. Habrán tenido sospechas de otra índole acerca de los confirmantes seglares, pues en los documentos auténticos de la época es poco frecuente encontrarse con que los magnates firmen con mención de su feudo, lugar de origen o lugar en que se basaba su fama, como *de Lara, de Monte Maior* (y otro entre aquellos que nada tenían que ver con el Cid, *Martin Aluarez de Aellon).*

Volvamos, pues, a Per Abad. Arriba cité el párrafo en el que resume Pidal los sucesos de 1222 y 1223. Creo que su referencia en ese párrafo a «Pedro, abad de Santa Eugenia» es incorrecta en dos pormenores pequeños pero esenciales. Hay que suprimir la coma y escribir *Abad* con mayúscula. Siendo la puntuación de los textos medievales por los modernos un asunto en gran parte arbitrario, se podríar pensar que la coma y minúscula de Pidal valen tanto como mis enmiendas; pero una ojeada al texto original desvanece esta duda. En el registro de Aguilar de Campóo se hizo constar de la manera siguiente el resultado del pleito:

> Senta de cordouilla
> Est es el remembramiento del abbad de aguilar
> dō micael. τ de petº abad de sc̄a eugenja
> q̇ demandaua heredad en cordouilla. τ fue uenzudo
> petº abbad delant el rej dō ferrādo en carrion
> τ fallaron sues cartas que traja petº abbad
> falsas. desto son testes Petº suarez frer del hospital.
> El cançeller dō iohā abbad de ualladolid.
> Petº xemenez de sant esteuan adelātado del rej.
> Garçi ferrādez amo del rej de uilla aldemiro.
> Petº roiz [... ¿borradura?] erno de garçi ferrādez.
> Diac gonzaluez de ferrera. Est remēbramiēto fue fecho
> Sub era m.cc.lxj. En est plet foron. Fra
> sebastian de bouada. τ fra petº de uilla nona [*sic:* ¿nova?]
> τ petº abbad cō sos filios dō iohs τ dō petº
> esto fue en dia de sant bartolome en agosto.

Esta nota de 15 renglones se encuentra en el folio 12ᵛ del Becerro Mayor de Aguilar de Campóo (A.H.N., Madrid: Códices, 994B). La nota está al pie de la columna izquierda; utiliza un espacio que habían dejado en blanco los documentos principales de dicho folio, que se refieren a los años 1152 y 1160 y no tienen nada que ver con nuestro asunto. El encabezamiento *Senta* (esto es, sentencia) *de cordouilla* lo escribió una mano posterior; en el margen al nivel de la fecha de la *Era,* otra mano posterior ha puesto «1223». El día de San Bartolomé es el 24 de agosto.

Mis conclusiones sobre este texto original son: que el *pet⁰ abad
de sc̄a eugenja* de la línea 2 es un seglar, y que las palabras que
siguen la mención de su nombre se refieren al pueblo y no al monasterio. En prueba parcial de esto, nótese que en la línea 1 se emplea,
para el abad de Aguilar, la frase *del abbad de aguilar dō micael*;
si el segundo hombre mencionado fuera realmente abad eclesiástico,
sería de esperar que la mención de él repitiera la frase anterior.
Además, cuando nuestro litigante se menciona en las líneas 4 y 5,
es simplemente *pet⁰ abbad*. El Canciller aludido en el renglón 7 puede causarnos cierta duda, pues era seguramente un abad eclesiástico [21]; pero la duda se resuelve terminantemente en la línea penúl-
tima, donde Pedro Abad es un seglar con dos hijos, Juan y Pedro.
Esta última sección nombra a los abogados: primero, los dos apode-
rados del abad de Aguilar, y segundo, Pedro Abad ayudado por sus
hijos como demandantes que hablaban por cuenta propia. Lamento
no poder decir quién fue en efecto abad del monasterio de Santa
Eugenia en 1223, pues la casa parece haber tenido una existencia
tan mal definida que no tenemos documentos independientes de
ella [22]. No veo dificultad al pensar que, en la línea 2, la mención de
Santa Eugenia tras el nombre de Pedro Abad se refiere al pueblo,
no al monasterio. Sin duda el pueblo era conocido a la vez como
«Cordouilla» (línea 3) y como «Santa Eugenia», igual que hablamos
indiferentemente de «Santiago» y «Compostela», e igual que encon-

---

[21] El Prof. D. W. Lomax (Universidad de Birmingham) confirma, en una
carta, que éste era «Abad de la Iglesia Colegiata de Santa María de Valladolid,
y figura como tal en los diplomas de San Fernando en el decenio de 1220». En
la época era, sin duda, demasiado conocido para que se necesitara, al citarle,
poner por extenso su título eclesiástico. La *PCG* le llama «don Johan el chan-
celler» (742.b.26), y en Burgos el 29 de febrero de 1222 confirmó un diploma
como «el Canceller don Juan, abad de Valladolid» (A. BALLESTEROS-BERETTA, *Alfonso X el Sabio* [Barcelona-Madrid, 1963], p. 51). En una fecha no muy alejada de 1223 los hábitos notariales de los oficiales de Aguilar de Campóo nos
dan otra prueba modesta de que el Pedro Abad de la nota de Cordobilla era
laico. Un documento del monasterio de 1210 tiene entre sus testigos «El abbad
de ciela piel P⁰ abbad» (Carpeta nⁿ 1352; doc. nⁿ 18); se refiere a un abad
de lo que creo ser el pequeño monasterio de San Cosme y San Damián en
Cillaperiel o Cellaperiel, cerca de Valdiguña y Santillana en la provincia de
Santander.
[22] He registrado cuidadosamente el catálogo y muchos documentos del
A.H.N., sección de Clero, encontrando tan sólo lo que menciono aquí y lo que
ya conocían Pidal y el editor de la colección de Oña en 1950. Creo que la
modesta casa se cerró probablemente en el siglo XIII, pasando su escasa documentación a Oña (monasterio al que se había traspasado en 1150 el patronato
de Santa Eugenia). En su libro *El obispado de Burgos y Castilla primitiva*
(Madrid, 1935), tomo I, pp. 392-393 y nota, L. Serrano cita referencias a Santa
Eugenia que se encuentran en manuscritos de Silos, que no he podido ver
(pero que poco añadirían, probablemente, pues dice Serrano que algunos de
éstos son «de dudosa autenticidad»).

tramos en el *PMC* por *Santa Maria vos vayades passar* (1462) y *tro-çieron a Santa Maria* (1475), donde en las dos formas se alude a Santa María de Albarrazín.

Apenas es necesario justificar *Abad* como apellido seglar. Es bastante frecuente desde el siglo XIII a lo menos. El primero que he encontrado con este apellido es Pedro también: *Martj, filjo de Pedro Abad ts.* figura entre los que confirmaron un diploma de 1201 por el que se vendió un terreno en Fuente Lezina (Fuentelecina, a 8 km. al sur de Castrojeriz en la provincia de Burgos)[23]. Otros de este apellido aparecen en los registros de Aguilar de Campóo, carpeta número 1352 del A.H.N., *Clero:* por ejemplo, en el documento número 16, del año 1208, se mencionan varias personas apellidadas *Abad*, todos evidentemente seglares, entre ellos un *ioā abbat*, que vendía terrenos y firmaba como testigo de otras ventas, y que no había que confundir con el cuidadosamente denominado *abad dō gonzaluo de sc̄a maria de aguilar.* En la misma carpeta el documento número 20, del año 1211, nombra a un *Martin abbad,* seglar. En el *Becerro mayor* de Aguilar (A.H.N., Códices, 994 B, fol. 89ʳ) hay una nota sugestiva que corresponde al año 1231:

> De pᵒ abbat de uarrio de alua
> Notum sit que pedro abbad de barrio dalua partios pagadu
> τ sin querella de quanta demanda demandaua al abbad dō
> Marchos de sc̄a maria de aguilar de la h̄edad de lo de
> mortuor' τ del diezmo.

Según esto, parece que todavía en 1231 un Pedro Abad andaba metido en litigios con el abad de Aguilar, y como Barrio de Alba estaba, según mis conjeturas[24], en la misma región de Cordobilla, este litigante podría muy bien ser el mismo que el litigante de 1223, y todas las personas apellidadas *Abad* podrían pertenecer a la misma familia, algunas de ellas con intereses legales.

Sin tener más datos sobre el pleito de 1223, es imposible saber el papel exacto que tuviera Pedro Abad. Sabemos que *demandaua heredad en cordouilla;* que presentó como documentos ciertas *cartas,*

---

[23] R. MENÉNDEZ PIDAL, *Documentos lingüísticos de España. I, Reino de Castilla* (Madrid, 1919), p. 206. Este documento también pertenece a los papeles de Santa María de Aguilar de Campóo en el A.H.N.

[24] Este nombre no está en Madoz ni se encuentra en el mapa. Sin embargo, Madoz menciona un pueblo llamado Alba de los Cardaños; una de sus tres partes se llamaba en tiempos de Madoz Barrio Río («en la orilla del Carrión»); este pueblo pertenece al mismo partido judicial que Cordobilla —Cervera de Río Pisuerga— y conjeturo que (como no se ofrecen otros candidatos) éste podría ser el Barrio de Alba medieval.

que los jueces declararon ser falsas. Creo que la propiedad en litigio no puede haber sido posesión de Pedro Abad, pues las *cartas* tales como las conocemos —el pretendido diploma de Lecenio de 1075, más otros aludidos por Pidal e impresos en la colección de Oña— en ninguna parte mencionan posesiones de Pedro Abad ni posesiones de algún antepasado suyo que podamos reconocer como tal. El diploma de Lecenio se interesa por los límites de los terrenos que pertenecían al monasterio de Santa Eugenia, por los caminos, por los derechos de acceso, de riego, etcétera. Creo que podemos dar por sentado que la *heredad* en litigio en 1223 era, o bien se pretendía que fuera, propiedad del monasterio, y que Pedro Abad era el abogado de dicho monasterio [25]. No hay manera de saber si Pedro Abad tuvo parte en la falsificación de uno de los diplomas, de varios, o de ninguno. Creo que algunas de las falsificaciones se hicieron probablemente en el siglo XII como etapas de la evolución que describe someramente Pidal (*La España del Cid*, pág. 846), y que fue solamente el diploma de Lecenio, «de 1075», lo que tuvo que ser fabricado poco antes de 1223, en el momento en que era importantísimo aportar un «nuevo» apoyo documental. La letra del diploma de Lecenio no da indicio alguno acerca de su fecha; según apunta Pidal arriba (pág. 846), existe el diploma en dos copias del mismo copista y «La letra imita la de transición entre la letra visigoda y la francesa». Hay dos factores que me llevan a pensar que fue Pedro Abad quien falsificó el diploma de Lecenio a lo menos. Uno es la frase de la nota de Aguilar de 1223: *sues cartas que traja pet⁰ abbad* sugiere que el que redactó la nota de Aguilar quiso que Pedro Abad cargara con la culpa, y que no se condenara al monasterio a cuyo beneficio se habían presentado las cartas. También puede significar algo el que Pedro Abad y sus hijos fueran a la corte en Carrión sin llevar consigo ningún representante del monasterio, suponiéndose que como Pedro Abad era no sólo abogado, sino también autor de una de las cartas a lo menos, él estaría en la mejor situación para defenderla. El segundo factor es éste: mientras el monasterio de Santa Eugenia le prestó al falsificador el auxilio y los datos que necesitaba, y quería que se incluyesen las menciones de su fundador, sus reliquias, sus derechos, etcétera, la lista de los confirmantes tiene

[25] Parece que Oña no se interesó en el pleito, a pesar del patronato que ejercía a partir de 1150. No tenía apoderado en el tribunal de 1223, y no puede haber sido consultado acerca del diploma de Lecenio, pues el documento equivoca el nombre del abad de Oña en 1075. El monasterio de Aguilar de Campóo se involucró en el pleito a causa de los extensos terrenos que tenía en la región —región llamada entonces, como hoy, «de Aguilar»— y también, quizá, porque la iglesia parroquial de Cordobilla era *hijuela* de Aguilar.

tres errores gruesos entre los personajes eclesiásticos, lo cual indica que esta parte, por lo menos, es obra de un seglar —que pudo ser Pedro Abad—. Es evidente que el diploma entero es obra de uno que tuvo una pericia legal considerable; su latín no es peor que el que solemos encontrar en tales documentos, son convincentes sus fórmulas y su fraseología, y sus materiales —hasta cuando son sospechosos— indican la composición por un abogado acostumbrado a tales materiales, con acceso a los archivos donde se guardaba la información que buscaba.

No podemos saber concretamente qué materiales referentes al Cid estaban a la disposición del falsificador del siglo XIII. Casi todos los confirmantes existieron en la historia y aparecen en diplomas auténticos de los últimos decenios del siglo XI; parece por tanto que el falsificador trabajó en los archivos. Si hubiera incluido un personaje cidiano que creemos ficticio, como Martín Antolínez o un *Santius Karadignensis abbas* imitado de un poético *buen abad don Sancho*, le atribuiríamos al falsificador una fuente literaria también. Pero aunque evita tales errores, creo que hemos de atribuir al falsificador un fuerte interés en el Cid de la literatura. Como apuntamos arriba, el falsificador peca por el puro exceso de los personajes cidianos por él involucrados, haciendo así patente más su entusiasmo que su lógica. Concede a algunos de estos personajes cidianos títulos territoriales que (sin ser totalmente contrarios a la historia) son anacrónicos y tienen resonancias épicas, sobre todo *de Monte Maior, de Penna Cadiella*. Pero mientras el *PMC* (a mi ver, de 1207) hubiera facilitado al falsificador algunos de estos nombres y títulos, no hubiera facilitado otros. *Gonzaluo Nunnez de Lara/Orbaneia* y *Martin Fernandez (de Penna Cadiella)* pertenecen a lo que consideraba Pidal como una refundición del poema; *Diago Ordonnez* y la frase con que se fecha el diploma se deben a la leyenda de Zamora. La cuestión, pues, no es sencilla, sobre todo teniendo presente la fecha que asignaba Pidal a la refundición del *PMC*: los últimos decenios del siglo XIII (siendo esta refundición la forma del poema que era corriente cuando lo prosificaron los cronistas alfonsíes, dejando aparte, esto es, los que compusieron la *Crónica de Veinte Reyes*). En resumen, sólo cabe decir que el falsificador tuvo acceso a una colección de materiales cidianos —legales algunos, algunos literarios y quizás orales también, algunos quizá de origen monástico y del tipo que entró después a formar parte de la **Estoria del Cid* o **Leyenda de Cardeña*. Este falsificador —Pedro Abad— ¿habrá utilizado estos mismos materiales, algunos años antes (1207), para componer la versión existente del *Poema de mio Cid*?

Es atractiva la posibilidad de un refundidor ubicado en la región
de Aguilar-Cordovilla, muy cerca de la antigua frontera con León,
quien trabajaba en un período cuando los dos reinos estaban de
nuevo separados. Los recuerdos del poderío de Pedro Ansúrez y de
otros miembros de la familia Beni-Gómez en Carrión de los Condes
y en una vasta región alrededor pudieran explicar por qué un refundidor creara la ficción de los Infantes de Carrión, de su deshonra
y de la caída en desgracia de la familia; pero sería improcedente
llevar más lejos este argumento, por ahora.

Aquí hay especulación, hay bastante hipótesis fundada en otras
hipótesis. Espero sin embargo que ninguna de estas ideas haya de
parecer imposible de por sí, que ninguna merezca la refutación inmediata. Mi propósito es el de defender la exactitud literal del *explicit* del *PMC*, y de mostrar que hubo un Pedro Abad, laico y abogado,
que vivió en el momento apropiado y que estuvo lo bastante enterado
de la historia y leyenda del Cid como para haber sido el refundidor
del poema en 1207. En otra parte he expuesto por extenso el carácter
y ambiente fuertemente legales del poema existente, y he propuesto
que es la obra de un abogado literato [26]. Los lectores a quienes no
ha convencido mi nombramiento de Pedro Abad «de Santa Eugenia»
pueden a lo menos reflexionar sobre la agradable ironía de que una
falsificación (el diploma de Lecenio) pueda sernos más útil que un
documento auténtico, que una ficción pueda encerrar mayor importancia para nosotros que una verdad [27].

[26] Véanse los capítulos 2 y 3 de este libro, especialmente las pp. 57-62, con
discusión de la opinión de Russell; también la sección III de la Introducción
a mi edición del *Poema*, pp. xxxiv-xxxvi.

[27] Doy mis gracias al Prof. Lomax por haber leído una versión de este estudio para comprobar su exactitud en asuntos de historia diplomática y eclesiástica. No se hace cargo por ello de las opiniones y conclusiones que expreso.
Se han publicado después varios estudios importantes sobre este tema. M. CRIA-
DO DE VAL, «Geografía, toponimia e itinerarios del *CMC*», ZRP, LXXXVI (1970),
pp. 83-107, afirma que 1207 es la fecha correcta del poema y reconoce «como
principal y definitivo autor del *Poema* a Per Abbat», aunque con la reserva de
que la suya era «una autoría a la que llamaremos juglaresca». T. RIAÑO RODRÍ-
GUEZ, «Del autor y fecha del *PMC*», *Prohemio*, II (1971), pp. 467-500, también
apoya la fecha de 1207 y cree que *escriuio* significa «compuso»; identifica al
autor con un Pero Abat, clérigo de Fresno de Caracena (al suroeste de Gormaz)
que confirmó un diploma en 1220. A. UBIETO ARTETA, en «El *CMC* y algunos
problemas históricos», *Ligarzas*, IV (1972), pp. 5-192 (impreso también separadamente como libro, Valencia, 1973), discute ampliamente el *explicit*, la fecha
del códice y la patria del autor, añadiendo consideraciones de mucho peso a
las que publicó en 1957. M. MAGNOTTA, en «Sobre la crítica del *Mio Cid*: problemas en torno al autor», *ALM*, IX (1971), pp. 51-98, escribe una reseña bibliográ-
fica de este tema, utilísima aun cuando no aporta opiniones nuevas.

II. LOS PERSONAJES DEL "POEMA DE MIO CID" Y LA FECHA DEL POEMA

Procedencia: *MLR*, LXVI (1971), pp. 580-98.

Cuanto más se piensa en el problema, tanto menos probable parece que no hayan transcurrido más de unos cuarenta años desde la muerte del Cid en 1099 y la composición de la versión existente del *Poema* alrededor de 1140, la fecha que durante tanto tiempo ha defendido Menéndez Pidal. Hay varias maneras de aproximarse a esta cuestión. Aquí me propongo estudiarla a través de los personajes del poema. No tengo textos nuevos ni interpretaciones nuevas, solamente un aprecio de lo que es probable y creíble en términos humanos.

Para la mayoría de los estudiosos, su aproximación a la épica está influida, profunda e inevitablemente, por Menéndez Pidal: por su creencia tan inquebrantable en la historicidad de la épica española, por sus observaciones reiteradas sobre el *noticierismo cantado*, *En el principio era la historia* [1], por su tendencia a enfocar los textos literarios con ojos de historiador. A no ser que tengamos indicios muy claros en contra, sobre puntos de detalle, nos inclinamos a suponer que él tenía razón porque era, sencillamente, Menéndez Pidal; y aun hoy, dos años después de la muerte de Pidal y en una situación distinta, son pocos los hispanistas que le concederían a Spitzer, en el famoso debate sobre la historicidad, la mejor parte de la razón. Yo creo —pero no cabe razonarlo detalladamente aquí— que al empezar desde hoy a valorar el *Poema de mio Cid* como creación literaria, a juzgarlo con criterio estético, no sólo se va a aumentar su grandeza, sino que también volverán a ser válidas muchas opiniones de las que rechazó Pidal. En los comienzos de este cambio —comienzos que se ven en un magnífico ensayo de Dámaso Alonso, de 1944 [2]— podemos considerar a los personajes principales del *PMC* como los protagonistas de un drama, dotados de la vida que tienen los personajes dramáticos en el espíritu del autor y que tienen en la «escena». Tienen bastante profundidad en su caracteri-

[1] *La Chanson de Roland y el neotradicionalismo* (Madrid, 1959), págs. 429 y ss.
[2] 'Estilo y creación en el *CMC*', en *Ensayos sobre poesía española* (Madrid, 1944), pp. 69-111; reimpreso en *Obras completas*, II (Madrid, 1973), pp. 107-143.

zación, encarnan ciertos ideales, chocan con otros personajes. El que los personajes —el Cid, el rey, Jimena, las hijas y los Infantes— vivan para nosotros tan poderosamente se debe a la imaginación del autor y a su habilidad dramática; esa vida no la deben a ninguna relación particular o general que tuvieran dichos personajes con sus homónimos históricos. Viven para nosotros no en la narración de una crónica rimada, en tercera persona, sino *hablando*, discutiendo, orando, protestando, gritando, suplicando, todo ello con palabras que nada tienen de histórico y que son en su totalidad la creación genial del autor. Es interesante, sí, la doble captura histórica del Conde Ramón Berenguer por el Cid, reducida a una captura única en la poesía; pero interesa como aspecto secundario nada más. No hemos de considerar esto como una falsificación de la historia, y por tanto como un error de parte del poeta. Hemos de buscar la razón *artística* por la que procediera así el poeta. Para nosotros, Ramón Berenguer vive como creación literaria, fanfarrón con su dejo de afeminado, protagonista del primero de los muchos chistes a expensas de los catalanes que tanto han divertido a los castellanos.

Al llenar sus versos de tantos personajes menores, todos con nombre, me parece que el propósito del poeta era, igualmente, artístico y no histórico. No le interesaba dejar constancia exacta de la historia de por sí, ni hacer creer (como insinúa Menéndez Pidal en *La Chanson de Roland...*, págs. 429 y ss.) que aquello fuera un deber atribuible a su mester. Veamos esto brevemente desde el punto de vista pidalista. Un autor cuyo sentido de la historia le obligaba a hacer aparecer en el momento debido y en el lugar geográfico exacto a Diego Téllez, y también a recordar por razones de exactitud histórica que es *el que de Albar Fannez fue* (verso 2814), no hubiera podido nunca cometer tales errores como son el equivocar el nombre del abad de Cardeña o el asociar tan constantemente a Alvar Fáñez con el Cid. Pensando como Pidal y siguiendo sus métodos, esto no es lógico. Pero esta exactitud por una parte, y esta inexactitud por otra, se vuelven perfectamente comprensibles cuando rechazamos el criterio histórico y consideramos el poema como creación artística. Se hace patente entonces que al nombrar a Diego Téllez y a otros muchos, quería el poeta crear la impresión de verdad, de realidad cotidiana, que eran tan importantes para él. En este respecto la función de los personajes menores equivale a la de los topónimos, tan frecuentes y tan exactos, y equivale a la mención pormenorizada del botín, del alimento de los caballos, etcétera. En alguna versión posterior por un escritor cuyo criterio artístico era distinto, ya no importaba la mención de Diego Téllez, y aparecía en su lugar el anónimo labrador de la *PCG*. Sin embargo, este escritor posterior creó un nuevo personaje para un episodio nuevo, al hacer que Fernán Alonso *(un escudero muy fidalgo, mançebiello, que era su criado* [del Cid]... *que el le criara de pequenno)* introduzca el famoso escaño del Cid en la corte de Toledo y se meta allí en un altercado con García Ordóñez *(PCG, 616.a.1).* La objeción pidalista de que existió en la historia Diego Téllez, y (que sepamos) Fernán Alonso no, tiene por ahora poco que ver con mi consideración del poema como obra de arte; pero volveremos a hablar de esto.

No quiero razonar aquí acerca de los personajes con criterio artístico, pues éste creo que se justifica de por sí, sino con criterio historicista, esto es, de acuerdo con el propio Pidal. Nuestra dificultad en aceptar su fecha temprana para el poema es que ésta permite muy poco tiempo para la transformación de la historia en material legendario y poético, en cuanto a los personajes y a sus acciones (y, por consiguiente, en cuanto al argumento del poema). Pensando en esta transformación, Pidal había explicado algunas de las diferencias entre las épicas francesa y española:

> El escaso contenido histórico de las *chansons de geste* (mucho menor que el de los cantares de gesta españoles)... se explica porque la *chanson de geste*, aunque nace desde luego como narración coetánea y verídica de un suceso, sin intermediario especial de tradición novelizadora, sufre refundiciones continuadas (más activas que las que sufren los cantares de gesta españoles) y cada refundición va perdiendo algo de la verdad primera *(La Chanson de Roland...*, págs. 428-9).

No discrepamos de esto, a pesar de lo mucho que se pretende afirmar con ese *desde luego*. Lo que hay que investigar es la operación de esa *tradición novelizadora*, y la duración del proceso en casos concretos. No se trata del Cid, del rey, de Jimena, del obispo Jerónimo. En el poema éstos y sus acciones aparecen en parte novelizados ya, pero sin extremos, y en maneras aceptables: aceptables, esto es, porque nadie hubiera objetado que en su caso la maldad poética (por ejemplo) había sustituido a la virtud histórica. Hasta el rey, aunque en el poema se le retrata como irascible y severo, había sido todo eso y más en la historia. Aquí me preocupan las hijas del Cid, algunos miembros de la mesnada, ciertos cortesanos y un clérigo.

El problema de las hijas del Cid, en términos pidalistas, no estriba en sus nombres (siendo *Elvira* y *Sol* o sobrenombres, o a lo menos nombres poéticamente necesarios a cambio de los históricos Cristina y María), sino en sus casamientos. Por el momento podemos pasar por alto sus casamientos primeros o poéticos con los Infantes (casamientos que redujo Menéndez Pidal por fin al nivel de esponsales posibles o de tratos matrimoniales). En cuanto a los casamientos segundos o históricos, los de Elvira (Cristina) con don Ramiro, señor de Monzón en Navarra, y de Sol (María) con Ramón Berenguer de Barcelona, Pidal se ve obligado a confesar que en lo que dice el poema de ellos hay dificultades. En primer lugar, no había en esa época reino de Navarra, pues el país había sido dividido en 1076 entre Aragón y Castilla, y no volvió a tener rey propio hasta 1134; por consiguiente, comete el poeta un error —en términos históricos— cuando en el verso 3399 hace que entren en la corte los *rogadores* a pedir a las hijas del Cid *por seer reinas de Navarra e de Aragon*. En segundo lugar, no se unieron Cataluña y Aragón hasta 1137, de modo que la referencia a Aragón en el verso 3399 y en otros también es incorrecta. En tercer lugar, ninguna de las hijas del Cid llegó a ser en la realidad reina de Navarra ni de Aragón (= Cataluña); fue García Ramírez, hijo de Ramiro y de Cristina, quien se ciñó la corona de Navarra en 1134, mientras como mujer de Ramón Berenguer III de Barcelona, María era a lo sumo *condesa* pero nunca *reina*. Ni cabe pensar que el poeta, tan cuidadoso al mencionar los rangos y títulos cristianos, se equivocara empleando *reina* figuradamente para significar 'esposa de un conde reinante'. Son estos asuntos complicados, con los que han luchado los historiadores y estudiosos desde Sandoval y Berganza en adelante, y sobre los que hasta los cronistas medievales tuvieron sus dudas. Se complican más aún si queremos entender en su sentido literal el verso 3724, *Oy los reyes d'España sos parientes son*, pero yo me contento con tomarlo en sentido lato y elogioso, nada más. Mi conclusión es ésta: los tres «errores» que comete, históricamente hablando, el poeta en sus referencias a los casamientos, son comprensibles si fechamos el poema en una época alejada de los acontecimientos, pero no si lo fechamos alrededor de 1140. En 1140 vivían y gobernaban los nietos del Cid, existía la independencia de Navarra desde seis años solamente, y la unión de Aragón y Cataluña se había efectuado tan sólo tres años antes. En otras partes el poeta tenía un conocimiento exacto de los reyes y de sus reinos, por ejemplo, al nombrar uno a uno los dominios de Alfonso VI (versos 2923-6). Tenía también un agudo sentido de la genealogía, que discutiremos luego. Es evidente que los «errores» no afectan al poema como obra de arte; al contrario, los versos 3399 y 3724 tienen mucha eficacia dramática. Pero si las consideramos como afirmaciones históricas, son errores que han de llevarnos a fechar el poema mucho más allá de 1140, en algún período cuando se había hecho borroso el recuerdo de los estados orientales, o bien cuando el poeta castellano no tenía acceso fácil a los materiales escritos sobre su historia[3].

En el poema los malos son los Infantes de Carrión. Tuvieron existencia real como miembros de la corte de Alfonso VI antes de, durante y después de los años (¿1095-7?) cuando el poeta los tiene casados con las hijas del Cid, cuando los Infantes las repudian en Corpes, cuando son juzgados en la corte, cuando son juzgados por Dios al ser vencidos por los campeones del Cid, cuando son deshonrados en consecuencia de esto. Como Pidal terminó reconociendo que todo esto era poesía, no historia (convino en que a lo sumo había habido, históricamente, esponsales o tratos matrimoniales entre las familias) en ese sentido no nos queda objeción que hacer. Pero seguimos dudando si, en la fecha temprana de 1140, se le hubiera ocurrido a poeta alguno hacer de los Infantes unos traidores literarios[4]. No se trata tanto de los casamientos, ni de la afrenta de Corpes, sino más bien de la eterna deshonra pública en la que incurrieron ellos y sus parientes en los duelos judiciales. Esto no es ninguna menudencia que hubiera inventado un autor responsable y sensato en un momento en que los descendientes de los Beni-Gómez —quizá de los propios Diego y Fernando— vivían todavía y ocupaban posiciones importantes en sus terrenos y en la política. Esto lo habían hecho siempre: la historia de la familia tal como la expone Menéndez Pidal es la historia de grandes poderes y éxitos durante mucho tiempo. Es natural que, desde el punto de vista del poeta, los miembros de la familia Beni-Gómez fuesen candidatos a los papeles de traidores[5]. Según la *PCG*, que en esto sigue al Tu-

---

[3] Para una discusión de los casamientos de las hijas del Cid, con una nueva hipótesis acerca del casamiento de Sol (María), véase A. UBIETO ARTETA, 'Observaciones al *CMC*', *Arbor*, XXXVII (1957), pp. 145-170, especialmente la sección 6. L. Chalon rechaza la hipótesis, y resume muchos datos útiles, en 'A propos des filles du Cid', *Le Moyen Age*, LXXIII (1967), pp. 213-237. Discute el verso 3724 J. HORRENT, 'Tradition poétique du *CMC* au XIIᵉ siècle', *CCMe*, VII (1964), pp. 451-477; en las pp. 454 y ss. Horrent cree que el verso es demasiado impreciso para servir de base a argumentos concretos. Me referiré mucho a este importante estudio de Horrent.

[4] Menéndez Pidal no trató de atenuar el hecho de que se había operado tal transformación; véase, por ejemplo, las *Adiciones* a su *Cantar de mio Cid*, III (Madrid, 1946), pp. 1205-1206. Chalon da un resumen útil de los hechos y opiniones relativos a los Infantes y a los casamientos.

[5] Chalon, p. 235, dice que no se sabe qué base hubiera para la enemistad entre las familias de Beni-Gómez y del Cid, y que por tanto el rey no pudo tener

dense y al Toledano, quienes a su vez dependían de la *Crónica Na-jerense,* a lo menos para la mención de Pedro Ansúrez, los hermanos Pedro, Gonzalo —padre de los dos Infantes— y Fernando Ansúrez acompañaron al rey Alfonso a Toledo, donde había de pasar su destierro después de la derrota de Golpejera en 1072; después de la unión de las coronas de León y Castilla ese mismo año, esta familia leonesa —en especial Pedro Ansúrez, tío de los Infantes— dominaba en la corte como recompensa por sus servicios, y puede haber tratado con desdén al Cid, antes alférez y consejero principal del finado rey Sancho. Aun siendo esto así, la elección de esta familia como traidora poética, y la deshonra de la familia entera, seguramente no habrá sido posible hasta muchos años después de 1140. Es poco probable que la nueva separación de León y Castilla en 1157 hubiera acelerado tal evolución [6].

El mismo argumento se aplica, pero con mayor fuerza, al Conde García Ordóñez, *el Crespo de Grañón.* Si en el poema la traición de los Infantes es en parte explicable por razón de su juventud y por las burlas de que son objeto, se le retrata a García Ordóñez como un malvado de corazón duro, sin un solo rasgo que le redimiera. En Cabra le captura el Cid y se le arranca una parte de la barba (en el folio perdido cuyo contenido reconstruyó Pidal); es, suponemos, uno de los *malos mestureros* cuyas intrigas hicieron que el rey desterrase al Cid; se refiere con sorna al regalo que el Cid envía para el rey, al presentarse los cien caballos, pero se lo reprende Alfonso (versos 1345-9); en el verso 1835 se le asocia con los Infantes; en el 1836 es *del Çid so enemigo malo,* y en 1859-65 él y su facción en la corte creen que la creciente influencia del Cid ha de mermar su poder y su honra; en el 2042, se vuelve a aludir brevemente al desconcierto que sufre. En la escena de la corte es el consejero principal de los de Carrión, y es de nuevo *enemigo de mio Çid   que mal siempre! busco* (2998). Pronuncia por fin nueve versos, desdeñoso e insultante, en defensa de los Infantes (3270-9); contesta el Cid, con referencias detalladas y pintorescas al incidente que antes sufrió el Conde en Cabra. El poeta ha utilizado genial-mente toda la potencialidad narrativa y dramática de la enemistad entre García Ordóñez y el Cid.

---

interés en proponer una alianza matrimonial entre las dos con el objeto de mejorar las relaciones. Puede ser; pero Chalon no ha atendido, creo, a la insi-nuación que se da en la leyenda de Zamora, que menciono a continuación.

[6] Sobre esto, Chalon (p. 234) cita a Russell, Ubieto y Horrent para apoyar una fecha de 1155-1160 —de ningún modo antes— para la versión de Medinaceli, pues en esos años en cuanto a los casamientos «l'affabulation poétique deve-nait beaucoup plus aisée».

Es indudable que hubo tal enemistad en la historia. Lo confirman la *Historia Roderici* y los historiadores árabes. La captura del Conde y de otros en Cabra, y su prisión durante tres días por el Cid, son probablemente históricas (pero no lo es la ofensa contra la barba). Nos cuenta la *HR* que en 1092 Alfonso VI se dirigió hacia Valencia, y que el Cid, en parte como medida de desviación (pues ya se había prometido que Valencia sería suya), en parte porque le echaba a García Ordóñez la culpa por haber aconsejado al rey en tal sentido, fue a asolar los terrenos najerenses del Conde. El Cid además le envió un desafío personal, desafío que el Conde, al acercarse y al ver los estragos, no quiso aceptar. La base histórica de esta enemistad puede haber sido el hecho de que García Ordóñez sustituyó al Cid como uno de los magnates y cortesanos castellanos más influyentes. En 1074 es evidente que los dos se trataban en pie de amistad, pues García Ordóñez figura entre los confirmantes de la *carta de arras* de Jimena, pero para 1076, según Menéndez Pidal, el Conde había subido mucho hacia la cumbre de su poder. No parece que hubiera elemento histórico en la íntima relación poética que une al Conde con la familia de Carrión, pero esta idea se encontraba también en el poema que llama Menéndez Pidal *Don Fernando par de emperador*, tal como éste se conserva en la *Crónica de veinte reyes* y en la *Crónica de 1344*[7]. Las leyendas y poemas más tardíos continúan retratando al Conde como el peor de los traidores.

El resumen que hace Menéndez Pidal de la relación entre poesía e historia, al concluir su extensa discusión de García Ordóñez en la introducción de su texto en Clásicos Castellanos (13ª ed., 1971, págs. 19-20), atenúa bastante los hechos. Dice que «El poeta, empero, es de creer falsease la realidad cuando hace el Rey pronunciar una frase despectiva respecto del Conde (verso 1349), pues nos consta que el Rey no escaseaba las mayores muestras de afecto hacia García Ordóñez, a quien llama en sus diplomas *gloriae nostri regni gerens*». Esto no rinde la justicia debida a la figura histórica del Conde. Disfrutó siempre de la estima de Alfonso VI y recibió constantemente honores prácticos de su mano. El mejor testimonio de esto es que el rey le nombró ayo de su hijo único, Sancho, y que en la batalla de Uclés, el 30 de mayo de 1108, al ser desarzonado el niño príncipe, se apeó el Conde para protegerle contra los almorávides; lo logró durante un rato, pero murieron ambos, con 23.000 cristianos más, en la calamitosa derrota. Esto lo cuenta la *Crónica Na-*

---

[7] Véase R. MENÉNDEZ PIDAL, *Reliquias de la poesía épica española* (Madrid, 1951), pp. 248-249.

jerense, y muy extensamente la *PCG* [8]. Las dos crónicas agregan que, en honor del Conde y de otros seis que allí murieron, desde entonces se llamaba el monte *Septem Comitum, Siete Condes.* No podría haber muerte más heroica que ésta, y la historia oficial (esto es, la *Najerense)* la hizo constar con plena justicia. Vemos que en la realidad García Ordóñez no solamente estaba sin culpa, sino que era un servidor distinguido de la corona, y un héroe; en la historia y desde el punto de vista de la corona, era el Cid quien resultaba indigno de confianza (en Aledo, etc.) y hasta traidor, mientras García Ordóñez era todo lo que cabía esperar en un buen vasallo.

Naturalmente, la épica popular y la leyenda se inspiraron en el desterrado, en el *outsider* (el Cid), no en las hazañas del rey que tenía el apoyo del estado (la conquista de Toledo por Alfonso VI en 1085); es una constante. Naturalmente, también, la épica popular y la leyenda tuercen y falsean de unas maneras raras; es éste un procedimiento humano de todos los tiempos, y es inapelable. Pero sí sospechamos que este procedimiento de transformar lo bueno en lo malo, en este caso concreto, ha de ocupar cierta extensión de tiempo. No se trata simplemente de que la épica popular crea sus propios héroes y traidores dentro de una tradición que fuera distinta de la historia oficial «verdadera» tal como la escribieron los historiógrafos de la corona. Se trata de saber el tiempo que habría de transcurrir antes de que se le ocurriera a un juglar o poeta convertir en traidor a un hombre que, aunque enemigo del Cid, había estado sin culpa, y que había muerto heroicamente en Uclés —muerte recordada no sólo en un topónimo, más noble en su origen que cualquier *Poyo de mio Cid,* sino también recordada seguramente por muchos durante mucho tiempo—. Se trata de saber si, de haber ocurrido tal idea a un poeta o juglar en 1140, se le hubiera permitido decirla en público en un momento cuando unos hijos o nietos de García Ordóñez vivían y ocupaban puestos relevantes en el país (estando muchos de sus terrenos en Castilla; la familia no era leonesa como la de Carrión) [9]. Crecen nuestras dudas sobre este asunto si opinamos, como hoy opinan muchos, que el autor del *PMC* no era

---

[8] *Crónica Najerense,* ed. A. Ubieto Arteta (Valencia, 1966), p. 118; García Ordóñez es el único de los siete condes a quien se nombra. Dice Ubieto que mientras la mayor parte de este pasaje está tomado del *Chronicon* de Pelayo, las fechas y la nota sobre la muerte de García Ordóñez son adiciones por el autor de la *Najerense.* La *PCG* dedica casi todo su capítulo 884 a la acción del conde.

[9] Se casó García Ordóñez con Urraca, hija de García, rey de Navarra, y prima de Alfonso VI, en 1076. Para sus tierras, descendientes, etc., véase MENÉNDEZ PIDAL, *Vocabulario,* s.v.

ningún juglar irresponsable que trabajara dentro de una tradición oral, sino un hombre relativamente culto que tenía probablemente algunos conocimientos del derecho y que actuaba por tanto con plena consciencia de sí mismo, de su oficio y de su material. Aun descontando la censura oficial, debió existir en los estados medievales un claro sentido de lo que era posible y propio, así para cantar en público como para escribir en el pergamino. Comprendo, sí, que en la fecha temprana de 1140 un autor pudo presentar como lo hizo la situación del Cid y del rey, desde el punto de vista del Cid, con mención de los *malos mestureros* y otras cosas por el estilo; pero que presentara tan temprano al heroico García Ordóñez como traidor, asociado con los de Carrión en su traición y en su deshonra, eso no lo comprendo. Tal transformación, llevada a cabo por excelentes razones dentro del contexto dramático del *PMC*, es comprensible solamente si se dejan pasar varios decenios más entre el suceso y el poema. Se nos ofrece una comparación impresionante. En 1969 se representa en Londres la obra de Hochhuth, *Soldados*. Esta pretende demostrar, como parte de un argumento general sobre las corrupciones del poder y lo taimados que son los políticos y los militares, que el héroe nacional Churchill fue —no muy indirectamente— el asesino de Sikorski. Esta noción se le ocurre al autor sólo en el ambiente actual tan contrario al «sistema», como parte de un argumento político y propagandístico (y no existió, naturalmente, tal ambiente ni tal motivación en el siglo XII). No se pone en tela de juicio la calidad del drama, pero su representación suscita un tremendo debate sobre su falta de decoro, pues (se dice) falsea gravemente la historia y destroza la reputación de un hombre recién muerto.

Entra aquí también don Sancho, abad de Cardeña. El *PMC* es, para mí, una obra laica, no monástica. De haber sido monástica, hubiera dicho mucho más acerca de Cardeña, y apenas pudiera haber evitado mencionar que las tumbas del Cid y de otros estaban en el monasterio. Lo que pasó con la épica en manos monjiles se puede apreciar en la versión existente del *Poema de Fernán González*. El *PMC* no es un texto marcadamente religioso, a pesar de las pretensiones de algunos españoles sentimentales hasta hoy día [10]. El Cid y los demás muestran una devoción y unas actitudes que aceptamos como un mínimo razonable entre la gente laica de la época. Pero figura Cardeña, eso sí, en el poema, a veces con cierta impor-

---

[10] Se ilustra admirablemente esto en el *Boletín de la Institución Fernán González*, XXXIV (1955), n.º 132. El número lleva por subtítulo 'Número extraordinario de exaltación cidiana', lo cual justifica plenamente.

tancia, y está presente siempre al fondo, como residencia de Jimena y las hijas, en el primer tercio del poema a lo menos. El nombre incorrecto del abad no sólo nos asegura que el poema no es de carácter monástico, sino también apoya una fecha algo tardía. Según se ha notado muchas veces, el abad de Cardeña en la época del Cid no era ningún hombre corriente, sino un santo, San Sisebuto, cuyo nombre vetusto —godo— era tan poco frecuente en su día y en épocas posteriores que seguramente hubiera sido retenido por cualquier poeta cidiano si escribiera en fecha tan temprana como 1140. Sisebuto rigió la casa durante mucho tiempo, de 1056 a 1086, y en su vejez le auxilió un colega (Sebastián, 1082-5). Es lógico razonar que el nombre de Sisebuto no se encajaba en la asonancia —no hay asonancias en *ú-o* en el poema— y que por tanto había que cambiarlo; pero esto trae un cambio que estimo nada grato para un autor que escribiera en 1140. Tal autor es capaz de encajar muchos nombres polisílabos en sus versos, como lo demuestran las listas de la mesnada del Cid y la de los cortesanos (3002-9). Se ofrecerá después otra explicación del nombre equivocado, explicación que se basa en la mala lectura de un documento que, por tanto, ha de resultar totalmente inaceptable a los pidalistas, dentro de cuya teoría sigo arguyendo.

Los personajes menores, los de la mesnada del Cid, apoyan mis argumentos en otro sentido. El más importante es Alvar Fáñez. Como ha reconocido el propio Menéndez Pidal, casi todo lo que nos cuenta el poema de él es antihistórico. En la historia puede haber seguido al Cid durante una breve temporada al comienzo del destierro, pero después era un servidor de la corona que figuraba mucho en la corte (según sabemos por los diplomas) y señor que regía heredades lejanas de las actividades del Cid. Vivió hasta 1114; su hazaña más famosa la realizó en sus últimos años, bajo la reina Urraca, cuando defendió a Toledo contra los almorávides. Que fuera posiblemente un personaje épico, por derecho propio y no gracias a alguna relación, real o ficticia, con el Cid, parece ser demostrado por las referencias fuertemente encomiásticas del *Poema de Almería* de 1147-9. Se ha citado mucho el verso 225:

> Meo Cidi primus fuit, Alvarus atque secundus

que parece decir que en el tiempo de los dos, el Cid fue el mayor de los héroes militares y Alvar Fáñez el segundo después de él. También se han citado mucho, con referencia al Cid, los versos 220-2 (*Ipse Rodericus, Meo Cidi saepe vocatus...*), pero al estudiar

el contexto se descubre que estos versos no son, en realidad, más
que un aparte dentro de un extenso elogio de Alvar Fáñez, sus
antepasados y sus descendientes. Este elogio va desde el verso 204
hasta el 232. En los versos 215-16 dice el poeta que si Alvar Fáñez
hubiera vivido en la época de ellos, hubiera ocupado —en la escala de la fama— el tercer puesto detrás de Roldán y Olivero.
Antes, en la propia *Chronica Adefonsi Imperatoris,* se nos cuenta
con emoción la defensa de Toledo por Alvar el año 1109, episodio
narrado fuera de orden *(omisso naturali ordine).* Todo esto parece
mostrar que Alvar Fáñez quedaba no mucho por debajo del mismo
Cid, tanto en la historia oficial como en la memoria popular, durante varios años después de 1140. Parece mostrar también que se
le recordaba por hazañas que nada tenían que ver con las del Cid,
aunque equiparables con éstas. Razonando de este modo, se empieza
a dudar si en la fecha temprana de 1140 se hubiera atrevido un
poeta a asociar a los dos en una creación literaria, puesto que entonces vivían descendientes y allegados que sabían que esto era
contrario a los hechos (y que distaba de ser bajo todos los aspectos
un realce de la *persona* histórica de Alvar Fáñez) [11]. En una fecha
más lejana se habrían desvanecido los recuerdos para permitir la
asociación ficticia.

Entre los otros miembros de la mesnada, los más tienen su pro-
totipo histórico. Entre los que no lo tienen, no sorprendería demasiado descubrir algún día en un diploma a Félez Muñoz. Pero sorprendería bastante, hasta a los buenos pidalistas, la aparición como
personaje histórico de Martín Antolínez. Mrs. Hamilton, quien estudia en forma detallada su acción en el poema y los epítetos a él
aplicados, se atreve como quien pide perdón a sugerir que él bien
puede ser un personaje ficticio [12]. Yo le estimo ficticio, y tanto, que
podemos tomarle como excelente ejemplo para nuestro estudio. El
poeta le asigna una importante función doble. Apuntó Russell [13], al

[11] Se elogian su hijo Rodrigo y su nieto Alvar por extenso en el *Poema
de Almería.* Es mencionado varias veces en los *Anales toledanos (España sagrada,* XXIII). Milá, en una nota casi olvidada *(De la poesía heroico-popular
castellana,* Barcelona, 1959, p. 321), apunta que San Pedro Pascual alrededor
de 1300 equiparaba a Alvar Fáñez en heroísmo con Fernán González, Alfonso VI
y el Cid *(Opera,* Madrid, 1676, I, p. 48; no he podido ver esta obra). La aparición
última y más rara de Alvar es en el capítulo 5 del *Conde Lucanor,* en un contexto muy poco heroico. Analiza Horrent (pp. 464-465) la manera en que pudo
nacer la fuerte asociación poética de Alvar Fáñez con el Cid.
[12] «Epic Epithets in the *PMC*», *RLC*, XXXVI (1962), pp. 161-178, especialmente p. 166.
[13] P. E. RUSSELL, «San Pedro de Cardeña and the Heroic History of the
Cid», *MAe,* XXVII (1958), pp. 57-79, especialmente p. 70. Véase también P. N.

que sigue Mrs. Hamilton, que en la versión existente el poeta se
dirigía a un público burgalés, y que Martín Antolínez sirve en parte
como medio para sostener el tema de Burgos, sobre todo en los
epítetos aplicados a este caballero. Yo iría más lejos, sugiriendo que
Martín Antolínez salva el amor propio de Burgos. Cuando, en el
poema, casi todos los ciudadanos se encogen medrosos detrás de
sus puertas cerradas —con razón, vistas las amenazas del rey— y a
lo sumo hacen salir a la calle a la *niña de nuef años* para que expli-
que la situación al Cid, Martín Antolínez es, un poco más tarde, el
único que se atreve a contravenir al mandato real, abasteciendo
al Cid y acarreando por tanto la confiscación y el destierro a su
lado. Habla alto (versos 71-7) en tono confiado, casi valentón. Es,
luego, el elegido por el Cid para negociar con los judíos. Es el que
conoce bien la ciudad, es además el que tiene el descaro, el atractivo personal, la astucia campechana con que llevar a cabo la
estafa, hasta el punto de pedir descaradamente a los judíos una
comisión (verso 190). Martín Antolínez es una magnífica creación
literaria; su doble papel, el de salvar el honor de Burgos y de tomar
la parte principal en el engaño de los judíos, está escrito con maestría. Después de haberle creado el poeta, resultaba demasiado valioso para que se le olvidara; sigue siendo un miembro importante de
la mesnada, tiene misiones de peso, recibe la espada Colada de manos del Cid (distinción notable, verso 3191), pronuncia uno de los
retos y lucha por consiguiente en los duelos.

Creo que Martín Antolínez es, entre todos los personajes cristianos del poema, el que el poeta creó *ex nihilo* sin tener homónimo
histórico con que justificarle[14]. Es el primero de los personajes
inventados que se añadieron a medida que la leyenda fue evolucio-
nando en versiones conocidas por los cronistas:

1. *Fernán Alonso,* a quien se da un papel modesto en la escena de
    la corte, arriba mencionado *(PCG,* 616.a.1, etc.).

DUNN, «Theme and Myth in the *PMC*», *Romania,* LXXXIII (1962), pp. 348-369,
nota a la p. 351.
   [14] Se fortalece la probabilidad de que sea ficticio con la poca frecuencia del
nombre *Antón, Antol-* (con disimilación) en los documentos de la época. Tal
hubiera sido el nombre de cualquier padre putativo. Se puede registrar muchos
cartularios sin encontrar tal nombre. Sin embargo, hubo un Antunino (o An-
tolino, Antonio) Núñez en Burgos en el momento apropiado: confirmó diplomas de 1068, 1074 y 1075, que se encuentran respectivamente en las pp. 829, 835
y 853 de *La España del Cid,* tomo II. San Antolín era patrono de Palencia;
se describe el hallazgo de su tumba en circunstancias milagrosas en el *Rodrigo,*
vv. 102-29. Que Martín Antolínez «se hizo» histórico después de la difusión
del *PMC* está claro: Cardeña pretendió guardar su tumba, igual que la iglesia
de San Martín de Burgos.

2. *Fernán Cardeña, aposentador del Cid*, que aparece en la *Crónica particular*.

3. *Martín Fernández, natural de Burgos:* según la *PCG*, acaudilla el grupo que parte para informar al rey sobre la afrenta de Corpes, y más tarde acompaña al Cid a la corte (615.a.3); en la *Crónica particular* se le llama *M. F. de Peña Cadiella*.

4. *Ordoño*, hermano de Pedro Bermúdez; toma el papel de éste al matar al moro y entregar su caballo a uno de los Infantes (*PCG*, 606.a.14); después toma el papel de Félez Muñoz en el viaje a Corpes y en la acción allí realizada.

5. *Martín Peláyez el asturiano de Santa Juliana*, que figura en la *Crónica de 1344* y en la *Crónica particular*, en episodios que corresponden a los versos 1227 y 1458 del *PMC*, y queda con otros en la guarnición de Valencia cuando el Cid va a la corte; merece un episodio entero, pues es *a quien el Çid, de cobarde que era, conuirtio en gran caballero ante los muros de Valençia* (*Crónica particular*).

6. *Pedro Sánchez:* uno de los que acompañan a los Infantes hasta Corpes, y va con el Cid a la corte (*PCG*, 609.b.42 y 615.a.7). Hay asimismo los numerosos caballeros que en la *PCG* acompañan al Cid a la corte, cada uno con sus soldados: *Feles Aries... Ouieco Sanches... Martin Garçia... Martin Salvador... don Minaya Sonna que poblo Alcobiella... Antolin Sanchez de Soria...* etcétera (capítulo 939).

Evidentemente, una mesnada épica tan nutrida y tan distinguida como la del Cid (tal como se creó en el *PMC*, tal como existió quizás en la historia) tenía una capacidad infinita que permitía la entrada de otros muchos. A menudo habrán entrado éstos por una razón concreta, convincente para el autor de alguna refundición: he aquí un valiente representante de Soria, he aquí que conviene no olvidar el orgullo regional de Asturias, los pobladores de Alcobilla bien quisieran haber sido establecidos allí por un colega del Cid... Después aparece más clara la abierta motivación genealógica: así, en la versión que conoció la *Crónica particular*, figuran entre los jueces de la corte *el conde don Osorio de canpos de quien vienen los de villalobos e los osorios*, más *el conde don Rodrigo el de los girones* (BN MS 1810, fol. xc^r). Visto como una primera etapa en este procedimiento de creación libre y motivada, Martín Antolínez viene a ser perfectamente comprensible; pero me parece que la lógica nos persuade a colocar este aspecto de la novelización en una fecha más tardía que 1140.

La preocupación genealógica está presente en el poema mismo. Se cuenta que varios caballeros de la mesnada del Cid son parientes suyos, o como sus sobrinos o bien como primos de las hijas del Cid. Que yo sepa, ningún estudioso ha sugerido que estos términos tienen otro sentido del que tienen en el español moderno, esto es, *sobrino* = 'hijo de un hermano *(sobrino carnal)* o de un primo *(sobrino segundo, tercero,* etc.)' (María Moliner), mientras *primo* puede significar varios grados de proximidad. Corominas no menciona otras posibilidades para ninguna época del español antiguo, aunque sí tiene mucho que decir sobre la semántica de la palabra-raíz de *sobrino* dentro del latín. Podemos, pues, emprender la discusión basándonos en los significados modernos. Los críticos en general parecen aceptar al pie de la letra lo que dice el *PMC* sobre estos parentescos, dando por sentado —tan fuerte es la enseñanza de Menéndez Pidal— que lo que narra el poema es, *a fortiori,* una verdad histórica; pero nadie parece preguntarse si estos parentescos eran posibles, ni qué casamientos o nacimientos los habrán establecido. Los datos que voy a citar son los de Pidal tal como los expone en *La España del Cid* y en su *Vocabulario* del poema *(Cantar de mio Cid,* tomo II). Parece que Pidal no se da cuenta de que hay problema, aparte de su confesión de que no sabemos cómo llegaban a ser parientes históricos del Cid Pedro Bermúdez, Alvar Alvarez, Alvar Fáñez y Félez Muñoz *(La España del Cid,* pág. 682).

En el poema se nombran nueve capitanes del Cid. De ellos, cuatro no son parientes del Cid: Galín Garcíez, que era aragonés; Alvar Salvadórez; Martín Muñoz, *el que mando a Mont Mayor* en Portugal; y Martín Antolínez, probablemente ficticio. De éstos, los tres primeros tienen papeles más bien menores. Sin embargo, dos de ellos fueron transformados en sobrinos del Cid en la versión que conoció la *Crónica particular:* Alvar Salvadórez y Martín Antolínez. He aquí los detalles de los cinco capitanes restantes:

1. *Alvar Alvarez* (nombrado cuatro veces en el *PMC,* con papel poco importante): era el sobrino histórico del Cid, según la *carta de arras* de Jimena, de 19 de julio 1074; pero este lío no se menciona en el poema.

2. *Pedro Bermúdez* (presente en todo el poema): para la historia, véase más abajo. En el poema el Cid le llama *sobrino* (verso 2351) y el Cid dice que sus hijas son las *primas cormanas* de P. B.; esto es, P. B. era un sobrino carnal del Cid: 3303.

3. *Alvar Fáñez* (presente en todo el poema): era en la historia sobrino del Cid, según la *carta de arras.* Tal parentesco no se men-

ciona concretamente en el poema, pero las hijas del Cid son *primas* de A. F. (2858, 3438).

4. *Muño Gustioz* (mencionado frecuentemente en el poema): era en la historia el cuñado de Jimena, pues estaba casado con la hermana de ésta, Aurovita (u Orovita). Se le describe en el poema como *criado* del Cid, pero no se menciona el lazo de parentesco.

5. *Félez Muñoz* (varias menciones en el poema, más la misión importante en Corpes): no se ha establecido su existencia histórica. El poeta le llama *sobrino* del Cid (741) y *primo* (2619, etcétera) de las hijas del Cid.

Aquí hay aspectos curiosos. El poeta tiene históricamente razón —que sepamos— sólo en el caso de Alvar Fáñez. No utiliza los dos lazos de parentesco que sabemos fueron históricos, el de Alvar Alvarez con el Cid, y el de Muño Gustioz a través de su casamiento. Por otra parte, llama *sobrinos* a dos que no pudieron serlo, en grado alguno, del Cid de la historia, Pedro Bermúdez y Félez Muñoz. En el primer caso esto se demuestra por el hecho de que un Bermúdez supone un padre llamado *Bermudo* en la pila, y no hay tal persona entre los hermanos del Cid o de Jimena (el Cid de la historia parece no haber tenido hermano ni hermana; Jimena tuvo tres hermanos, Rodrigo, Fernando y Fruela, y una hermana, Aurovita). También es claro el caso de Félez Muñoz. La única persona que llevaba el nombre necesario de *Muño* o *Munio* como padre putativo era Muño Gustioz, casado con Aurovita; en tal caso Félez sería perfectamente sobrino del Cid, pero el poeta seguramente habría mencionado el parentesco de Muño Gustioz con Félez Muñoz dentro de la mesnada, pues los dos figuran dos veces casi juntos (versos 737 y 741, 3065 y 3069). Hemos de concluir que estos parentescos son más poéticos que históricos, mientras en los otros dos casos un parentesco que sí fue histórico había sido olvidado; en resumen, que entre acontecimiento y poema había transcurrido mucho más tiempo que el que permite la fecha de 1140 [15].

En otro aspecto genealógico también nos desconcierta el descuido de la historia por parte del poeta —expresándonos así por ahora, pues razonamos intencionadamente con argumentos pidalistas—. Esto tiene que ver con la familia de Jimena, que en la his-

---

[15] Horrent menciona otras dificultades que se presentan al aplicar los principios pidalistas sobre la historicidad a los miembros de la mesnada: «Dans le *Cantar* se trouvent groupés autour de l'exilé des guerriers qui ne pouvaient réellement lui apporter les concours que dit le poème» (notas 162-168 a la p. 473).

toria era extensa y poderosa. Hay tres aspectos. Volvamos primero
a Muño Gustioz. Este, nos dice el poeta, fue uno de los capitanes
de la escolta que desde Cardeña llevó a las mujeres a Valencia; pero
el poeta no se refiere al parentesco con Jimena. Esta falta sorprende
más al recordarse que en Cardeña en 1113 confirmó un documento
por el que vendió Jimena unos terrenos, y que, según la suposición
muy razonable de Menéndez Pidal, «quizá éste, con su mujer Aurovita, hermana de Jimena, acompañaron siempre en Castilla a la
viuda del Campeador» (*La España del Cid*, pág. 583). Aun si murió
Muño Gustioz poco después de 1113, se nos deja muy poco tiempo
hasta 1140 para que se desvanezca la memoria de su parentesco. En
segundo lugar, observamos que no se menciona el parentesco del
conde don Froilan (Fruela) con Jimena (*PMC*, verso 3004), aunque
en la historia era nada menos que su hermano. En este momento,
además, el poeta estaba de humor genealógico, pues en el verso
antes de éste había incluido la nota de que el *conde don Remond*
era padre de Alfonso VII, nota que —dentro de este contexto del
poema— resulta más anacrónico de lo que sería la mención de
Fruela-Jimena [16]. Vivió Fruela hasta 1116 a lo menos; su hijo, Ramiro
Frólez, fue Conde de León en tiempos de Alfonso VII, y el *Poema
de Almería* le dice *natus de semine regum* (verso 89). En tercer
lugar, el poeta parece no saber nada de la alcurnia regia de Jimena,
quien era nieta de Alfonso V de León y prima de Alfonso VI [17]. El
propio Pidal apunta que «algo debiera decir de esa alcurnia regia
cuando los de Carrión desprecian a las hijas del héroe» (*Cantar
de mio Cid*, II, pág. 904). La mención de esto habría sido apropiada
no sólo por razones históricas, sino también por razones dramáticas,
por ejemplo en el parlamento de Pedro Bermúdez (después del verso 3348) o como parte de las observaciones de Alvar Fáñez después
de la presentación en la corte de los embajadores de Navarra y de
Aragón (tras el verso 3450). Que el poeta fuera capaz de introducir
tal referencia por motivos dramáticos se demuestra en los versos
3343-4, acerca de la ascendencia honrada de los Infantes. Como el
poeta nada sabe de la historia en cuanto a Jimena y a su familia

[16] Observo de paso que el verso en cuestión, *aqueste fue padre   del buen
enperador* (3003), que ha sido utilizado por Pidal y Ubieto para fechar el poema,
no puede utilizarse para probar que se compuso en vida de Alfonso VII, muerto en 1157. El verso está todavía presente, con tanta o con tan poca actualidad,
en la prosificación de la *PCG* (617.b.29). Se podría argüir que *buen*, en un contexto narrativo y genealógico, equivale a «de feliz memoria» u otra frase res-
petuosa para con los muertos; pero tampoco insisto en esto.
[17] Horrent se da cuenta del mismo problema. Véanse su n. 29 a la p. 455
y la n. 170 a la p. 474; y BELLO, *Obras*, II, p. 65.

nos convence de que hubo de medir más tiempo entre su muerte (¿1115?) y la composición del poema. Nos convencemos aun más al reconocer que el poeta, de haber sabido los hechos, los hubiera incluido gustoso, no por razones de pedantería histórica, sino para apuntarse varios tantos narrativos y dramáticos (técnica en la que sobresalía).

El problema de los sobrinos se vuelve un poquito menos difícil si postulamos una evolución semántica de la palabra, desde 'hijo de un hermano o de un primo' hasta 'pariente joven' en general, por lo que se refiere a la historia (esto es, para dar cuenta de Alvar Alvarez y Alvar Fáñez en la *carta de arras*), y aun hasta 'compañero de armas, asociado feudal joven', o algo así, para dar cuenta del lenguaje épico. El padre de Alvar Fáñez parece que fue Fanne Fannez (o Han Hañez, Hanniz, etc.), quien figura mucho en los diplomas de 1068 a 1080; pero esto apenas nos ayuda para establecer un parentesco con el Cid, y cualquier parentesco debió ser muy remoto. Menéndez Pidal alude con muchas dudas al caso de Pedro Bermúdez, y sólo a base de un diploma falsificado [18].

Después, esta cuestión se embrolla mucho más. En el poema que prosificó la *PCG*, Pedro Bermúdez es primo de las hijas del Cid y también éste es su *tío* (614.a.17). Ordoño, el nuevo, es hermano de Pedro Bermúdez y viene así a ser *sobrino* del Cid (608.a.44). El término *cuñado* se extiende para que signifique 'marido de una prima', pues tres veces se dice que uno de los Infantes es cuñado de Ordoño (después de casarse el Infante con la hija del Cid). Todavía no existe parentesco entre Martín Antolínez y el Cid. Se complica el problema de Alvar Fáñez, como si los cronistas estuviesen siguiendo más de un texto épico al mismo tiempo: tanto el rey como el Cid le llaman *primo cormano* de las hijas del Cid (601.b.17; 602.a.29); después se le llama *primo* del Cid (607.b.34), y por fin él dice que las jóvenes son sus *sobrinas* (613.a.38).

Se efectuó la resolución definitiva cuando en la versión que conoció la *Crónica particular* casi todo el mundo llega a ser sobrino del Cid, aunque —para contrarrestar la incredulidad— se introdujeron dos grados de sobrino:

> E conuiene que vos digamos quales fueron buenos en esta batalla ... Primeramente el çid e don aluar fañez e pero bermudez e martin antolinez e nuño gustios sobrinos del çid. E martin saluadores e guillen garçia e martin muños que touo a monte

[18] Para este diploma, véase el capítulo 1.

mayor, e aluar aluarez e felis muñoz que eran tanbien sobrinos del çid no tan çercanos como los otros (BN MS 1810, fol. xxxviv).

Se inventó una genealogía pintoresca y seudorracional para suplir la falta de hermanos y hermanas del Cid histórico. Es un cuento sabroso de pasión y bastardía:

> Diego Laynez [padre del Cid] siendo por casar vn dia de Santiago que es en julyo topo con vna villana que leuaua de comer a su marido, e trauo della e yogo con ella por fuerça e fue ençinta de vn fijo; e fuese para su marido el qual asi mesmo yogo con ella e fue ençinta de otro fijo; e ella dixo a su marido lo que le conteciera con el cauallero. Et quando fue el tienpo de encaeçer (?), naçio primero el fijo del cauallero e baptizaronlo e pusieronle nonbre fernando diaz. E los que no saben la estoria dizen que este fue el çid mas no es asi. Despues caso fernando diaz con fija de anton antolinez de burgos, e ovo en ella estos fijos: martin antoljnez, mele fernandez e fernand alfonso e pero bermudez e ordoño, e estos fueron los sobrinos del çid, ca el nunca ovo otro hermano nj hermana (BN MS 1810, fol. iir-iiv).

Este medio hermano del Cid, Fernando Díaz, quizá represente un vago recuerdo del homónimo que fue históricamente el hermano de Jimena; pero también es otro ejemplo del descuido de la familia de Jimena por los poetas épicos, y de su preferencia por las genealogías expresadas en términos de los varones solos, aun a costa de achacar un pecado de lujuria al padre del Cid, y bastardía a un medio hermano. Desde luego es extremo el grado de confusión y de novelización que se alcanzó finalmente en estas genealogías, pero en el mismo *PMC* se ven ya indicios de las primeras etapas de esta evolución. Mi exposición detallada nos permite comprender este proceso como un continuo; no nos es lícito aislar el *PMC* de este proceso, considerando el poema como un documento temprano y por consiguiente casi rigurosamente histórico en lo que a las personas y los parentescos se refiere, según enseña Menéndez Pidal [19].

---

[19] El sello final que autentificó toda esta invención genealógica lo impusieron los monjes de Cardeña, durante el siglo XIV, probablemente. Su iglesia tenía las tumbas auténticas del Cid, de Jimena y quizá de unos pocos de la mesnada. Pero había finalmente un panteón entero donde yacían casi todos los que se habían asociado con el Cid, incluso personajes a todas luces ficticios. La *Cronica del famoso cauallero Cid Ruy Diez Campeador* que hizo imprimir Juan de Belorado, abad de Cardeña, en Burgos en 1512, cataloga estas tumbas de acuerdo con la *Crónica particular:* «... Otrosi estan sepultados en el dicho monesterio estos cinco hermanos hijos de Ferrando diez hermano del Cid, y sobrinos del Cid: ... Pero Bermudez sobrino y capitan del Cid, Aluar Saluadorez, Ordoño, Martin Antolinez, Fernan Alonso...», etc. Las tumbas, cada una

Conviene por fin considerar otro aspecto de los personajes menores del *PMC:* el de su misma abundancia, y el de la relativa exactitud
con que se nombran varios de ellos (esto es, en términos de sus
feudos, *que Çorita mando,* etcétera). La declaración más reciente de
Menéndez Pidal sobre esto es:

> Todos estos nombres de amigos y enemigos del héroe no es
> posible que nadie los retuviese en su memoria cuarenta o cin-
> cuenta años después de muerto el protagonista, cuando esos
> nombres no interesaban ni siquiera al autor de la amplia *Histo-
> ria Roderici* escrita inmediatamente después de la muerte del
> biografiado. ¿Quién hoy, a pesar de tanta historia impresa como
> ahora se lee, tiene en su memoria veinte nombres de personas
> que hayan tomado parte en sucesos de la vida de un prota-
> gonista muerto hace medio siglo? [20]

Esto es perfectamente lógico. Desde luego, contestó Pidal a su propia pregunta postulando un cantar muy temprano —¿1105?— sobre
el Cid, obra del poeta verista de San Esteban de Gormaz, poeta
que compusiera su obra mientras muchos de los personajes seguían
no sólo en la memoria pública, sino también con vida en numerosos
casos. En cuanto se haya fijado la mención de éstos en el verso,
se mantiene el recuerdo de ellos, y el segundo poeta, de Medinaceli,
alrededor de 1140, habrá incluido las menciones de ellos en su cantar
que es el poema existente. La lógica de todo esto, dentro del sistema
de Pidal, es inatacable. Pero claro, si yo estoy en lo cierto al suponer
que el poeta de Medinaceli (diría yo, de Burgos) escribió mucho
tiempo después de 1140, y quizá sin beneficiarse de una versión
anterior (teniendo en cuenta los «errores» y olvidos que arriba hemos expuesto), me veo en la situación de tener que demostrar los
métodos que adoptó el poeta para informarse tan bien acerca de
los personajes. No se trata de examinar las razones *artísticas* que
tuviera al referirse detalladamente a tantos personajes, según ex-
pliqué al empezar este estudio; antes se trata de averiguar el mecanismo de su método.

Al estudiarlo, me parece que tenemos que apartarnos de todo
lo que nos han enseñado, durante tanto tiempo, Pidal, Parry y Lord,
y otros, sobre la composición oral y la transmisión oral de la épica.
No niego que hubo en la épica medieval una larga tradición oral;
pero dudo profundamente que nuestro texto del *PMC* formara parte

---

con su blasón, fueron puestas en orden en 1736 y nuevamente catalogadas por
Flórez en *España sagrada,* XXVII (1772), pp. 246-250.
   [20] «Dos poetas en el *CMC*», *En torno al PMC* (Barcelona, 1963), pp. 115-116.

de tal tradición oral. Esto se podría demostrar de varias maneras [21]; la que aquí interesa se basa en el estudio de los personajes. No podemos comparar el *PMC* con otros textos de la épica en el período de su máximo auge, pues se han perdido. Pero sí podemos comparar el *PMC* tal como está prosificado en la *PCG* con otras prosificaciones. Cuando lo hacemos, nos damos cuenta de que el *PMC*, aun en su forma refundida, difiere en su misma naturaleza de las otras épicas (salvo una, quizá). En el *PMC* de Per Abad hay 33 personajes cristianos con nombres: cuatro en la familia del Cid; nueve en la mesnada, más Diego Téllez; Mal Anda; el obispo Jerónimo; el abad Sancho; el rey y cuatro cortesanos principales; cinco en la familia de Carrión y tres más de su facción que asisten a la corte; el Conde de Barcelona; y los dos embajadores al final. La versión que utilizó la *PCG* tiene 50 personajes cristianos, de los cuales no todos corresponden con los de Per Abad (los nuevos son en especial los 16 capitanes, desconocidos de Per Abad y de la historia, que acaudillan las cohortes de la enorme hueste que acompaña al Cid a la corte: *PCG*, 615.a.1-21). En la *PCG* la narración de *Sancho II y cerco de Zamora* tiene 25 personajes cristianos con nombre, así que esta leyenda es la única que resulta ser comparable con el *PMC* en este aspecto [22]. *Bernardo del Carpio* y *Los Siete Infantes* tienen pocos (éste, 12 solamente; se nombran tres de los siete Infantes nada más). *Fernán González*, aunque en él abundan los topónimos, tiene sólo unos 18 personajes cristianos con nombre (esto es, en la narración del Conde propiamente dicha, descontando la larga introducción histórica que termina en la estrofa 170). Las otras leyendas épicas en otras crónicas parecen tener repartos también breves. Únicamente el *Rodrigo* (o *Mocedades*) —en su forma existente, fuertemente influido por los intereses eclesiásticos de Palencia [23]— mantuvo la tradición del *PMC* al mencionar con cierta frecuencia los capitanes y otros personajes menores. Lo que saco de esto es que podemos hacer una distinción a grandes rasgos entre un tipo de épica oral, por un lado, con pocos personajes, y otro tipo de épica

---

[21] Véase el capítulo 4.

[22] Este poema se consideraba quizá como parte de un ciclo cidiano junto con el *PMC*. Varios personajes del *PMC* aparecen en él, entre ellos el mismo Cid con papel de cierta importancia. Horrent cree que la *Jura de Santa Gadea* la inventó un juglar burgalés alrededor de 1200, para suplir un vínculo esencial entre los dos poemas; el material que de esto resultara sería quizá la *estoria* a la que se refiere la *PCG*. Véase *Studia Philologica: homenaje ofrecido a Dámaso Alonso*, 3 tomos (Madrid, 1960-1963), II, pp. 241-265.

[23] A. D. DEYERMOND, *Epic Poetry and the Clergy: Studies on the «Mocedades de Rodrigo»* (Londres, 1969), especialmente pp. 195-198.

más culta con numerosos personajes cuyos nombres se citan en forma extensa y exacta (y de acuerdo con la historia).

El proceso que habrá posibilitado este nombrar frecuente y exacto de los personajes lo aludió hace años el Profesor Russell en unas palabras que nunca —que yo sepa— recibieron comentario de Menéndez Pidal o de otro pidalista. Escribió Russell: «The one explanation of the partial 'historicity' of the *Cantar* which seems to have escaped consideration is that it could be the product of a certain amount of historical investigation by its author» [24]: esto es, entre los documentos de los archivos. Creo probable que el autor del *PMC* existente o fue abogado o tuvo estrecha relación con el mundo del derecho; en el poema, él muestra tener una pericia legal considerable, emplea muchos vocablos y mucha fraseología legales, y hace de dos procesos legales el clímax de su drama. Tal hombre tenía acceso a los archivos y bien sabía lo que buscaba: los nombres de los colegas del Cid, juntamente con sus títulos, sus feudos, sus denominaciones oficiales, etc. Los necesitaba no (como sostienen los pidalistas) porque le importara conservar exactamente la historia como parte de algún deber que le incumbiera, sino para sus propósitos *artísticos*, pues quería llenar la escena de su drama con personajes que tuvieran toda la credibilidad y verosimilitud posibles. Me parece a mí, igual que a Russell, que apenas es probable que una tradición de verso oral, desde los tiempos del Cid hasta la composición del poema existente (bastante más tardío que 1140, según lo arriba expuesto) haya podido conservar tantos personajes y tantos detalles en su denominación. Es mucho más fácil suponer que un personaje como Diego Téllez perduró en un documento de archivo, y que pasó desde allí al poema [25]. La probabilidad de esto se fortalece cuando estudiamos no sólo los personajes menores, sino también sus denominaciones. Aceptamos, desde luego, que muchas de estas denominaciones son verdaderos epítetos épicos que el poeta tomó de la tradición o que inventó dentro de esa tradición, y que muchas de ellas pertenecen al tipo que necesita la improvisación en una tradición oral (aunque también son útiles al poeta más culto que compone un texto escrito). Así, Martín Antolínez es *el burgales conplido* (verso 65), *el burgales de pro* (736); el Cid es

[24] P. E. RUSSELL, «Some Problems of Diplomatic in the *CMC* and their Implications», *MLR*, XLVII (1952), pp. 340-349 (p. 348); reimpreso en su libro *Temas de «La Celestina» y otros estudios (del «Cid» al «Quijote»)* (en prensa).
[25] Horrent (p. 476) dice juiciosamente que por supuesto el poeta no consultó la masa de documentos de que disponía Menéndez Pidal, «même s'il a pu consulter ici et là des documents»; añade en nota que «Il serait abusif de n'en point admettre la possibilité».

de Bivar, el Campeador, el Campeador leal, el caboso, etc. Pero quiero llamar la atención sobre algunos casos en los que me parece probable que las denominaciones —y quizá también los nombres— se han tomado de documentos legales o de otro material archivado:

1. Una vez se le refiere al Cid como *mio Çid Roy Diaz el Castelano* (748), y otra como *el Castelano* (1067). Menéndez Pidal señala este epíteto en un diploma, confirmado en Asturias en 1075 por el Cid, *Rodericus Didaz Castellanus*, «sin duda para distinguirse del contemporáneo Rodericus Didaz Ovetensis comes», que fue hermano de Jimena. Debido al parentesco entre los dos a partir del casamiento del Cid con Jimena en 1074, esta distinción puede haberse impuesto en otros casos también[26].

2. Alvar Fáñez es una vez en el *PMC* (735) *A. F. que Çorita mando.* En efecto, fue señor de Zurita y firmó dos veces con este título en los diplomas: *A. F. de Zorita* (Silos, 1097), y *A. F. dominus de Zorita et de Santa Uerie* (Becerro de la Catedral de Toledo, 1107; citado por Pidal, *Vocabulario*, pág. 440). Al conjeturar que en este caso el título ha sido tomado por el poeta de un documento legal, me baso en el hecho de que Alvar Fáñez estaba presente en la memoria de las generaciones posteriores más que nada por su defensa de Toledo desde 1109 hasta 1114: era *Toletule dux* y estaba *in Toleto* en diplomas de 1109 y 1110, y acaudillaba una heroica resistencia a los sitiadores almorávides en 1109. Es por esto que se le recordaba con las mayores alabanzas en la *CAI* y en el *Poema de Almería*, ambos de 1147-49. Su señoría de tierras al sur de la ciudad la recordaba el cronista cuando escribía que los almorávides *moverunt castra de Corduba et venerunt per illam terram quae fuit de Alvaro Fannici (CAI*, 75). Es de creer, pues, que se habría borrado de la memoria popular cualquier recuerdo de Alvar como señor en otros tiempos del lugar poco importante de Zurita, perdurando éste sólo en los documentos legales[27].

3. La frase *que... mando* tiene un tono algo pedantesco, notarial. Se aplica a Alvar Fáñez *(PMC*, 735); Martín Muñoz es *el que mando a Mont Mayor* (738, y también en el hemistiquio de 1992 que suple Pidal); en 3007b de la edición de Pidal, verso suplido por él por razones mucho menos convincentes, Alvar Díaz es *el que*

[26] *Vocabulario*, p. 576. Esta explicación la había sugerido ya Berganza *(Antigüedades*, p. 399ab); en la página anterior Berganza opina que la denominación del Cid como *de Bivar* había tenido una función diferenciadora semejante.
[27] Horrent dice casi lo mismo, n. 194 a la p. 475.

Oca mandó. Con estos títulos no hay problema histórico: los diplomas muestran que Martín Muñoz gobernó Montemayor en Portugal, y que Alvar Díaz gobernó Oca durante largo tiempo. Es notable que con excepción de los poemas sobre el Cid, los textos identifican a los magnates poniendo simplemente *de* + topónimo, lo cual es el hábito regular de los diplomas y de los textos latinos como la *CAI.* Parece que el autor del *PMC* prefería poner los nombres personales, métricamente difíciles en muchos casos, en el primer hemistiquio por lo general, llenando el segundo hemistiquio o con un epíteto o con una frase identificadora. Procede así con las listas en los vv. 734-41, 1991-6 y 3063-71, semejantes entre sí, y todas con asonancia en *ó.* Esta práctica parece haber continuado en la versión que conoció la *PCG:* en ésta, 529.a.4-12 corresponde a 734-41 del poema, adaptándose la frase *que... mando* como *que touo...* en la prosa, mientras 615.a.1-21 es una adaptación extendida de los vv. 3063-71 del poema, con colocación distinta (se notan en la crónica los restos probables de la misma asonancia en *ó,* atribuibles a frases como * *que a Osma pobló,* * *de Aça sennor).* En las *Mocedades* hay una lista de este tipo, también asonantada en *ó* y con la misma fraseología: *que a Simancas mandó, que a Salas mandó, de Cabra sennor* (versos 801-16). Parece que el autor del *PMC* estableció una tradición concretamente para este motivo, que otros se contentaron con seguir, y que era bien distinta del modo de nombrar y catalogar los personajes en las demás épicas. Creo que la fuente del poeta en este caso fue la fraseología legal latina. Como apuntamos arriba, los diplomas a menudo identifican un magnate con *de* + topónimo, pero no es raro encontrar en ellos o *dominus de...* (como en el ejemplo de Alvar Fáñez arriba mencionado) o bien una forma del verbo *dominari.* En el *Cartulario de S. Millán de la Cogolla* hay *Senior Enneko Lopiz, dominans Nagara, testis* (doc. de 1074, pág. 221); *Senior Didaco Albarez, dominans Auka, testis* (doc. de 1081, pág. 251); y con fraseología que casi coincide con la del *PMC* al usar tanto una cláusula completa como un tiempo de pasado (por ninguna razón obvia), se nota *comes Gonsalvo Salbatorez, qui Laram dominabatur* (doc. de 1074, pág. 222). A veces se topan personajes del *PMC:* no sólo Alvar Fáñez *dominus de Zorita,* ya mencionado, sino también *Seniore Albaro Didaz dominante Petroso et Auka* (doc. de 1089, pág. 279).

4. Félez Muñoz, buscando socorro después de la afrenta de Corpes, *fallo a Diag Tellez el que de Albar Fanez fue* (2814). Es ésta la

única vez en el poema cuando se menciona en tales términos
el vasallaje (siendo el solo caso paralelo *Muño Gustioz, que so
criado fue*, 737). Para Menéndez Pidal, esta alusión a Diego Téllez
es un fuerte indicio de la historicidad de la memoria épica oral
y del poema. El hombre existió, sí, en la historia: se le menciona
varias veces en los diplomas, y fue gobernador de Sepúlveda
en 1086; y como Alvar Fáñez había tenido un papel importante
en la repoblación de Sepúlveda en 1076, no hay nada contrario
a la historia en llamarle vasallo de Alvar Fáñez. Pero es dudoso
si hubiera estado disponible en San Esteban de Gormaz (a 55 kilómetros de Sepúlveda) y en el momento exacto para dar cierta
medida de historicidad al episodio de Corpes. Por ahora, sin
embargo, me interesa más la frase que el poeta le aplica. En el
latín de los diplomas no he encontrado tal frase con referencia
a un vasallo, pero es frecuente con referencia a la posesión de
tierras: *unam terram... que fuit de domno Micaelo* (S. Millán:
doc. de 1074, pág. 223); *ipsos palatios que fuerunt de domna
Maiore* (Silos: doc. de 1098, pág. 33); y en el latín literario de la
CAI, la frase arriba citada *per illam terram quae fuit de Alvaro
Fannici*. Un autor que buscara en los archivos los nombres y
parentescos auténticos necesarios para dar detalles y credibilidad a su narración bien podría dejarse influir por la fraseología
contextual, del mismo modo que le influyó la fraseología de los
topónimos [28].

5. Aludí arriba a la equivocación (en términos históricos) en el
   nombre del abad de Cardeña. Me parece que el «error» del poeta
   sólo puede haber procedido de una mala lectura de un documento legal o histórico, pues no puede provenir de la transmisión oral defectuosa. La misma explicación se le ocurrió a Berganza cuando encontró el nombre *Sancho* en los textos cronísticos que prosifican el poema *(Antigüedades*, pág. 444b). Durante
   su larga abacía, San Sisebuto confirmó muchísimos diplomas
   así reales como monásticos, y su nombre es frecuente en los
   cartularios impresos. Es fácil imaginarse al poeta que encuentra
   la frase típica *Sesebutus Abas Sancti Petri Karadignae* [29], que

---

[28] Véase el capítulo 4.
[29] Con respecto al nombre del abad de Cardeña en tiempo de la matanza
de los 200 monjes en el siglo X, había surgido igual discrepancia de nombres.
Berganza observa *(Antigüedades*, p. 136a) que «Algunos de los Autores citados
llaman al Abad de los doscientos Martyres Sancho, y dizen, que con este nombre se halla en Breviarios, y Martyrologios antiguos: *Sanctij, & Sociorum Mar-
tyrum.* En Cardeña siempre se le ha dado el nombre de Estevan... Presúmese,
que el nombre de Sancho sería patronimico». Flórez *(España Sagrada*, XXVII,

desatiende el poco familiar *Sesebutus* e interpreta mal la construcción de las palabras segunda y tercera para quedarse con *Abas Santius*, más aún si el *Sancti* original estuviera en forma abreviada.

No sabemos con certeza qué textos legales pudo consultar el poeta. De ser, como creo, abogado, hubiera tenido acceso fácil a una gran variedad de documentos en Burgos y/o Cardeña. Pero no es necesaria esta hipótesis. Le habrán bastado pocos documentos, para darle la información que buscaba, especialmente si ellos eran, o formaban parte de ese archivo cidiano cuya existencia (con una finalidad muy distinta) postulaba Menéndez Pidal. Tal archivo habrá sido una colección de documentos que se conservaron para fines prácticos, no para los historiadores ni para la posteridad: quizá las capitulaciones matrimoniales, los registros de los terrenos y de los tratos de compra y de venta, los donativos del Cid a Cardeña y a la catedral de Valencia, etc. Habrán estado también las cartas que se cruzaron con Ramón Berenguer y los cuatro juramentos del Cid relativos a la expedición de Aledo (tomados del archivo por el autor de la *Historia Roderici* y citados textualmente por él). Puede muy bien el archivo haber contenido detalles sobre asuntos militares: las listas de conquistas y tributarios, necesarios para el gobierno de las tierras del Cid en el Levante *(vayan los mandados   por los que nos deven ayudar*, v. 1107), y listas de la mesnada con los rangos, duración del servicio, soldados a las órdenes de cada capitán, imprescindibles para el arreglo justo del reparto del botín. En el poema, los versos 510-11:

> Mando partir   tod aqueste aver sin falla,
> sos quiñoneros   que gelos diessen por carta

y 844, 1257-9 y 1773 tienen claras referencias al registro escrito mantenido para tal propósito; además, parecen aludir a una práctica corriente, sin tono anacrónico. Este archivo habrá vuelto a Castilla con Jimena y la mesnada al ser abandonada Valencia en 1102, y se habrá depositado o en la catedral de Burgos o en Cardeña, aunque ciertos documentos tales como el donativo a la catedral de Valencia los llevó consigo a Salamanca el obispo Jerónimo. Si suponemos que el *PMC* está orientado hacia Burgos y que es la obra de un

---

col. 225) propugna el nombre *Esteban Sánchez*. Podría ayudar a los pidalistas si se pudiese demostrar que el abad en tiempos del Cid había sido Sisebuto Sánchez, esto es, *Sisebutus Sancii*.

hombre relativamente culto residente en Burgos, no de algún juglar ambulante de la región fronteriza de San Esteban y Medinaceli, no hay problema en postular su acceso a los documentos y registros. Sólo me queda insistir en que su propósito al consultarlos era literario, no historiográfico.

M. Jules Horrent, cuyo valioso estudio de 1964 nos ha sido tan útil aquí, se da cuenta de muchos de los problemas que hemos discutido; pero en sus conclusiones se muestra tan influido por la enorme autoridad de Menéndez Pidal y por nociones de historicidad que tiene que postular varias versiones del poema que van en línea directa desde alrededor de 1120 hasta 1207 (véase nuestra pág. 17) [30]. La opinión de Horrent es lógica sólo si aceptamos las suposiciones pidalistas sobre fechas tempranas, textos perdidos, etc. Nuestra explicación alternativa de cómo el material histórico y seudohistórico llegó a formar parte del texto de Per Abad, esto es, a través de documentos legales, no es rechazada terminantemente por Horrent; recomiendo a los estudiosos que la tengan muy presente. Es posible que ninguno de mis argumentos, considerados uno a uno, resulte convincente; de haberlo sido, algunos de ellos o todos hubieran sido expuestos por los especialistas del siglo pasado. Si tomamos estos argumentos en conjunto, creo que demuestran que el poema existente no se pudo componer sólo unos cuarenta años después de la muerte del Cid, y que el proceso de su composición y transmisión no fue en todos los respectos aquel que han enseñado los neotradicionalistas. Afirmar que la versión de Per Abad no representa un texto de hacia 1140 no es negar totalmente que hubiera habido poemas o cantos anteriores sobre el Cid, como parece decir la famosa referencia del *Poema de Almería* de 1147-9; pero nada sabemos de ellos. Sí sabemos que el poema posterior de las *Mocedades de Rodrigo* poco tiene de común con el *PMC*; ¿por qué, entonces, hemos de suponer, con Horrent, que el *PMC* existente tiene mucho de común con poemas cidianos, ahora perdidos, del siglo xii? En un campo donde hemos visto tantas hipótesis, seguramente se necesita un método más positivista en cuanto a fechas, fuentes y hábitos de composición. Si también podemos empezar a definir la historicidad no como 'fidelidad al hecho histórico de por sí', sino como 'verosimilitud buscada por razones artísticas', me doy por contento y creo que estamos más cerca de la verdad del poema.

---

[30] Dice Horrent: «Elle [el *Poema de Almería*] atteste donc l'existence d'une version du *Cantar (de quo cantatur)* antérieure à celle qui nous est parvenue. A en juger par l'allusion de la chronique, elle ne devait pas en différer essentiellement» (p. 459). Vuelve a afirmar esto en su conclusión.

III. EL DERECHO, TEMA DEL "POEMA DE MIO CID"
Y PROFESIÓN DE SU AUTOR

Traduzco aquí la segunda mitad de un ensayo, «On the distinctiveness of the *PMC*», que se publica en los *Mio Cid Studies* bajo la dirección del Prof. A. D. Deyermond (Londres, 1977; en prensa). He rehecho el ensayo, suprimiendo algunas secciones. En el presente libro las pp. 81-85 representan materiales nuevos.

Hemos visto en el capítulo 1 que hubo un Per Abad, seglar, abogado con hijos, con interés en la historia y leyenda del Cid, cuya vida en el tiempo y en una región nos hace creer que bien pudo ser autor del *PMC* de 1207. No es mi intención, sin embargo, razonar de manera circular que «siendo el Per Abad que he identificado un abogado, por ello escribiera un poema de abogado». La demostración deberá basarse firmemente dentro del propio texto. Hay que hacer una observación preliminar. Aunque ya en 1899 publicó Hinojosa un admirable estudio de «El derecho en el *PMC*», y aunque volvió al asunto en su libro de 1915, no se formaron sobre éstos las conclusiones obvias. Tan fuerte era la corriente de pensamiento tradicionalista en la España de entonces, y tanto dominaba la personalidad de Menéndez Pidal, que a pesar de haber estudiado Hinojosa el poema casi como si fuera en sí un texto legal (pues representa con tanta precisión y constancia los asuntos legales), se seguía creyendo sin la menor vacilación en la composición del poema por juglares dentro de una tradición popular. Además, sólo un español —que yo sepa— se ha atrevido a salir a la palestra desde Hinojosa: J. García González, en un estudio importante publicado en 1961 [1]. Me impresionan las observaciones de Hinojosa y García González acerca de la riqueza y precisión del poema desde el punto de vista de los historiadores del derecho, pero creo más importantes aún los valores literarios que el poeta supo crear partiendo del mundo del

---

[1] E. DE HINOJOSA, «El derecho en el *PMC*», en *Homenaje a Menéndez y Pelayo*, I (Madrid, 1899), pp. 541-581; reimpreso en sus *Obras completas*, I (Madrid, 1948); también su libro *El elemento germánico en el derecho español* (Madrid, 1915). Para un resumen muy interesante de la vida y trabajos de Hinojosa —era miembro de la Generación de '98, amigo de Giner y de Costa— véase el ensayo «En el centenario de Hinojosa» de su discípulo Claudio Sánchez-Albornoz en el volumen colectivo *Españoles ante la historia* (2ª edic., Buenos Aires, 1969), pp. 189-204. La creencia de Hinojosa en el germanismo del derecho hispánico de los siglos medievales es impugnada por A. García Gallo en *AHDE*, XXV (1955), pp. 583-679, pero esto no afecta a mi estudio del legalismo del *PMC*. El artículo de J. García González está en el mismo *AHDE*, XXXI (1961), pp. 531-568, titulado «El matrimonio de las hijas del Cid»; corrige en parte opiniones de Hinojosa y constituye un comentario valioso sobre la exactitud con que se representan en el *Poema* las leyes y las prácticas en asuntos matrimoniales.

5

derecho. Sirva para resumir varios aspectos de esto lo que decía en
mi edición del poema: «En primer lugar, nuestro poeta ve un aspecto legal en numerosos actos humanos: la vida está condicionada por
la *ira* o la *graçia del rey*, y el poeta alcanza la cumbre de su arte al
crear la escena de la corte... En segundo lugar, muestra con claridad
su deseo de que veamos la habilidad legal del Cid y la retórica de
la ley y la corte como una faceta del carácter épico del héroe, no
al mismo nivel, quizá, de su caudillaje, pero aun así significativa.
En tercer lugar, el poeta nos enseña en su creación literaria que la
justicia no es tanto una cuestión de la voluntad de Dios, que se re-
vele en anticuados duelos judiciales (como en la historia de Zamora),
menos aún algo que se pueda obtener por medio de la venganza
personal (como en los *Infantes de Lara*), sino un proceso más moderno, en el que se oyen las declaraciones y se presentan las pruebas
ante jueces imparciales. El hecho de que el Cid tome venganza finalmente de una manera espectacular y sangrienta delante de la mu-
chedumbre es, quizás, una concesión que hace el poeta a la tradición
épica; pero el Cid sólo procede a ello después de haber sido justifi-
cado por un proceso civil. Que el poeta sea capaz de crear más dramatismo en la sala de justicia que en los duelos constituye un fino
acierto que muestra dónde reside su interés: los hombres con su
palabra como arma y con la razón de su parte tienen más dimensión
dramática que los hombres armados de la espada. En cuarto lugar,
el poeta despliega un conocimiento del detalle legal que sólo un
profesional del derecho puede poseer»[2]. Creo que las tres proposi-
ciones primeras son evidentes, y que sería pesado exponerlas detalladamente mediante citas extensas del poema. En tantas partes de
éste se presenta el tema legal o el episodio que depende del derecho:
en las relaciones feudales, en asuntos matrimoniales o del exilio, en
menciones del honor, de la traición, de retos, de compensación, etcétera. Si se objeta que en muchas épicas, novelas y dramas también
hay esto[3], confieso que es así, pero insisto en seguir señalando que

[2] Cito la versión española de mi edición del *Poema* (Madrid, Cátedra, 1976),
pp. 42-43. La traducción es del Prof. Abel Martínez-Loza.
[3] El Prof. Samuel G. Armistead, al contarle yo varias de mis ideas, tuvo la
amabilidad de contestar por carta (que cito con su permiso) que es necesario proceder con prudencia al razonar que el *PMC* es obra de abogado, «in
view of the consistent and typical legalism of traditional epicry». Pasa el
Prof. Armistead a enumerar rasgos legales en otras épicas: «Note the precise
terms of the *caloña* which the Infantes de Lara offer to pay for killing Ruy
Velázquez's vassal; the exact correspondence of the *cogombro* incident to con-
temporary usage (vid. R. Lapesa); legalistic terms of banishment which even
como over into the *Romancero* (Floresvento in the Portuguese tradition, for
example); formulistic —and legalistic— curses; the legalism of the *riepto de*

el *PMC* difiere de la mayoría de los otros textos debido al dominio
que ejercen estos temas y gracias a la manera precisa y conscientemente «legalista» en que son tratados estos temas, según ha demostrado ampliamente Hinojosa.

Es por el estudio de los detalles y de la fraseología que mejor
se confirma mi opinión. Es dable a cualquiera narrar las negociaciones matrimoniales o la causa y efecto de un exilio sin necesitar
tener pericia legal; pero cuando un abogado compone un texto literario sobre estos asuntos, se nos transparentan sus hábitos anímicos
y su fraseología. Paso a ofrecer una selección (no un catálogo completo) de las que me parecen ser indicaciones significativas:

1. MENCION DE LOS DOCUMENTOS ESCRITOS

Se menciona nueve veces la escritura. En el v. 23 llega a Burgos
la *carta* por la que el rey prohíbe a los ciudadanos ayudar al Cid;
la carta lleva un sello impresionante (24). Después de la descripción
narrativa, la niña repite los detalles *viva voce* al Cid (42-6). Se registra la división del botín por carta en el v. 511, y en el 1773 se nos
muestra en el campo de batalla a Alvar Fáñez que está *escriviendo
e contando* el botín. Algo parecido es el v. 844, *asi lo an asmado   e
metudo en carta,* al convenirse el precio de la venta de Alcocer
a sus habitantes. En el 527, *ca escripta es la carta,* se refiere a la
tregua escrita que tenía Alfonso VI con el Reino de Toledo, tregua
violada por el Cid al emprender su campaña en la región de Castejón. En los vv. 901-2, subraya el poeta la fama duradera de una
de las conquistas del Cid, diciendo que

> mientra que sea el pueblo de moros   e de la yente christiana
> el Poyo de mio Çid   asil diran por carta.

En el v. 1259 el Cid, queriendo asegurarse de que no desertara ninguno de sus hombres que habían recibido parte del botín, propone
meterlos he en escripto   e todos sean contados. Por fin, se envían del

---

Zamora; formulistic disputes concerning capital punishments (c. f. Deyermond's
discussion in *Epic Poetry and the Clergy);* the thoroughly legalistic trick of *el
caballo y el azor...»* El Prof. Armistead duda que todo esto pueda deberse a
influencias cultas, y concluye: «That the 'author' of the *PMC* knows his law
does not *en un principio* clash with the poem's traditional character.» Desde
luego, esto es un argumento poderoso, pero me parece que muchos de los
factores mencionados son simplemente episodios, a veces no muy importantes,
en los textos citados. Yo creo que el *PMC* muestra constantemente un interés legal profundo, y que esto le da gran parte de su carácter distintivo.

Cid al rey *cartas* acerca de la reunión conciliadora (1956), y éstas las lee el rey (1959-60); y se envían *cartas* en las que el rey llama a cortes (2977).

Estos documentos son de diversos tipos y de importancia desigual. Estudia Deyermond[4] la «Attitude to Documents» del autor del *Rodrigo*, concluyendo (a tono de las investigaciones de Parry y Lord en la épica oral yugoslava, en la que se mencionan frecuentemente tales documentos) que «la mera mención de documentos no basta» para demostrar el carácter culto de un poema. De acuerdo con esto podemos descartar los vv. 1956 y 2977 del *PMC*, así como el 527, pues en éste el Cid hace sólo de pasada mención de un documento al razonar que conviene salir cuanto antes de una zona de peligro. Pudiéramos descartar también las referencias a la *carta* que envía Alfonso a Burgos, aun teniendo ésta colgados esos sellos imponentes, pues en la épica oral yugoslava no faltan los sellos. Sin embargo, el hecho de que la desobediencia acarreará

> que perderie los averes   e mas los ojos de la cara
> e aun demas   los cuerpos e las almas (27-8; y 45-6)

nos muestra no sólo que un autor literario sentía la necesidad de mencionar un castigo terrible, por razones literarias, sino también que un autor abogado citaba instintivamente los términos casi exactos de diplomas de Alfonso VI[5]. Las menciones de la división del botín y de la venta de Alcocer por escrito, y del recuento del ejército en Valencia, parecen demostrar —pues en sentido puramente literario son superfluas— que en la mentalidad del poeta era natural, necesario, incluirlas; es mentalidad de abogado. Además, es posible que estos documentos u otros parecidos formasen parte del archivo cidiano[6], y que en el archivo el poeta los viese (no el de Alcocer, desde luego, siendo ficticio el episodio; pero otros de este tipo habrán sido plenamente históricos). Es notable, por el contrario, que en dos episodios importantes el poeta no mencione documentos allí donde tal mención se pudiera esperar: en los tratos con los judíos y en las capitulaciones matrimoniales con los Infantes. El poeta no podía referirse a documentos en estos casos porque no

---

[4] *Epic Poetry and the Clergy*, pp. 63-73; también la sección siguiente, «Description of Documents».

[5] Para la discusión, véase P. E. RUSSELL, «Some Problems of Diplomatic in the *CMC* and their Implications», *MLR*, XLVII (1952), pp. 340-349; y sobre la *effosio oculorum*, nuestro capítulo 8, pp. 249-253.

[6] Para la naturaleza y posible contenido de tal archivo, véase mi edición del *PMC*, p. xxxvi (pp. 43-44).

los había, siendo ambos episodios invenciones del poeta[7]. Finalmente, la manera curiosa, rebuscada, en que el poeta se refiere a la fama de la estancia del Cid en el *Poyo* (902) a mí me parece tan significativa como le parecía a Russell, quien apunta que «the literary device of the prophecy was suggested by his (esto es: del poeta) awareness that the Poyo did, in fact, appear in a charter — the Fuero de Molina»[8]. Aquí *por carta* quiere decir 'en el fuero', y tanto el pensamiento como la fraseología son de abogado más que de autor puramente literario.

2. LAS RELACIONES FEUDALES

Se habla de la relación señor-vasallo en cualquier texto medieval. En el *PMC* se habla constante y detalladamente de esta relación, pues la separación y reconciliación de un vasallo es tema principal del poema; con frecuencia el Cid afirma su devoción a su señor, se niega a luchar contra él o perjudicar sus intereses durante el destierro, a pesar de tener legalmente el derecho de hacerlo. Nuestro abogado-poeta sabe que en estos asuntos es importante la terminología exacta; su sentido de las exigencias de la jerarquía social hace que describa frecuentemente, hasta algo pesadamente, el besar de manos y otras ceremonias imprescindibles. Me parece que en esto hace mucho más de lo que haría un literato corriente al narrar lo

---

[7] Estamos en el terreno de la especulación, aun para aquellos como yo que creemos que el poeta trabajó sobre documentos escritos. Siguiendo mi argumento, se podría esperar una mención de documentos cuando el poeta narra los matrimonios históricos de las hijas del Cid en los versos finales del poema. La ausencia de tal mención en este lugar podría deberse a la necesidad que percibía el poeta de abreviar e ir terminando su narración (de esto se podrían citar varios ejemplos). Sea como fuera, el poeta tiene informaciones erróneas sobre los matrimonios históricos. Es probable que los documentos referentes a ellos no estuviesen en el archivo cidiano en Burgos o en Cardeña, sino que hubiesen acompañado a las hijas para ir a parar en los domicilios de sus maridos en Navarra y en Barcelona, estando por lo tanto inaccesibles al poeta. En otro lugar también es de esperar la mención de un documento. Al nombrar el Cid a Don Jerónimo para la sede episcopal de Valencia, se nos dice escuetamente que

> *dieron le en Valençia o bien puede estar rico* (1304),

lo cual demuestra quizá que el poeta tenía conocimiento de la donación, pero no había visto el diploma mismo. Este diploma en efecto existe todavía, pero después de la pérdida de Valencia lo llevó consigo D. Jerónimo a Salamanca; sigue en el archivo catedralicio allí, y en tiempos modernos ha sido publicado (p. ej., por Menéndez Pidal en *La España del Cid*, II, pp. 866-869).

[8] RUSSELL, «Some Problems...», p. 346. Se redactó el Fuero de Molina entre los años 1154 y 1240.

mismo. A veces, por cierto, la necesidad de mencionar un besar de manos, legalmente correcto, parece haber conducido al poeta a una situación métricamente difícil, pues escribe versos poco elegantes:

> tornos a sonrisar,   legan le todos, la manol ban besar (298)

> Esto mando mio Çid,   Minaya lo ovo conssejado:
> que ningun omne de los sos   ques le non spidies o nol besas
> [la mano (1251-2) [9].

El sentido de la exactitud legal en las relaciones feudales se muestra mejor en los tratos del rey con los vasallos personales del Cid y con otros que, no siendo vasallos del Cid, le acompañan en el destierro o quieren hacerlo. De la situación penosa del Cid en Burgos hace el poeta un buen drama humano: es el héroe de la patria chica, pero en la ciudad se le niega ayuda y provisiones bajo la amenaza del castigo terrible que promete la *carta* regia. Al decir en el v. 62 que al Cid se le ha prohibido hacer compras en Burgos, el poeta logra sugerir que en esto Alfonso trata al héroe con excepcional severidad, pues según Menéndez Pidal las leyes permitían que el rey prohibiese dar alojamiento a un desterrado, pero no *vedarle compra* de alimentos; y el poeta supone un conocimiento en su público de esta ley. En esta situación desesperada acude Martín Antolínez en auxilio del Cid. Él teme (vv. 73-4) que al prestar ayuda se exponga a una acusación y al destierro, pero acepta alegremente la posibilidad; y en el v. 230 acepta igualmente la posibilidad de que el rey le incaute su propiedad. Gracias a Martín Antolínez el Cid obtiene provisiones, aliento entusiasta y un amigo; también obtiene de los judíos el dinero que necesita para pagar a sus hombres durante las primeras semanas de campaña. Además, la mención de las penas legales que pueda sufrir Martín Antolínez, y su reacción briosa, han contribuido mucho a un aspecto esencial de la caracterización. Se insiste después en el problema legal que tienen los partidarios innominados del Cid. Los propios parientes y vasallos de éste han sido llamados ya a seguirle (en la sección perdida al comienzo del poema). En el v. 289 otros que suman 115 dejan sus *casas* y *onores* para reunirse con él en Burgos; en los vv. 388-90 Alvar Fáñez le dice al Abad de Cardeña la manera en que otros, todavía en camino, puedan incorporarse al bando del Cid, como, en efecto, lo hacen poco después (395). En los vv. 886-7 Alfonso, agradeciendo el botín que trae

---

[9] Desde luego sé que Menéndez Pidal (y Bello) enmendó estos versos poco elegantes.

Alvar Fáñez, le devuelve con fórmulas legales exactas su propiedad incautada:

> Sobr'esto todo   a vos quito, Minaya,
> honores e tierras   avellas condonadas

y en el v. 893, con otra frase legal, permite Alfonso que cualquiera de sus súbditos (no debiendo servicio feudal al Cid) vaya a reunirse con el héroe sin impedimento legal:

> suelto les los cuerpos   e quito les las heredades.

En los vv. 1360-6 el rey devuelve oficialmente la propiedad incautada a las *escuellas* (vasallos) del Cid y garantiza su inmunidad personal:

> Atrego les los cuerpos   de mal e de ocasion (1365)

Esto es: el poeta ha expresado detalladamente, en las debidas formas legales, lo que es en otros poemas la vaga colectividad de los que son sencillamente *vasallos, hombres*. Sin pedantería ni exceso de terminología legal alude a sus problemas y examina la relación del rey con ellos; como abogado que crea una obra literaria, los utiliza para ir llenando de vida el panorama social en torno, para ir colorando su cuadro de una realidad compleja, y también para indicar los jalones preliminares del camino por el que volverá el Cid al favor regio. Hasta cuando los hombres del Cid son presentados como simples miembros del ejército, el poeta no los deja en una masa indiferenciada. Es un cliché *caballeros e peones* (véase la página 189), pero la mentalidad del abogado pasa más allá del cliché y recuerda que los dos grupos han de ser tratados de diferentes modos en la división del botín (vv. 512-14), que los peones pueden convertirse en caballeros adquiriendo riqueza (v. 1213), que la *quinta* del caudillo merece mención especial, etc. El poeta recuerda asimismo —¿habrá visto el registro escrito del repartimiento?— que después de la conquista de Valencia no se beneficiaron igualmente todos los hombres del Cid: los que se desterraron desde el primer momento con el héroe reciben *casas y heredades* en la ciudad, los que se unieron con él después reciben sólo bienes muebles (vv. 1245-8), y han de tomarse medidas para impedir la posible deserción de estos últimos ahora que se acaba de pagarles ricamente (vv. 1249-62). Recordemos por fin la frase «física» tomada por el poeta del lenguaje de los fueros para expresar el concepto del vasallaje, *los que comien so pan* (1682), que estudiamos abajo (pág. 276).

3. FEUDOS Y EPITETOS FEUDALES

Pertenecen aquí, como partes integrantes de la demostración del legalismo del poeta, varios aspectos que exponemos ahora en el capítulo 2: la manera de mencionar los feudos de los magnates y capitanes, p. ej., *Minaya Albar Fañez   que Çorita mando* (págs. 58-9), la misma mención de Zorita como feudo de Alvar Fáñez (pág. 58), el epíteto *el Castellano* del héroe (pág. 58). Son aspectos de la fraseología que acude naturalmente a la pluma del poeta que también es abogado o notario, que conoce el lenguaje de los diplomas. También —punto importante aquí— esta fraseología tiene su perfecta motivación literaria, pues ella sirve para individualizar claramente los personajes. Ningún otro texto épico, con la sola excepción del *Rodrigo* —que en esto imita al *PMC*, pasando la lista de los capitanes en una tirada asonantada también en *ó* (vv. 801-16)—, tiene frases de este tipo, fuerte indicio del profesionalismo de su autor. Otro rasgo distintivo del *PMC* es el uso del pretérito en estas menciones de los feudos y de relaciones feudales: *que Çorita mando* (735), *que so criado fue* (737), también el decir de Diego Téllez que es *el que de Albar Fañez fue* (2814). Aquí, por excepción, el poeta se distancia en el tiempo, pues en vista del pretérito *mando* en el interior del v. 738, no se ha impuesto el pretérito simplemente por la exigencia de la rima; el poeta escribe aquí como historiador que consigna un hecho del pasado, hecho que habrá sacado de los archivos legales.

Creo que es significativa para nuestro propósito la manera de catalogar los dominios regios:

> Rey es de Castiella   e rey es de Leon
> e de las Asturias   bien a San Çalvador,
> fasta dentro en Santi Yaguo   de todo es señor
> e llos condes gallizianos   a el tienen por señor (2923-6)

Son versos de verdadera resonancia épica, y fueron quizá necesarios para recordar a un público de 1207 una disposición política anterior, pues en 1207 estaban nuevamente separadas las coronas de León y de Castilla. Sin embargo, y a pesar de la buena calidad de los versos, éstos no son especialmente oportunos en este lugar y pueden indicar una interpolación debida a una mente legalista. Cualquier notario conocía la costumbre de catalogar los dominios regios hacia el final de los diplomas, p. ej., *regnante rex Adefonsus in Castella et in Legione et in Gallecia; ante rege domno Adefonso, qui regebat*

Castella et Legione et tota Gallecia [10]. Los vv. 2923-6 tienen eco, esta vez perfectamente oportuna y lógica, en los vv. 2977-9, cuando se llama a todos los súbditos del rey para que acudan a las cortes.

4. MANERAS DE NOMBRAR LUGARES

Otra indicación de la mentalidad legal del poeta la dan los versos como

o dizen Castejon   el que es sobre Ferares (435)

que con otros cinco casos de *o dizen* estudio ahora en el capítulo 4 (págs. 96-7). Allí señalo la tradición de esta fraseología en la Biblia, en las historias hispano-latinas del siglo XII y en los diplomas coetáneos del poeta. Es cierto que la tradición era larguísima, pero quiero ahora subrayar la importancia para el caso de los documentos legales que el poeta-abogado bien conocía. Desde luego, en muchos casos los diplomas tienen que ver con donaciones o traspasos de bienes raíces, de terrenos, y para esto había que definir sus límites con una serie de topónimos. Cuando el poeta se ponía a describir detalladamente los numerosos viajes del Cid y de sus embajadores, le venía naturalmente a la pluma la fraseología diplomática que tan bien conocía. Ejemplos de un cartulario son: *una terra vel serna in villa Afflega ubi vocitant Villanova; alio pumare in miere de Coto, ubi dicent Felgario (Libro de regla,* pág. 82, del año 1106; y pág. 84, del año 1025). No podría ser más estrecha la semejanza con el *o dizen* del *PMC.* Creo que podemos aventurarnos un poco más. En el poema la descripción detallada de los viajes, con sus jornadas y descansos —fuerte elemento del carácter distintivo del *PMC* [11]—, es una consecuencia sumamente valiosa en términos literarios como as-

[10] Documentos de 1072 y 1073, en *La España del Cid,* II, pp. 832 y 834.
[11] En este aspecto importante el poema que más se habrá acercado al *PMC* es el de *Sancho II.* En éste la escenificación geográfica es exacta (Burgos, los campos de batalla leoneses, Zamora, Toledo) pero limitado. En el *PMC* esta escenificación es extensa tanto para la acción del poema como por las referencias que abarcan la totalidad de la Península (los dominios del rey, orígenes de los capitanes del Cid y de sus adversarios, la partida del ejército moro de Sevilla); además, el poeta mira más allá, a la *parte de orient* (Francia) de donde vino D. Jerónimo, y a Marruecos, hasta donde se podría extender la conquista. Elemento esencial de su verismo, el poeta nos cuenta a menudo itinerarios, la impresión visual que produce el paisaje en los viajeros, los problemas prácticos de la campaña, etc. Gran parte de esto se conserva perfectamente en las prosificaciones del *PMC,* pero en las de *Sancho II* faltan estos detalles. El arte del poeta de Sancho II, excelente, era de otro género.

pecto fundamental del *verismo*, de la mentalidad especial del poeta:
si uno es notario o abogado, no se menciona el pasaje a través de
un terreno, sea circular siguiendo los límites de una propiedad, sea
lineal de punto a punto, sin dejar constancia de los detalles.

5. LOS PRIMEROS MATRIMONIOS

Sería superfluo cualquier análisis completo de estos matrimonios, pues contamos con los excelentes estudios de Hinojosa, Menéndez Pidal y García González [12]. Pero para nuestro propósito hay algo
que añadir. Observó Hinojosa que «Uno de los episodios más interesantes desde el punto de vista jurídico es el casamiento». Es muy
notable el cuidado con que el poeta puso los matrimonios en su
exacto marco social y legal, y la cantidad de pormenores que dio
sobre los pasos preliminares que conducen a las bodas al final del
Cantar II. Compuso tan cuidadosamente su narración no con espíritu de pedantería, sino porque todos los detalles —la diferencia
de rango entre las familias, las reservas del Cid, la responsabilidad
del rey, el arreglo financiero— tienen consecuencias en la acción de
los Infantes en Corpes, así como en el debate y en el juicio de las
cortes. Es decir, estos detalles tienen importancia *literaria*, en los
progresos del mecanismo dramático y en la caracterización. Son,
además, rasgos distintivos del poema, que nos parecen aún más distintivos al comparar el *PMC* con otros textos que cuentan bodas:
Infantes de Lara, Rodrigo, Fernán González, etc. La mentalidad legalista del poeta se da cuenta de que casarse a este nivel es un
asunto complicado, y lo narra a tono con esto. Como siempre, la
proliferación de detalles técnicos y el placer del autor en las sutile-
zas relativas a los procedimientos tienen el efecto literario de aumentar el verismo. Dudo que un poeta no abogado se hubiera moles-
tado prodigando detalles acerca del *rogador* (2080, etc.), *manero*
'apoderado' (2133), *arras* y *onores* (2565), *axuvar* (2571), distinción
entre *esposas* (2181) y *mugieres* (2543, 2581), sobre la que llamó la
atención Hinojosa; ni que otro nos hubiera hecho tan conscientes
del importante simbolismo de la mano y del aspecto ritual de las
bodas, así como del concepto del casamiento como en parte un trato
en el que la novia figura como propiedad. Todos los hechos y gran

---

[12] El valioso estudio de García González (1961) complementa y corrige el
de Hinojosa y extiende la discusión, llamando, por ejemplo, la atención sobre
el hecho de que el Cid no consulta a Jimena acerca de los casamientos, y la
razón por la que el Cid no reclamó en la corte las arras de sus hijas.

parte de la terminología están en pleno acuerdo con los fueros de la época, según la documentación de Hinojosa.

6. LAS CORTES

Aquí también sobraría un análisis. Dedicó Hinojosa una larga sección a «El Rey y las Cortes», y observó que el poema es una mejor fuente de informes sobre el procedimiento antes de y durante su celebración que las fuentes legales de la época, siendo éstas «sobrias y lacónicas». Seguramente acertó el poeta-abogado al hacer instintivamente la escena de las cortes parte tan principal de su narración. Aquí lleva triunfalmente a cabo todo su trabajo cuidadoso con la caracterización, y aquí tiene rienda suelta su maestría en la creación del discurso directo en gran variedad de tonos. Además, como ha mostrado Zahareas en un excelente estudio, complemento indispensable del de Hinojosa, «The *PMC* reaches its climax during the Court trial at Toledo. The Cid achieves here a greatness not based on his earlier heroism in battles, but on the legal procedure which he employs in obtaining satisfaction from the Infantes», y pasa a relacionar esta escena no con cuestiones de historicidad, sino con «the problem of justice which pervades the *Poema*» [13]. Aunque Zahareas sigue considerando al autor del poema, a pesar de su agudo análisis de esta escena, como un «minstrel» o juglar, me parece mucho más lógico atribuir la creación de ésta a una mente formada en el profesionalismo jurídico. Más allá de las razones generales arriba expuestas, hay muchas cosas que tipifican el mundo del abogado y que sirven para realzar su convicción y su verismo. Pertenecen a la práctica legal el procedimiento para convocar las cortes (vv. 2968-84), la fraseología y el castigo con que se amenaza a los ausentes, según ha demostrado Hinojosa. Acuden los *sabidores* regios, esto es, «personas de pericia legal» (3005); acude el *sabidor* consejero del Cid, Mal Anda (3070). Se subraya el movimiento formal de las personas durante las sesiones, con referencias al levantarse (3108, 3112, 3145, 3189, 3215, etc.) y al sentarse (3181) y al problema delicado de dónde habrá de sentarse el Cid (3114-22), punto sutil en que se oculta algo importante. También se menciona la necesidad del bando de los Infantes de retirarse para la consulta con sus consejeros (3161, 3217). Se le ocurre al poeta-abogado crear una situación de «suspense» dramático, al debatirse la

[13] A. ZAHAREAS, «The Cid's Legal Action at the Court of Toledo», *RR*, LV (1964), pp. 161-172 (p. 161).

cuestión de si el Cid debía presentar todas sus demandas de una vez
o bien por partes (fincar la boz, 3167, 3211). Se pronuncian los retos
en la debida forma legal (3343, 3346; 3370-1, 3389). Se amontonan los
tecnicismos legales: apreçiadura (3240, 3250), conloyar (3558), man-
festarse (3224), natura (3275, 3296, 3354), recudir (3213, 3269). Por fin,
el poeta hace un buen material dramático de las amenazas proferidas
contra la barba (3098, 3124, 3273, 3280-90), asunto éste que realmente
nada tiene que ver con la acción principal, pero que tiene gran fuerza
en los fueros de la época, según citas de Hinojosa.

7. UN ASPECTO DE LA FRASEOLOGIA: LAS PAREJAS

Para este aspecto importante, véase ahora el capítulo 7. Muchas
parejas tanto sinónimas como inclusivas se usaban en el lenguaje
jurídico y se documentan por primera vez en vernácula en el PMC.
Algunas parejas de marcado carácter jurídico se tomaron para el
poema del lenguaje jurídico, y apenas volvieron a usarse en textos
literarios posteriores (exidas e entradas, yermo e poblado, las parejas que expresan «toda la propiedad», etc.).

... ...

El poema, por muchísimas razones de diversos tipos expuestas
en este libro, es un poema culto. Mucho es lo que sabía su autor,
y que sabía aprovechar transformándolo, de textos franceses y latinos, de fuentes históricas, del derecho. Por ser culto el poema es
una obra de arte de categoría superior, que quizá por eso mismo
ha sido conservado, casi único en su clase, para nuestra delectación.
Ahora bien: tal poema es obra de un individuo sensible, instruido,
letrado, que bien sabía lo que hacía. En la España cristiana a principios del siglo XIII había sólo dos tipos de hombre capaces para
componer tal poema: un abogado o notario, cuya situación y actividad profesional (aun si le llamamos Per Abad) no podemos definir con precisión, o bien un eclesiástico. En otra parte he dado mis
razones por creer que el autor no era eclesiástico: «los sentimientos
cristianos del poema son los normales de la época, y los detalles de
las prácticas religiosas, aunque son constantes, no exceden a lo que
habrá sabido cualquier seglar inteligente». Se impone la comparación con los ardientes sentimientos religiosos de Berceo, y aún más,
con la fe apasionada del monje autor del Fernán González; y creo
que la comparación prueba lo que digo. Sin embargo, no es que

quedemos con un autor-abogado por simple eliminación de otros; le nombramos de manera positiva por razón del ambiente, de la actitud, de los temas, de los detalles y de tanta fraseología que hemos expuesto aquí. También un abogado o notario habrá tenido el dominio del latín que es la fuente de los muchos rasgos cultos estudiados en el capítulo 4, y habrá tenido acceso a las fuentes de los archivos —así como el instinto de acudir a ellas— al buscar detalles sobre personas, lugares, relaciones feudales, etc. Que fuera a los textos latinos y a los materiales de archivo no quiere decir que pasara después a componer su obra en calidad de notario o de historiador, como narración escueta y objetiva; como autor, conservaba la libertad del artista para escoger, y la imaginación del poeta para escribir las cosas no como fueron, sino como debieran ser idealmente.

Sería natural objetar contra mi opinión que otros muchos textos literarios tienen importantes escenas de carácter jurídico y que se sabe que estos textos no son obra de abogados o notarios. Son ejemplos Don Ximio en el *Libro de buen amor,* Porcia en *El mercader de Venecia,* Sancho en su tribunal y la parodia del lenguaje jurídico en el *Quijote,* y una infinidad de dramas del cine y televisión modernos. Es que Shakespeare, Cervantes y los escritores modernos tienen una cultura que les permite, sin grande esfuerzo ni falsedad, colocarse dentro de casi cualquier marco humano, imaginativamente, por remoto que sea el marco en el tiempo o en el espacio o en el dominio técnico. Esto en sentido algo limitado se puede aplicar también a Juan Ruiz, hombre indudablemente muy leído y culto. Pero no se aplica a un poeta de principios del siglo XIII en Castilla, en un momento anterior a la grandiosa expansión cultural del reinado de Fernando III y mucho más del de Alfonso X. Creo que en la época del poeta las condiciones de la vida y los «horizontes» mentales imponían unos límites algo estrechos, de manera que cuando encontramos las actitudes y temas y fraseología tan fuertemente presentes en el *PMC,* no podemos menos de postular en su autor un alto grado de profesionalismo legal.

Aquí se sugieren dos comparaciones. A menos que asignemos (como quieren algunos) una fecha muy temprana al *Libro de Alexandre,* los textos poéticos que siguen en orden al *PMC* de 1207 son los de Berceo. Los poemas de Berceo son especialmente ricos en fraseología legal —frases «físicas», parejas, etc.— y son ricos también en lenguaje épico, por ejemplo en los epítetos épicos vueltos a lo divino (p. ej., *Dauid tan noble rey, vna fardida lança, SD,* 29c). La sugerencia —o más bien, la casi prueba— de que Berceo era notario del monasterio de San Millán *(del abat Johan Sanchez notario por nombrado)* me parece por lo tanto de sumo interés. El profesionalismo de Berceo, dentro del estado eclesiástico, ayuda a explicar varios aspectos de su obra, obra que es en gran parte culta por definición (como adaptación y traducción libérrima del latín); ello puede facilitar la recepción de mis ideas sobre el autor del *PMC*. Ahora está muy fuera de moda —con toda razón— considerar a Berceo como un sacerdote simple, humilde y cándido; espero que pronto esté fuera de moda considerar al autor del *PMC* como algún juglar analfabeto. El nacimiento de una notable literatura poética tanto en verso épico (sean cuales fueran los antecedentes orales) como en cuaderna vía no fue ningún agradable accidente folklórico, sino un acontecimiento logrado por la fuerza de voluntad de hombres cultos que bien sabían lo que estaban haciendo.

Otra comparación que se impone trae a colación la escena del juicio de Ganelón en la versión 'O' de la *Chanson de Roland*. Creen algunos —yo entre ellos— que la presencia de esta escena en el poema francés le movió al autor del *PMC* a crear en su propia obra la maravillosa escena de las Cortes, del mismo modo que imitó —con inteligencia, en ningún momento servilmente— otros aspectos y detalles de los poemas franceses (véase ahora el capítulo 6). Hasta fecha reciente nadie, que yo sepa, había sugerido que la presencia de la escena del juicio en la *CR* se pudiera atribuir a un grado de profesionalismo legal en su autor, sea Turoldus u otro. Pero en 1972 he aquí que nos ofrece Aebischer esto. Tras análisis detenido de la relación entre señor y vasallo, considerado como tema principal del poema, concluye Aebischer:

> Argumentation subtile et précise qui n'a pu être conçue que par un juriste, pour lequel elle ne constituait du reste qu'un adminicule de cette plaidoirie qu'à travers tout le récit il faisait en faveur des droits et des devoirs réciproques du vassal et du suzerain. C'est à dire, en un mot, ou c'est plutôt redire, que si la scène du Jugement de Ganelon était en son essence un legs de la tradition, elle a reçu dans le *Roland* d'Oxford un étoffement tout nouveau, qui la liait plus intimement à la teneur juridique de l'ensemble [14].

Creo que esto refuerza mi argumento sobre la autoría del *PMC*, y más de lo que pudiera parecer a primera vista. El caso es que hay

[14] P. AEBISCHER, *Préhistoire et protohistoire du «Roland» d'Oxford* (Berna, 1972), pp. 272-273.

diferencias importantes en este respecto entre la *CR* y el *PMC*. El juicio de Ganelón ocupa tan sólo 111 versos (3747-3857), mientras la escena de las Cortes en el *PMC* ocupa 447 versos (3061-3507); y la escena francesa apenas se realiza con el instinto del detalle —detalle del marco, del tecnicismo y del parlamento legal— que observamos en el episodio del *PMC*. En el poema francés, el clímax lo forman la muerte de Roldán y su ascensión al cielo, apareciendo el juicio y castigo de Ganelón como modos inevitables pero poco impresionantes de terminar el poema. En el poema español, el clímax es seguramente el triunfo y vindicación del Cid, con la restauración de su honor y de la justicia, en las Cortes. Hay otra diferencia importante: en la *CR* el ambiente, los procedimientos jurídicos y los sentimientos expresados son los de una época pretérita, arcaica, mientras los del *PMC* pertenecen al tipo más avanzado propio de la realidad jurídica tal como la conocía el poeta de principios del siglo XIII al describir un pasado muy reciente. Turoldus (?) alrededor de 1100 apenas podía querer que su narración de un juicio primitivo encerrase un mensaje detallado para sus coetáneos (aparte, esto es, del mensaje obvio: la traición será castigada); pero como ha mostrado tan bien Zahareas, el autor del *PMC* sí tenía una lección, y bien grande, que quería comunicar a sus coetáneos, acerca de la justicia, la autoridad y la observancia de las leyes [15]. Decía Castro: «Después de lo escrito se ve distintamente que lo jurídico y lo didáctico no es ganga que arrastre el *Poema*, sino elemento esencial de cierta concepción de la vida, base de la civilización coetánea» [16].

Quiero llevar un poco más adelante la cuestión de la autoría y orígenes del poema, con cierta confianza porque en ello no estoy completamente solo. Valga lo que sigue como pura especulación o como hipótesis de trabajo, nada más, que aun así puede estimular la investigación y señalar un camino.

Hay naturalmente muchas razones por las que un autor se puede haber decidido a componer el poema. Pudieron sugerir el proyecto

---

[15] Para la comparación del juicio de Ganelón con las Cortes del *PMC*, véase E. VON RICHTHOFEN, «La Justice dans l'epilogue du *PMC* et de la *CR*», *CCMe*, III (1960), pp. 76-78. En trabajos recientes, p. ej., en *Prohemio*, I (1970), pp. 414 y ss., especula von Richthofen sobre una posible contaminación temprana de las historias del Cid y de Roldán. Sobre el juicio de la *CR*, ver entre otros muchos trabajos los de J. HALVERSON, «Ganelon's Trial», *Speculum*, XLIII (1967), pp. 661-669, y P. GIBELLINI, «Droit et philologie: L'Ordre des laisses dans l'épisode de la colère de Ganelon dans la *CR*», *Revue Romane*, VII (1972), pp. 233-247.

[16] «Poesía y realidad en el *PMC*», *Tierra Firme*, I (1935), pp. 7-30 (p. 27). Para la importancia del espíritu jurídico en *Sancho II*, véase ahora C. F. FRAKER, «*Sancho II*: Epic and Chronicle», *Romania*, XCV (1974), pp. 467-507 (esp. las pp. 484-485).

los amigos, los descendientes del Cid, algún mecenas (que no creo
fuera Cardeña). Pudo despertar su imaginación la épica o la leyenda
orales. Es posible que respondiera Per Abad al orgullo local de Burgos y su región. Quizá se dejase persuadir sencillamente —que ya
es decir— por la tremenda necesidad de crear una obra en castellano, lengua de gentes épicas, que rivalizara con las *chansons* francesas que tan bien conocía. Son éstas cosas que no se pueden indagar. Si, como creo, Per Abad era abogado o notario, podemos por
lo menos avanzar hacia lo posible: que como hombre de derecho,
se interesó Per Abad en el Cid debido a la sólida reputación que
en la historia tenía éste como jurista[17]. En un estudio excelente
pero al parecer poco conocido, Entwistle ha hecho constar los detalles de esta reputación del Cid histórico[18]: «Every reliable autho-
rity bears witness to the remarkable legal sense of Rodrigo Díaz...
However right or wrong his ideas may have been, he is admitted by all
to have taken pains to be formally right.» El Cid pidió a un tribunal
de musulmanes una opinión sobre el castigo del crimen de regicidio,
en el asunto de Ben Jehhaf. Se cuidó de obtener el derecho legal de
conquistar y poseer tierras en el Levante. En la *HR*, «documents are
cited which show how skilfully the Cid attached to the Count of
Barcelona the odium of provoking a conflict of Christians». En el
asunto de Aledo, los cuatro juramentos que prestó el Cid hacen que
comente Entwistle: «What is noteworthy here is not merely that
Rodrigo Díaz was familiar, as a gentleman should be, with the con-
ditions governing *desafíos* and *retos*, but rather that he was lawyer
enough to draw up elaborately different formulas.» Concluye hablando de la pericia con que el Cid poético presenta su demanda
en las Cortes, y en otro estudio elaboró esto al sugerir que el poeta
había «redondeado» la información que le venía de fuentes históricas acerca del carácter e intereses del Cid: «Thus the known legal
skill of the Cid appears in his conduct of his case before Alfonso,
both in the scrupulous observance of the forms of justice, and the
dexterous arrangement of his claims»[19].

Nos ofrece Entwistle otra indicación que creo importante. Refiriéndose a la oferta del Cid de luchar en duelo contra sus acusa-
dores en los juramentos de Aledo, dice: «Now this challenge had,

---

[17] Si Per Abad poeta es el mismo que identifico en el capítulo 1, puede
también haberse interesado en el Cid como fundador supuesto del monasterio
de Santa Eugenia de Cordobilla; pero no sabemos en qué fecha esto pudiera
ser, salvo para decir que se trata de los años anteriores a 1223.
[18] «My Cid — Legist», *Bulletin of Spanish Studies*, VI (1929), pp. 9-15.
[19] «Remarks Concerning the Order of the Spanish *Cantares de Gesta*», *RPh*,
I (1947-1948), pp. 112-123 (p. 119).

unless I am mistaken, a singular effect on the history of literature in Spain. According to the *Gesta* (esto es, la *HR*), it was by a challenge, under the favourable eye of Alfonso, that Rodrigo *would have liked* to settle his differences with the party of García Ordóñez; according to the *Poema* it was by a challenge, under the favourable eye of Alfonso, that the Cid *actually did* end this dispute. It is the poet's business to improve upon truth, and I, for my part, entertain no hopes of identifying this fundamental thought of the *Poema* with any closer historical parallel» [20]. No pasó Entwistle a sugerir que el *PMC* fuera obra de un abogado, pero creo no hacer injusticia a su memoria al esperar que él hubiera visto con ojos benévolos mi argumento en este ensayo, pues es una prolongación lógica de su propio pensamiento. El poeta pudo conocer los juramentos de Aledo, y otros materiales relativos al Cid como jurista, en el archivo cidiano conservado en Burgos o en Cardeña, aun si no conocía —el problema está por resolver— la *Historia Roderici*.

Hay algo más, siempre por vía especulativa. He dicho en otra parte que creo que el autor del *Poema* era burgalés (de la ciudad o de su región) y que escribía para un público burgalés. Insiste Menéndez Pidal en los íntimos conocimientos que tenía el autor de la región de San Esteban y de Medinaceli, haciéndole creer durante muchos años que el autor era un juglar de Medinaceli y después (en su estudio de los «Dos poetas» de 1961) que los dos autores sucesivos eran de San Esteban y de Medinaceli. Las razones de D. Ramón se basan con perfecta solidez en el texto y de ninguna manera se pueden desatender. Ahora bien: «mi» autor, abogado o notario y burgalés, ¿no habrá viajado? Los abogados y notarios viajaban muchísimo. En el caso concreto de Per Abad, ¿por dónde y en qué fecha? Para la fecha aproximada hay que ir contando hacia atrás. Como vimos en el capítulo 1, el Per Abad que ayudó al monasterio de Santa Eugenia en 1223 acudió a la corte acompañado de sus dos hijos. Para acompañarle y para ser admitidos a la corte, estos hijos habrán sido de edad ya adulta, probablemente con capacitación profesional como notarios, si es que iban a ayudar a su padre. Es decir, habrán nacido a lo más tarde alrededor del año 1200, y su padre, para engendrarlos, habrá nacido allá por 1170 ó 1175 (lo que le da la necesaria madurez, todavía con bríos de entusiasmo juvenil, para componer el *Poema* en 1207). Bueno, ¿y los viajes por esas fechas de 1195 a 1205? Nos informa con la mayor exactitud de los viajes regios el libro de Julio González, *El reino de Castilla en la época de*

---

[20] «My Cid — Legist», p. 13. Lo subrayado es de Entwistle.

Alfonso VIII, cuyo tomo III (Madrid, 1960) consiste en Documentos de 1191 a 1217. La documentación abarca algún tratado de paz y algún testamento, pero en su mayor parte son diplomas, fueros, exenciones. La corte con sus notarios está en Burgos, en Palencia, en Toledo, en muchas ciudades y pueblos. Fijémonos en una serie de diplomas. El 11 de mayo de 1203 la corte está en Atienza (docs. n.os 739, 740), el 13 de mayo está en San Esteban (n.º 741); el 19 de mayo está de vuelta en Atienza (n.os 742, 743); el 20 de mayo está en Berlanga (n.º 744); el 10 de junio del mismo año está en Montuenga, aldea cerca de Medinaceli (n.º 745). Por las mismas fechas aflora mucho el nombre de San Esteban, alguna vez otros de igual resonancia épica: el 17 de mayo de 1201, en San Esteban, se concede una propiedad a la Orden de Santiago, *cum uoluntate et beneplacito tocius concilii de Medinacelem* (n.º 701); el 7 de agosto de 1201 la corte está en Ayllón; etcétera. Se ve, pues, que la corte con sus notarios viaja mucho precisamente siguiendo los caminos de San Esteban-Atienza-Berlanga-Medinaceli, descritos con todo detalle por el poeta; y no dudo que otros, con otra clase de documentos, podrán seguirle en viajes parecidos, de notario, más al este, por el valle del Jalón, y más al sudeste a Molina, rutas que también figuran en el poema. El conocimiento por ojo de notario que también es poeta no veo por qué haya de ser inferior, en cuanto a terrenos, rutas y paisajes, al conocimiento del que allí en los propios sitios naciera. Del mismo modo, el decir que San Esteban es *una buena çipdad* (*PMC*, 396) y que sus habitantes *siempre mesurados son* (2820) no pasa necesariamente de la mención calurosa de los que han sido amigos o anfitriones del notario viajero.

Se me objetará que los notarios que viajan, en los documentos citados, son los notarios del rey. Es cierto. Pero pensemos un momento. El autor del *PMC* no era ningún leguleyo de pueblo, sino un hombre muy culto, no en teología ni cánones al estilo de las escuelas de París, pero sí en leyes, en historia, en literatura latina clásica y medieval y en literatura francesa contemporánea. Tal hombre, aparte de su posible formación en Francia (véase el capítulo 6) necesita un ambiente, unos medios, unos estímulos si ha de florecer y dar de sí. Hombre de talento, ¿por qué no será no sólo notario, sino notario adscrito al servicio regio, como lo eran muchos? Siguiendo de este modo con la especulación, ¿será posible identificar a nuestro autor en el séquito notarial de Alfonso VIII en los años aludidos? No me arriesgo a afirmarlo, pues carezco de datos probatorios, pero es posible que otros siguiendo la pista den con ellos. Observo en el mismo registro de Julio González varios *Petrus* que figuran en los diplomas regios como notarios. Aparece el primero, según mis cálculos, el 25 de enero de 1198, en Burgos (nº 663): *Petrus, domini regis Castelle notarius, scripsit.* Este *Petrus notarius regis*, sin apellido, aparece desde el 25 de enero de 1198 hasta el 6 de mayo de 1204, y vuelve a aparecer el 27 de mayo y 2 de junio de 1207. No sé si en efecto en todos los diplomas se trata del mismo individuo, pero bien puede ser. Hay un *Petrus scriptor* (dos veces *subnotarius*) que figura desde el 27 de mayo de 1209 hasta el 21 de abril de 1215; y hay otros dos, respectivamente *Petrus Poncii* y *Petrus de Soria*, que escriben como notarios por los mismos años y que son distintos de los dos anteriores. Hay, pues, por lo menos, cuatro *Petrus* distintos, alguno sin apellido, o mejor dicho, alguno que por no haber otros *Petrus* en la corte en aquella época no necesitaba consignar su apellido. Y varios de ellos han hecho el viaje, los viajes, por San Esteban-Atienza-Berlanga... Sí, ya lo sé, son muchos los Pedro; y no, lo sé, ninguno de éstos se llama Abad de apellido. Vuelvo a reiterar: son especulaciones e hipótesis; pero tienen su lógica dentro del pensamiento de este ensayo, y creo que nadie los podrá rechazar de plano por absurdas [21].

Ultima especulación. Olvidado ya en los estudios medievales, Joaquín Costa no deja de proporcionar alguna sugerencia útil. Creía Costa que el *PMC* es una refundición de tiempos de Fernando III, obra quizá de «Pero Abad, poeta del Rey Santo»... «según deja sospechar la circunstancia de atribuirse a Alfonso VI la celebración de Cortes de Carrión y de Burgos, que realmente fueron convocadas por Alfonso VIII» [22]. Esto no nos hace aceptar la fecha propuesta por Costa, pero sí indagar algo acerca de las Cortes. Las hubo, muy famosas, en Carrión en el mes de mayo de 1188, y en ellas se desposó a Berenguela, hija de Alfonso VIII, con Conrado de Hohenstaufen, hijo de Federico Barbarroja. También en la misma ocasión se desposó otra hija del rey, pues en los *Annales Compostellani* se dice: «Era MCCXXVI. Desponsavit Rex Aldephonsus filias suas.» Berenguela tenía a la sazón unos ocho años [23]. El matrimonio con Conrado

---

[21] Ofrezco otra. El *escrivio* del v. 3732 (véanse las pp. 17-20) podría equivaler al *scripsit* de los notarios, palabra automática en las cláusulas finales de los diplomas. Hasta se podría decir que todo el explicit del poema, que creo es del autor de 1207, con nombre y fecha (¡hasta con el mes!), se debe a una mente notarial, pues que yo sepa ningún otro manuscrito o texto literario español del siglo XIII tiene nada parecido.

[22] *Poesía popular española y literatura celto-hispana* (Madrid, 1887), p. 76. Lo cita M. Magnotta en su *Historia y bibliografía de la crítica sobre el «PMC»* (Chapel Hill, 1976), p. 22.

[23] Debo varios detalles al trabajo de G. CIROT sobre la *Chronique Latine des Rois de Castille*, en *BH*, XIV (1912), p. 254 y nota.

nunca llegó a celebrarse; ella casó en 1197 con Alfonso IX de León,
pero tras varios años de negociaciones infructuosas los esposos tuvieron que separarse a instancia del papa Inocencio III, pues eran
primos segundos, y a pesar de haber nacido ya cuatro hijos, el matrimonio quedó disuelto en mayo de 1204. Por esos años, pues, entre
notarios y peritos en cánones, se hablaba mucho en Castilla y en
León acerca del matrimonio de los magnates. No voy a sugerir que
el joven Per Abad haya asistido a las Cortes de Carrión en 1188;
basta para el propósito que haya quedado viva la memoria de ellas
y que se haya hablado mucho de matrimonios en los años hasta
1204, y aun después, ya que todavía quedaba por resolver la cuestión de las arras de Berenguela, reclamadas por Alfonso IX de León.
Tenemos aquí diversos factores históricos, o mejor dicho, contemporáneos, que pudieron interesar vivamente a Per Abad poeta cuando se puso a idear la maravillosa trama de los Cantares II y III:
cortes en Carrión, dos princesas jovencitas en desposorio doble que
no llega a matrimonio consumado [24], reclamación de la dote... hasta
pudo pasar algo en esos años que diera motivo a Per Abad para
dar a los de Carrión los papeles de malvados que en su drama tienen, algo también que le hiciera retratar así un gran bando de la
nobleza leonesa. No creo que el ambiente de cruzada del reinado

---

[24] Creo que puede haber en el *Poema* una importante dimensión psicológica y dramática hasta ahora no advertida: sólo en Corpes llegan a consumarse
los matrimonios de las hijas del Cid con los Infantes de Carrión *(Con sus
mugieres en braços demuestran les amor,* v. 2703). El argumento puede resu-
mirse así: al proponerse los matrimonios por el rey, objeta el Cid (entre otras
razones) que sus hijas son demasiado jóvenes para casarse (2083). Se celebran
las bodas en Valencia con gran pompa social, con bendiciones y con misa nup-
cial (2240); pero parece que los esposos todavía no han comenzado su vida
conyugal cuando se presentan los Infantes en la corte del Cid después de la
batalla con Búcar, pues entonces son «presentados» formalmente de nuevo
a Jimena y a sus hijas (2519-2520). Los Infantes naturalmente son miembros
de la corte del Cid y asisten constantemente, según se demuestra en el episodio del león, pero parece que ellos viven con el elemento militar o *mesnada* de la corte y no con el grupo familiar del Cid. Prueba clara de la no
consumación de los matrimonios nos la dan los vv. 2543-2546 y 2562, en los que
los Infantes tienen que pedir permiso al Cid para llevar a sus esposas lejos
de Valencia y fuera de la potestad paterna del Cid, y el v. 2567, donde se
mencionan por primera vez *los fijos que ovieremos* en los matrimonios todavía
sin consumar. El Cid entrega oficialmente a sus hijas, que pasan de la potestad paterna a la marital, en el v. 2577. Es también significativo el que hasta
este momento no se entregue la dote de las hijas (el *axuvar,* v. 2571). En la
tirada 125 se percibe en la separación tan tierna de hijas y padres que ellas
son todavía muy jóvenes para la doble aventura del viaje al remoto Carrión
y del matrimonio en su sentido físico. El poeta no nos describe un marco temporal exacto, excepto al decir que pasaron *bien çerca de dos años* entre las
nupcias valencianas y lo del león; después del león, se suceden rápidamente
los acontecimientos. Son dos años en los que las muchachas llegaron a la
edad mínima para poderse consumar los matrimonios.

de Alfonso VIII se refleje en el *Poema*, ni menos que éste se deba al estímulo oficial del rey, como quiere Fradejas Lebrero en su libro de 1962 [25]; pero sí creo que en ese mismo reinado, es decir, en vida del poeta, se produjeron acontecimientos y cuestiones que han de ponerse en estrecha relación con la trama y episodios del poema. A ello se podrán dedicar las investigaciones detalladas de quien se sienta atraído por mis especulaciones.

Este estudio de los aspectos distintivos que el poema puede deber al interés profesional de su autor, y estas especulaciones sobre el notario viajero y los acontecimientos políticos de sus tiempos, no comunican de por sí gran cosa acerca de las cualidades literarias del poema más allá de las que he indicado (los detalles legales y los topónimos ayudan mucho al verismo, etc.). Un abogado culto de principios del siglo XIII tanto (y aun más fácilmente) pudo componer un poema malísimo como crear la obra maestra que es el *PMC*. Ante ésta, la investigación erudita cede su lugar al instinto del lector sensible, pues

Riqueza es que nos acreçe   maravillosa e grand.

---

[25] JOSÉ FRADEJAS LEBRERO, *Estudios épicos: El Cid* (Ceuta, 1962). Este libro, modesto pero original, que parece haber circulado poco, tiene por lo demás sugerencias muy valiosas sobre varios aspectos del *Poema* y sobre su relación con el reinado de Alfonso VIII.

IV. HISTORIAS LATINAS Y ÉPICA VERNÁCULA

Procedencia: *Bulletin of Hispanic Studies*, XLVIII (1971), pp. 1-19. He suprimido todo el material de las pp. 10-13, donde se trata de las «parejas», pues esto ahora entra a formar parte del capítulo 7.

Las historias latinas de la primera mitad del siglo XII en España —en especial la *Historia Roderici*, la *Silense* y la *Chronica Adefonsi Imperatoris*, y en grado menor el *Chronicon* de Pelayo y la *Historia Compostelana* [1]— no han recibido de los estudiosos de la literatura la atención que merecen. Decir esto no es hacer la consabida reclamación al resucitar a algún escritor de tercera categoría, con buena razón olvidado. Es sugerir que se ha cometido un error mucho más grave que la mera negligencia: el de formarse sobre la literatura de una edad pretérita un concepto que para su propia época es totalmente erróneo. Desde luego, los historiadores han utilizado extensamente estas obras. La *Silense* y la *CAI* han sido publicados en fecha reciente —y muy bien— por historiadores, y fue principalmente como historiador que editó Menéndez Pidal la *HR* y la utilizó en sus trabajos sobre la vida del Cid. No me propongo aquí explorar los méritos literarios de estas obras, pero tampoco quiero relegar éstos a una mera nota. Todos estos textos tienen algún atractivo para el estudiante literario, y su latín, aunque a veces débil en cuanto a la exactitud gramatical, es con frecuencia fuerte en colorido y en convicción. La *Chronica Adefonsi Imperatoris* (de Alfonso VII, 1126-1157) sobre todo es, a mi juicio, una obra maestra. Nos cuenta en una prosa sonora una historia emocionante, y mediante su inspirada adaptación de la fraseología de los libros más militaristas del Antiguo Testamento, ella enaltece la dignidad de la Reconquista y nos comunica a la vez su horror y su espíritu cristiano mejor que cualquier otro texto que yo conozco [2]. Que estos textos no merezcan la

---

[1] Se harán ver después las razones por las que he cifrado mi atención en estos textos y he desatendido otros. Para las siglas y los textos utilizados, véase la lista en las pp. 293-6. Se citan las páginas para los textos latinos, y los números de versos o estrofas para los textos en verso. Agradezco al Sr. H. B. Hall (Universidad de Liverpool y al Dr. D. W. Lomax (Universidad de Liverpool, ahora Profesor de la de de Birmingham) varias indicaciones valiosas, sin hacerles responsables de mis opiniones o conclusiones.

[2] Hay importantes estudios de este texto: el del editor que encabeza la edición de 1950; A. UBIETO ARTETA, «Sugerencias sobre la *CAI*», *CHE*, XXV-XXVI (1957), pp. 317-326; A. FERRARI, «Artificios septenarios en la *CAI* y *Poema de Almería*», *BRAH*, CLIII (1963), pp. 19-67, y «El cluniacense Pedro de Poitiers

más ligera mención en la mayor parte de las historias de la literatura
«española» —siendo una excepción importante la de Amador de los
Ríos en el siglo pasado— es una tragedia para los lectores y los estu-
diantes, y falsea la idea de lo que era la literatura en la Edad Media
(como bien dijo el Profesor Whinnom en su conferencia inaugural
de 1967). Esto tiene una verdad particular por lo que se refiere a
la primera parte del siglo XII, cuando se sintió algo repentinamente
el impulso a escribir la historia y cuando hubo (bajo la influencia
de los cluniacenses y de los hechos de la lucha militar) algo nuevo
en el aire.

En cuanto a la materia, son pocos los vínculos directos entre las
historias latinas (antes de la *Najerense*) y la épica vernácula, excepto,
desde luego, cuando ambas tratan los mismos asuntos (como la *HR*
y el *PMC* tratan del Cid). Se discute abajo la cuestión acuciante
del uso —en un grado muy limitado— de materiales poéticos por
los autores de la *HR* y de la *Silense;* el reciente editor de la *CAI*
no menciona esta posibilidad. Al acercarnos a la *Najerense*, alrededor de 1160, vemos que se ha introducido un nuevo concepto de la
historiografía, pues esta obra latina toma sus materiales a veces de
la épica vernácula, y constituye el primer ejemplo de la prosificación
que hubo de llegar a ser la norma para el siglo siguiente (en latín
en las obras de Lucas de Tuy, 1236, y Rodrigo Jiménez de Toledo,
1243; en español en la *Primera Crónica General*). La *Najerense* cae
fuera del período que más me interesa, pero ni su texto ni su actitud
deja de venir a cuento. También parece mejor no aventurarnos en
una indagación en el *Liber Sancti Jacobi* (alrededor de 1140-1150) y
sus vínculos con la épica francesa.

La semejanza de actitud entre los cronistas latinos y los poetas
vernáculos no deja de tener sus problemas. A primera vista, poco
parecen tener de común. Los cronistas latinos pertenecían a alguna
especie de historiador con un concepto de lo que requería su ciencia
(o su arte, su *ministerium*); entre otras cosas, una clara secuencia
cronológica, una narración objetiva en tercera persona y el medio de
la prosa. En contraste, el *PMC* y las otras epopeyas eran obra de alguna especie de hombre literario que tenía un concepto de lo que
su arte (o, de nuevo, su *ministerium*) le requería: la composición en
verso, una trama clara en la que la cronología tenía que ser lógica

---

y la *CAI* y *Poema de Almería*», *ibid.*, pp. 153-204. El espíritu de la crónica y
del poema, y los ajustes que el poema opera en los hechos históricos, los estudia brevemente J. GIBBS, «Quelques observations sur le *Poema de Almería*»,
Actes et Mémoires, Société Rencesvals, IV° Congrès International (Heidelberg,
1967), pp. 76-81.

dentro del poema, pero no tenía que respetar los hechos históricos, y que podía engrandecer ciertos sucesos, desatender completamente otros y dar grandes saltos si era necesario; una narración en tercera persona, pero que podía interrumpirse —valga la palabra— por el diálogo dramático, arengas y plegarias, escenas de multitudes, etcétera, todo en discurso directo; y más que nada, personajes humanos, reales o ficticios —poco importaba— que no son meros apéndices, sino toda la razón de ser de la obra. A menudo sentimos, sí, que los dos conceptos son fundamentalmente distintos, y que más referencias a obras históricas coetáneas (?) del *PMC* hubieran iluminado el debate entre Menéndez Pidal y Spitzer acerca de la historicidad del poema. Pero conviene recordar que a pesar del concepto medieval de los distintos *mesteres,* la mentalidad medieval no consideraba a la historia como algo que se pudiera registrar científicamente en un orden cronológico estricto[3], y esta mentalidad a menudo no creía necesario distinguir entre lo que nosotros llamamos historia y lo que llamamos leyenda, mito y ficción, con la consecuencia de que la prosa histórica y el verso épico con frecuencia coincidían en muchos aspectos. Esta consecuencia se ilustra también por la facilidad con que los cronistas prosificaron las épicas. Alfonso X y su equipo, con su extensa gama de autoridades, trataron de vez en cuando de eliminar los trozos más toscos de material antihistórico, y en la *PCG* se quejaron alguna vez de las nociones estrafalarias de los juglares, pero en general era grande su fe en estos últimos. En el período que nos interesa vemos que el autor de la *HR* copió diligentemente, como pruebas esenciales (y de hecho lo son), los juramentos del Cid acerca de su conducta en Aledo, y las cartas que se cruzaron con Ramón Berenguer. Todo esto lo rechaza Bonilla como ficción, pero aquí bien podemos seguir a Menéndez Pidal y reconocer que en esta parte la *HR* depende directamente de documentos que figuraban en el archivo cidiano. Sin embargo, el autor deja unos grandes vacíos en su narración, con la intención de concentrarse en aspectos que le interesan más; y él —como los historiadores coetáneos suyos, como los historiadores romanos— inventa discursos directos que pone en boca del Cid y de otros.

El género que pudiera, teóricamente, colocarse entre las historias latinas en prosa y la épica vernácula en verso es el del verso latino narrativo. Nos queda poco, por desgracia. Entwistle ensambló sec-

---

[3] Examina admirablemente la actitud medieval y suministra muchos datos de importancia directa para los estudios épicos hispánicos S. G. NICHOLS, Jr., «The Interaction of Life and Literature in the *Peregrinationes ad loca sancta and the Chansons de geste», Speculum,* XLIV (1969), pp. 51-77.

ciones de un * *Carmen de morte Sanctii Regis*[4] (compuesto por monjes de Oña, es de suponer que poco después del suceso de 1072). Existe un pequeño fragmento de un poema latino sobre la toma de Toledo en 1085[5]. Existe el incompleto *Carmen Campidoctoris*, de hacia 1090, obra probablemente de un clérigo catalán. Hay, por fin y sobre todo, el *Poema de Almería*, obra del que compuso la *CAI*, de la que es una continuación o un episodio, y fechable, por tanto, entre 1147 y 1149. En estos poemas los autores adoptan materiales que eran esencialmente históricos, pero desarrollan sus temas con retórica bíblica y virgiliana y con otros adornos imaginativos, produciendo ejercicios conscientemente literarios. Cuando un autor pasa de la prosa al verso, como en el caso de la *CAI*, la transición debe revestir cierta significación. Los hechos de la expedición a Almería en 1147, que es seguro acompañó este autor, le inspiran a escribir en términos de comparación con los esfuerzos de los héroes épicos de la antigüedad y de las generaciones españolas pretéritas, y a revestir los hechos básicos con una dignidad que exige el noble ritmo del hexámetro:

Illorum lingua resonat quasi tympanum tuba (136)

Pero en estos poemas hay que confesar que no existen vínculos directos con la literatura vernácula.

Se ha sugerido que en un pasaje la *HR* depende de un texto poético perdido. Bonilla siguió a Dozy al pensar que el autor conocía relatos poéticos, pero que se había negado a adoptarlos. Tanto Bonilla como Amador señalan en su texto asonancias y ritmos, que han de considerarse como artificios de la prosa latina, aunque Bonilla logra distinguir también algunos hexámetros toscos[6]. Menéndez Pidal (*La España del Cid*, p. 382, n. 2) va más lejos. Notando semejanzas entre los relatos de la batalla de Tévar que dan la *HR* y el *PMC*, y la animación y detalles insólitos de la *HR* en esta sección, concluye provisionalmente que ambos textos pueden haber utilizado un «canto noticiero que podía ser latino o romance». Los editores de la *Silense* (p. 31), al discutir un relato animado de la derrota de

---

[4] *BH*, XXX (1928), pp. 204-219.

[5] Hay trece versos en el *De rebus Hispaniae*, de RODRIGO JIMÉNEZ DE TOLEDO (1243), impresos por J. AMADOR DE LOS RÍOS en *Historia crítica de la literatura española* (Madrid, 1862), II, p. 212. Es posible que el poema, como la *Silense*, fuera obra de *Alo grammaticus*.

[6] AMADOR, obra citada, II, notas a las pp. 182 y 318; A. BONILLA Y SAN MARTÍN, «Gestas del Cid Campeador (Crónica latina del s. XII)», *BRAH*, LIX (1921), pp. 161-257, esp. la nota a la p. 178.

los moros por Ordoño II en San Esteban de Gormaz, insinúan la existencia de un poema —sin conjeturar su lengua— como fuente; pero hay graves dificultades para postular esto en la época de Ordoño II a principios del siglo x. En resumen: nada podemos probar, partiendo de la existencia real o hipotética de estos textos latinos, pero no hay que descartar la posibilidad de su influencia.

Lo que importa más que cualquier separación de géneros, o que la descuidada fusión del hecho con la ficción, es el espíritu con que escribieron los autores. Aquí casi se imponen las influencias mutuas entre cronista y poeta, entre prosa y verso, entre el latín y la lengua vernácula. El espíritu es el de la edad heroica que vivían los españoles en la época de las luchas dinásticas (1065-1072), en la época de la intensa actividad militar contra los musulmanes (Toledo, 1085; Valencia, 1089-1094; la invasión almorávide, 1086; la defensa de Toledo, por Alvar Fáñez, 1109, y después; las grandes expediciones andaluzas de Alfonso VII), en la vida de los magnos reyes-guerreros Fernando I, Alfonso VI y Alfonso VII, y en vida de los brillantes caudillos (el Cid, Alvar Fáñez y Muño Alfonso). En este momento los cluniacenses agudizaron y dignificaron el espíritu de la Reconquista, y también estimularon la expresión literaria de este espíritu, en latín, según sabemos, pero también quizás en lengua vernácula. La literatura épica, si se produce bajo el estímulo oficial o no, tiene su propósito social: narra las glorias del pasado y llama hacia los esfuerzos heroicos del futuro. En ambas lenguas y en todos los géneros de esta época se oye resonar una confianza en un destino que no es sencillamente religioso (nunca se proclamó la cruzada en España hasta después de Alarcos, 1195), y que dista de ser totalmente nacionalista, pero que es una amalgama de los dos y que va de mano con el orgullo de los logros y de las cualidades militares. Sobrada razón tenía el autor de la *CAI* al retratar a Alfonso VII como un gran príncipe-guerrero cristiano, que acaudilla las campañas del Señor y gobierna lo que es casi un pueblo escogido, y cuyos enemigos se equiparan con los de los israelitas.

Estas observaciones de tipo general son importantes para encuadrar mi argumento, el cual tiene que ver con ciertos rasgos estilísticos que comparten las historias latinas y la épica vernácula. Este es un aspecto poco estudiado. La literatura y la lengua latinas estaban siempre presentes, por así decirlo, y con una autoridad enorme, en el momento en que nacieron las literaturas vernáculas; y esto sigue siendo verdad, por temprana que sea la fecha que asignemos a esos comienzos vernáculos. Una familiaridad con el latín se puede suponer en la mayor parte, pero no todos, de los clérigos, los abo-

gados y los funcionarios[7], aunque serían relativamente pocos los
que lo dominaban hasta el grado en que eran capaces de componer
el *Dum Diane vitrea* o hasta la *HR*. Los vínculos entre la composición en latín y la vernácula son constantes en todos los niveles: los
tópicos de Curtius, el uso por la *Najerense* de las épicas vernáculas,
la adaptación del material latino a la lengua vernácula por Berceo
y centenares de otros, las traducciones de Alfonso X, la producción
por los abogados de los fueros en textos paralelos latino y español,
etcétera. Pero el latín no sólo estaba «ahí», como una cosa muerta
cuyo cadáver producía despojos utilizables, o como una cosa remota
de belleza perfecta y una colección de modelos (como iba a ser para
el siglo xvi). El latín vivía plena y vigorosamente, y el acto de escribir en él era más natural para muchos que el escribir en lengua
vernácula. Es mutuo y continuo, entre el latín y la lengua vernácula,
el préstamo lingüístico y estilístico, cuando se hace conscientemente, y lo es también la interferencia, cuando ésta es inconsciente; lo
que sí sorprendería sería la existencia de los dos en dos esferas separadas y exclusivas.

Poca importancia tiene el caso de una palabra aislada que flota
desde una lengua hasta la otra. Hasta una palabra árabe —*azeipha,
açefa*— aparece varias veces en Sampiro y en la parte de la *Silense*
que incorpora a Sampiro, pues describe un tipo especial de fuerza
militar que no tenía otro nombre apropiado. Otras muchas palabras
de este tipo están presentes en la *CAI* y se pueden identificar consultando el «Vocabulario» de la edición de 1950: *alcadrán, alcayade,
alcázar, celatas*, etc. El autor sabe que no son latinas, y a veces se
disculpa al introducir tales palabras: «miserunt insidias, quas lingua
nostra dicunt celatas». Los términos feudales con desarrollo semántico vernáculo también se encuentran mucho en los textos latinos:
amor 'favor', *honor, nutrire, potestates, quinta regis, solidatam*, etcétera. Esto no tiene más trascendencia que el hecho de que los
topónimos y antropónimos vernáculos aparecen en forma latina, o
que las fórmulas de la traición, conocidas en las leyes tanto latinas
como españolas, y en la épica española, aparecen en la *HR*. La pre-

---

[7] G. TILANDER en *ELH* II (1967), p. 452, dice que algunas versiones romances
de los fueros se hicieron para jueces y notarios que no sabían latín, y nos
alarma citando el prefacio del *Fuero de Aragón* (1247) para demostrar que
algunos jueces ni sabían leer. Pero en el mismo volumen (p. 383) nos consuela
F. López Estrada citando la estrofa 211 del *Alexandre:*

> *Vn yoglar de grant guisa sabia bien su mester,
> Ombre bien razonado que sabia bien leer*

aunque conviene apuntar que esto está ambientado en la antigua Tebas.

sencia de cultismos en el *PMC* puede ser más significativa. Algunos, tales como *glorificar* (335), *monumento* (358: 'sepulcro') y *vocaçión* (1669: ¿'voto'?) tienen origen eclesiástico y se colocan de modo natural en su contexto; su presencia no denota necesariamente la influencia monástica en el poema, y pueden muy bien haber formado parte de la *parole* del estrato más culto de la población en aquel tiempo. La palabra *virtos* (657, 1498, 1625) 'fuerzas militares' es otra cosa. Se encuentra en textos legales, sobre todo en las regiones orientales de la Península, pero no consta en ningún otro texto literario; su significado en el derecho era 'fuerza, violencia' (Menéndez Pidal, *Vocabulario*). Apunta Pidal que sólo en el texto bíblico tiene esta palabra el sentido de 'ejército' que se aproxima al que tiene en el *PMC*. Una de nuestras crónicas latinas —que Pidal no menciona— me parece suplir el eslabón perdido: «Et fortitudo Sarracenorum et maxima virtus eorum permansit...» (*CAI*, 90; en 63 la palabra significa 'poder, eficacia').

En la fraseología hay paralelos interesantes en que nadie se ha fijado. Son casos especiales, no las construcciones romances que constantemente invaden el latín medieval. El *PMC* emplea la construcción peculiar *Burgos la casa* (62; además, 571, 585, 842, 1161, 1606; las poblaciones así llamadas incluyen Denia, Molina, Terrer y Valencia; hay también *Alilón las torres*, 398). La peculiaridad no es el uso de *casa* por 'pueblo', sentido que está calcado sobre uno de los significados del árabe *dār*, sino en la construcción aposicional y en la colocación del sustantivo. En el español de época posterior figura bastante esta construcción: *Silos la mongia* en Berceo, *SD*, 407d; *Tarso la çibdat* en el *Apolonio*, 351a; también en *SME, San Ildefonso*, etcétera. Bello apuntó en la épica francesa *France le regné*, *Rheims la cité*, y creía que la construcción española pudo haberse derivado de allí; pero encontramos en la *Silense* la frase «Inde cum Cesaraugustam ciuitatem accessisset...» (130), en la *CAI Barensem ciuitatem* (82) y en la *Najerense* la frase *apud Burgensem ciuitatem* (116). En el primero de estos casos no se puede descartar un origen francés, pues esto ocurre en el famoso pasaje donde el monje protesta contra las aseveraciones de la épica francesa acerca de la magnitud de las conquistas de Carlomagno en España, así que su *Cesaraugustam ciuitatem* puede ser un eco de *Saragoce la cité*. En el último de los tres casos el cronista puede haber creído que un *Burgos la çibdat* no entraría bien en el latín tal como estaba, y empleó una forma adjetival del nombre de la ciudad. Desde éstos pasamos a la frase épica *Valençia la mayor* (*PMC*, 2105, y nueve casos más; también

Valençia la clara, 2611; *Valençia la grand,* 3316, y *Barçilona la mayor,* 3195), con los que se asocian

de siniestro Sant Estevan   una buena çipdad (397)

Entrados son a Molina,   buena e rica casa (1550)[8]

Todos éstos son epítetos épicos, equivalentes a los que se asocian a las personas. Existen paralelos estrechos en los textos latinos: dice la *Silense* que Almanzor «apud Metinacelim maximam ciuitatem in inferno sepultus est» (176), siendo éste el único topónimo en la crónica que se distingue de este modo; la *CAI* tiene «in Corduba civitate magna» (85), y «movitque exercitum suum et abiit in Caesaraugustam, civitatem magnam, et...» (42), donde parece que la puntuación puede hacer alguna diferencia, pero es completamente arbitraria. No se encuentran en los textos latinos epítetos épicos aplicados a personas. Hay por fin un uso curioso del *PMC* en relación con los topónimos, que nadie ha comentado. Al describir los itinerarios, el poeta nos ofrece:

O dizen Castejon   el que es sobre Fenares (435)

Ixieron de Çelfa   la que dizen de Canal (649)

hivan troçir los montes   los que dizen de Luzon (2653)

o dizen el Anssarera   ellos posados son (2657)

o dizen Bado de Rey   alla ivan p[a]sar (2876)

a qual dizen Medina   ivan albergar (2879)

Llamo esto curioso porque en general el poeta abrevia su narración, omitiendo tales vínculos como «él dijo», «ellos contestaron», «en el lugar que llaman», etc. Se podría argüir que en los casos citados

---

[8] Son todos éstos clichés del segundo hemistiquio, o porque el epíteto daba un medio verso armonioso, o bien porque después de la mención de la ciudad, estos adjetivos servían para completar el verso con una asonancia fácilmente variable. Se menciona a menudo Valencia en el primer hemistiquio, pero allí jamás lleva adjetivo. No son raros estos epítetos en los textos posteriores: *Toedo la noble (Milg.,* 413a; también 47b, 48a); *Toledo la grande (Rimado,* 814b); la *Crónica particular* trae *Seuilla la vieja* (BN MS 1810, fol. xv). A veces se prefería un vínculo gramatical más ceñido: «Enna villa de Roma, essa noble cibdat» *(Milg.,* 236a). Parece que no existe versión latina de *Castiella la gentil,* frase famosa del *PMC,* 672, la cual tiene eco, sin embargo, en *Castiella la preçiada (PFG,* 57c) y *España la gentil (PFG,* 89a). Para los aspectos gramaticales de estas frases en las lenguas románicas, véase L. SPITZER, «El sintagma *Valencia la bella», RFH,* VII (1945), pp. 259-276.

el poeta ha procedido así para llenar su verso y su patrón rítmico, a lo cual se contestaría que para tal propósito escogió palabras muy prosaicas. También es posible que como varios de los topónimos son de lugares pequeños, las frases adicionales con *dizen* sean una manera de disculparse por haberlos mencionado, pero Medina(celi) no pertenece a tal categoría, y aparecen en el texto muchos lugares pequeños sin tal frase superflua. Creo que el uso se explica porque el poeta tenía delante de sí un documento en latín, y adoptaba su fraseología con cierto descuido (*dormitat jocularis*). Abundan estas frases en los documentos legales de la época, así como en nuestros textos latinos: p. ej., en la *CAI*, «in loco quod dicitur Vallis Tamaris» (12), «flumen quod dicitur Goadalquivir» (35), y en muchas otras partes [9]. La razón de la introducción de estas frases puede haber sido la de disculparse por poner nombres vernáculos en el texto latino, pero las frases se trasladaron al *PMC* por descuido, a no ser que hubiese alguna necesidad métrica. Más allá de la práctica de los abogados y los cronistas latinos están las frases bastante frecuentes del Nuevo Testamento, como «in civitate quae vocatur Nazareth» (Mateo 2, 23), «venimus in locum quemdam qui vocatur Boniportus» (Lucas 27, 8). Algo parecidos son ciertos versos del *PMC* en los que los magnates se distinguen mediante la mención de sus feudos, versos que examinamos en el capítulo 2.

Algunas frases aisladas del *PMC* tienen paralelos en los textos latinos. De la inminencia de la batalla contra Ramón Berenguer dice el poeta:

> Essora lo connosçe   mio Çid el de Bivar
> que a menos de batalla   nos pueden den quitar (983-4)

a lo que corresponde en la *CAI* «et vidit quia nullo modo poterat ire in terram suam sine bello» (13). El número relativo de dos ejércitos se representa elegantemente en el poema por

> la conpaña del Çid creçe   e la del rey mengo (2165)

que es eco de «Domus autem regis Aragonensis semper erat decrescens; domus regis Legionis, gratias Deo, de die in diem semper augebatur» (*CAI*, 19; el editor identifica una fuente en la historia de

---

[9] La frase con *o dizen* se encuentra alguna vez en los textos posteriores, habiendo sido tomado del *PMC*. sin duda, como un cliché útil para completar el verso; p. ej., *PFG*, 72c, 78c, 392b, 763a; *Rodrigo*, 105, 169, 288; *SM*, 563b; también en la *PCG*, 500.b.6, 502.a.44, etcétera.

David y Saúl, I Samuel 3, 1). Otro caso de dos frases paralelas, con contextos exactamente parecidos, lo da el verso del *PMC*

> de pies de cavallo   los ques pudieron escapar (1151)

esto es, 'a uña de caballo'; y «non remanserunt ex eis nisi pauci, qui fugerunt pedibus equorum» (*CAI*, 97). No conozco tal frase con *pes* en el latín clásico ni bíblico.

Sólo en parte nos interesa aquí la fraseología «física» que estudio detenidamente en el capítulo 8. Su uso abundante en los textos latinos y vernáculos se debe probablemente a los hábitos de la época y no a influencia alguna. En todo caso existen a menudo modelos en la Biblia. Sin embargo, vale la pena observar que en momentos solemnes las crónicas latinas emplean frases que describen gestos y movimientos, exactamente como hace la épica, p. ej., en la *CAI* «vigiliae regis... levantes oculos suos, viderunt...» (45), «elevans oculos suos» (105, 116), «levaverunt manus suas ad celum et dixerunt...» (120; compárese I Macabeos 4, 12; I Crónicas 21, 16; etcétera). La intención de las frases correspondientes en la épica —por ejemplo, *PMC*, 216, 1340, 1616 y muchísimos más— parece haber sido la de mover al juglar a representar una acción en su actuación pública (esto es, las frases son acotaciones dramáticas incorporadas al texto), o a lo menos ayudar al público a imaginarse la acción. La presencia frecuente de tales frases en obras latinas destinadas a la lectura privada no se explica fácilmente a no ser que en contextos religiosos el autor imitara a la Biblia o la liturgia. Es probable un origen bíblico de algunas de las frases en las que la mano simboliza 'poder'. Estas abundan en el *PMC*. A veces el autor de la *HR* parece recordar una frase española que usa simbólicamente la mano, pero duda si puede ponerla directamente en latín. En tales casos resuelve el problema añadiendo una expresión latina correcta de tipo abstracto, como en «Omnia eorum spolia et substantia in iure et in manu Roderici remanserunt» (926), «ut ille tradat te in manus nostras et in potestate nostra» (943; compárese I Crónicas 14, 10). Por fin la frase *in conspectu* + genitivo (p. ej., *CAI*, 115, 127, etcétera; compárese Exodo 14, 2) corresponde en su uso al vernáculo *a ojo* (p. ej., *PMC*, 298, 1517, 1614, etcétera)[10]; la frase de la *RH*, «coram oculis inimicorum suorum... sua tentoria fixit» (924) es traducida directamente por la *PCG* en la forma «finco y sus tiendas a ojo de sus enemigos» (534.b.27).

---

[10] Cᴇ́ꜱᴀʀ, *De bello gallico*, I, 11, emplea la frase *paene in conspectu exercitus nostri*. Para las frases «físicas» en general véase ahora el capítulo 8.

Sobre las parejas sinónimas, inclusivas, etc., y las frases binarias, en las que son abundantes los puntos de contacto entre el latín y el español, véase ahora el capítulo 7.

Pasamos luego a considerar diversas fórmulas narrativas para las que se puede comprobar el mismo contacto entre crónica latina y épica vernácula. Pertenecen sobre todo a la épica, que había desarrollado una serie completa y eficaz de ellas para las finalidades de una representación en la que importaba mucho la maestría técnica. Son menos significativas en un texto latino que se había preparado en una lengua culta para el ojo del lector privado; pero los autores latinos no eran menos conscientes que los juglares épicos de las cualidades dramáticas de su material, y esto se aplica de modo particular al genial narrador de la *CAI*. En el *PMC*, la forma básica de la pregunta retórica que expresa la *admiratio* es el verso 699,

e fizieron dos azes de peones mezclados,   ¿qui los podrie contar?

que reaparece en el *PMC*, 1214 y 1218, en *SIL*, 152, y con frecuencia en el mester de clerecía. Con esta fórmula se asocia la pregunta retórica *¿quien vio...?* del *PMC*, 1966, y otros ejemplos de la *admiratio* no expresados como preguntas:

Traen oro e plata   que non saben recabdo (799)

non son en cuenta   sabet, las peonadas (918)

atantos mata de moros   que non fueron contados (1723)

(también *PMC*, 1795, 1983, 2491) [11]. Pertenecen también aquí todos los ejemplos del adjetivo *sobejano*. Todos éstos, en forma de interrogación o sin ella, corresponden a frases de uso frecuente en la *CAI*: «et peditum et ballistorum non erat numerus» (115); «et multa milia militum et peditum, quorum non est numerus» (131; también 115, 157, 158, etc.). Es éste un cliché que es fácil hacer remontar a través del latín medieval a la literatura clásica y a la Biblia, p. ej., «Ecce populus multus, cuius non erat numerus» (I Macabeos 5, 30; también I Crónicas 22, 16; II Crónicas 12, 3; Job 9, 10), y «quis enarrabit caelorum rationem?» (Job 38, 37).

El uso de *veriedes* en la épica, en momentos cuando el juglar

[11] Un texto temprano en prosa romance, que narra la expedición de los almorávides a Valencia, nos ofrece «et ovo y xiiii reyes, et la otra gent no avía cuenta» (*Linaje de Ruy Díaz el Campeador*, en A. UBIETO ARTETA, *Corónicas navarras*, Valencia, 1964, p. 34). El texto es de segunda mitad del siglo XII, según Ubieto.

quiere animar la narración y hacer que el público participe en la acción, ha sido tema de diversos estudios [12]. Esto aparece ocho veces en el *PMC* (697, 1141, etc.), en *SIL* (388, 402) y en el *Rodrigo* (930). Este uso lo relacionó Menéndez Pidal, juntamente con el de *tanto* en las enumeraciones que a menudo lo acompañan, con la frase de la épica francesa *là veissez...*; pero hay que apuntar que *tunc cerneres* aparece dos veces, de una manera muy animada y emotiva exactamente como en la épica, en la *Silense* (121, 133), y que en la primera de estas ocasiones figura en una complicada construcción de *tanta... quanta* en un pasaje de lamento por la muerte de Sancho II. Más allá de esto están las fuentes clásicas señaladas por los estudiosos.

El «ablativo absoluto» que aparece en el *PMC* es un rasgo gramatical, pero pertenece aquí por su importancia narrativa. Siempre me ha parecido extraño que nadie —que yo sepa— haya llamado la atención sobre este detalle extravagante del estilo del poeta. Parece muy poco probable que este uso,

> Las archas aduchas,   prendet seyes çientos marcos (147)
>
> Estas palabras dichas,   la tienda es cogida (213)
>
> la missa dicha,   penssemos de cavalgar (320)

(también 366, 1308, 1703, 3679) figurara en la lengua hablada de la época, a pesar de ocurrir varios de estos ejemplos en el discurso directo del poema. Además son poco frecuentes tales construcciones absolutas en otros textos vernáculos, salvo en la prosa más pausada y culta de la *PCG*, *Fuero Juzgo* y similares. Desde luego, abundan en los textos latinos, y estoy seguro de que en ellas tenemos otras pruebas de la influencia culta sobre el *PMC*.

Queda un cuantioso material que consiste en «tópicos». Aquí no es fácil demostrar la dependencia mutua. Donde hay paralelos la fraseología puede no reproducirse exactamente, y siempre es posible que la existencia del mismo tópico en los dos géneros pueda deberse al hecho de que ambos cuentan incidentes parecidos en el mismo ambiente social, etc. Sin embargo, creo que vale la pena indicar los posibles puntos de contacto:

---

[12] R. Menéndez Pidal, introducción a la ed. de Clásicos Castellanos; S. Pellegrini, «Epica francese e *Cantare del Cid*», *CN*, III (1943), pp. 231-238, esp. pp. 233-234; C. V. Aubrun, «La Métrique du *Mio Cid* est régulière», *BH*, XLIX (1947), pp. 332-372, esp. p. 333; y Curtius, «Antike Rhetorik...», *CL*, I (1949), pp. 24-43, esp. pp. 27-28.

1. El consejo

> habuerunt consilium inter Almuctaman et Rodericum (*HR*, 925, y cinco casos más; *Silense*, 166; *CAI*, 42, 113, 138, etc.; *Najerense*, 111)

> Prenden so conssejo   assi parientes commo son (*PMC*, 2988)

2. La discusión secreta

> habuit cum eis misterium consilii sui (*CAI*, 30; el editor cita estas palabras de Judit 2, 2)

> habuit secretum coloquium (*Silense*, 122)

> fablando en su conssejo,   aviendo su poridad (*PMC*, 1880)

3. La proclama

> rex Legionis Adefonsus festinus iussit intonare voces et preconia regia per Galletiam et Asturias et per totam terram Legionis et Castellae (*CAI*, 12; también 69, 107, 127)

> Por Aragon e por Navarra   pregon mando echar,
> a tierras de Castiella   enbio sus mensajes (*PMC*, 1187-8; también 287, 652, 1197; véase también las *cartas* de 2977-9)

4. Los mensajeros

> *Misit nuntios* es una frase constante de los textos latinos, p. ej., *HR*, 921; *Silense*, 166; *CAI*, 11; *Najerense*, 113. Está en César, la Biblia, etc. Tiene interés especial *nuntium et litteras, legatos cum suis litteris* en *HR*, 926, 929, 937 y 948, pues aquí sospecho una dependencia directa de *carta y mensajero* de la épica vernácula. No se encuentra en el *PMC*, pero está en *SIL*, 31, en la sección de la *PCG* que prosifica la épica de *Sancho II* (507.a.18), en el *Rodrigo* (528) y en el *PFG* (196ab); después, adquirió con relación a la inviolabilidad de los mensajeros una especie de calidad proverbial.

5. Viajes y expediciones

> ex altera parte dimiserunt Cordubam et Carmonam a sinistra, Sibiliam vero, quam antiqui vocabant Hispalim, relinquentes a dextera (*CAI*, 32)

a ssiniestro dexan a Griza   que Alamos poblo
—alli son caños   do a Elpha ençerro—
a diestro dexan a Sant Estevan,   mas cae aluen (*PMC*, 2694-6)

(Obsérvese que estos pasajes corresponden hasta en los apartes.)

6. El campamento

sua tentoria fixit (*HR*, 924; frecuente en todos los textos, y desde
luego en la prosa clásica y bíblica)

fincaron las tiendas (*PMC*, 656; también 57, 557, 1101, 1645, 1657)

7. El asedio, tópico I

atque eisdem egressum a castello et ingressum ad castellum
omnino prohibuit (*HR*, 964, hablando de Murviedro)

Et circumdedit rex castellum in circuito muro magno et vallo,
ita ut nullus poterat ingredi vel egredi (*CAI*, 24; también
107, 117)

bien la çerca mio Çid,   que non i avia hart,
viedales exir   e viedales entrar   (*PMC*, 1204-5; compárense
1163, 1572)

Para esto hay claro origen bíblico:

muro circumdabat Rama, ut nullus posset egredi et ingredi de
regno Asa (II Crónicas 16, 1)

Qui autem erant in arce Ierusalem, prohibebantur egredi et
ingredi regionem (I Macabeos 13, 49)

8. El asedio, tópico II

unoquoque anno panem sarracenis auferens (*Najerense*, 116)

en cada uno destos años   mio Çid les tolio el pan (*PMC*, 1173;
véase también 555, 661)

9. El botín y los cautivos

Las menciones de esto abundan en la *HR* y la *CAI*. En la primera parte de la *Silense* las menciones son breves, pero después se desarrollan como tópico:

> omnes eorum mulieres et paruolos, cum inmenso auri et argenti
> sericorumque ornamentorum pondere, in patriam rapuit (155)

Para uno de los pasajes-tópicos de la *CAI* se indica una fuente
en I Macabeos 4, 23. Muchos versos del *PMC* describen el botín
en términos sencillos, p. ej., 110, 473, 799; hay pasajes más extensos que llegan a tópicos en 480-1^b, 1774-84. Es nntable la com-
binación del tópico del botín con la fórmula de la *admiratio* en

> tantum igitur et tam preciosissimam in urbe hac adquisivit
> peccuniam, quod ipse et uniuersi sui facti sunt diuites et
> locupletes ultra quam dici potest (*HR*, 959)

> juntos con sus mesnadas, conpeçolas de legar
> de la ganançia que an fecha maravillosa e grand.
> ...
> Tan ricos son los sos que non saben que se an. (*PMC*, 1083-6)

10. *El recibimiento jubiloso*

> Caeterum cum omnis populus audisset quod rex Legionis veniret
> in Caesaraugustam, omnes principes civitatis et tota plebs
> exierunt obviam ei cum tympanis ... et dicentes «Benedictus
> qui venit» (*CAI*, 52; de un pasaje parecido en *CAI*, 121, apun-
> tan los editores su fuente en Daniel 3, 7).

> Almuctaman uero et filij eius ac multitudo magna ciuitatis
> Cesarauguste tam uirorum quam mulierum, cum ingenti le-
> ticia gaudentes et exultantes in eius victoria, processerunt ei
> obuiam (*HR*, 930)

La entrada del Cid en Burgos (*PMC*, 16^b-20) no es jubilosa porque se les ha prohibido a los ciudadanos ayudarle, pero el pasaje tiene cierta semejanza con los dos pasajes latinos.

11. *La sonrisa*

Se sonríe, sí, sin tener necesidad de fuente literaria alguna.
Pero hay notables semejanzas de contexto y de fraseología entre
el uso de *ylari vultu* 'con cara alegre' en la *HR* (p. ej., 931, 942,
952, 954) y el uso de *sonrisarse* en el *PMC* (1518, etc.). En el
poema esto es por lo general una introducción al discurso directo o indirecto. Los diccionarios latinos citan *vultu hilari, hi-
laro vultu* de Cicerón, Casiodoro y otros.

Existen tópicos paralelos, pero menos estrechos, en los textos latinos y en la épica, relacionados con el alba, los casamientos, el intercambio de regalos, las listas de los capitanes, etc.

Es un deber hacer constar algunos de los numerosos clichés, frases y tópicos que pertenecen de modo particular a la épica española (y después al mester de clerecía, a las crónicas y a otros géneros), pero que no tienen equivalente en los textos latinos que nos interesan: el símil y la metáfora, el *oppositum*, el epíteto épico aplicado a personas, las fórmulas del tipo *nacer en buen punto*, el cliché narrativo *si le oyestes contar*, y otros. En el caso del símil, lo usan mucho los textos latinos, pero en una forma muy distinta de su forma en la épica.

Se habrá notado que en este estudio se han desatendido varios problemas importantes. Uno es el de las fechas. Estas distan mucho de ser seguras hasta para los textos latinos. Menéndez Pidal creía que la *HR* se compuso por los años de 1110, aunque otros la han creído bastante posterior. Los editores recientes de la *Silense* la colocan entre 1110 y 1120 y sugieren que es obra de *Alo* (Alón) *grammaticus*, en algún momento monje de Silos, después secretario de Alfonso VI y por fin obispo de Astorga. La *CAI* se escribió, según Ubieto Arteta, entre 1147 y 1149. Se ha discutido mucho acerca de su autor, pero es atractiva la posibilidad, enunciada por Ferrari, de que la escribiera el cluniacense Pedro de Poitiers (pero es dudoso que él hubiera empleado tantas palabras romances y arabismos y que se hubiera referido al español como *nostra lingua*). La *Najerense*, según Menéndez Pidal y Ubieto, se compuso alrededor de 1160. Pelayo, obispo de Oviedo, escribía su *Chronicon* por los años de 1130. Mi razón por haber escogido estos textos es, en parte, desde luego, la de poder encontrar en ellos los datos que buscaba, mientras los textos anteriores nada tienen de interés en estos respectos. Pero los escogí también porque, sea la que fuere la fecha que demos al *PMC*, es innegable que existía la épica vernácula en alguna forma en la primera parte del siglo XII, por razones que no cabe repetir aquí. Al tomar el *PMC* existente como fuente para la mayor parte de mis datos vernáculos, no tenía la intención de demostrar que fuera compuesto en 1140 (o antes), ni señalar otra fecha alguna. Se ha acudido al poema porque él —caso único— nos suministra un gran cuerpo de datos acerca del estilo épico, y puesto que creemos que tal estilo fue tradicional, lo podemos hacer remontar en cierto grado más allá en el tiempo, sobre todo contando con el apoyo de datos que nos suministran el *SIL*, el *Rodrigo*, el *PFG* y la *PCG* en sus prosificaciones épicas. En realidad comparto la opinión de muchos que consideran la versión del *PMC* debida a Per Abad como una composición de principios del siglo XIII. Estoy dispuesto también a ver en él aspectos cultos e «individualistas» que en cierto grado alejan el poema del tradicionalismo oral que defendía Pidal; pero esto no quita para que el poema fuera compuesto dentro de una tradición épica de cierta antigüedad, lo cual nos justifica al hacer comparaciones entre el poema y los textos latinos de la primera mitad del siglo XII. Estos constituyen un grupo bien definido. Las crónicas latinas anteriores —por ejemplo, la *Chronica Visegothorum*, la *Historia Pseudo-Isidoriana*, la *Albeldense*, y Sampiro— son en general breves y tienen poco interés estilístico [13]. Más tarde, la *Najerense* prosifica y adapta deliberadamente la épica vernácula, así que su grado de dependencia estilística es a la vez mayor y nada sorprendente.

Me contento aquí con presentar datos, sin proponer conclusiones, salvo alguna bastante provisional. Los datos en su conjunto me parecen indicar fuertes contactos entre las crónicas latinas y la épica vernácula. La influencia puede haber sido en cualquiera de las dos direcciones, pero los datos nos convencen de que en alguna forma existía la épica vernácula en tiempos de la *HR*, y además, que revestía bastante importancia para que la *HR* y otros textos se atuvieran a ella (esto es, adoptando de ella la fraseología de *moros y cristianos* y ejemplos parecidos). Otras parejas derivan en el fondo del lenguaje legal, pero su presencia en los textos latinos literarios puede indicar que fueron tomadas de la épica vernácula, de la cual eran —por razones métricas— un rasgo típico [14]. La *CAI* bien puede haber tomado algunas de sus técnicas narrativas, que tan admirablemente maneja, de los juglares épicos con su *mester* especial en esta esfera. Por otra parte, estoy seguro de que habrá que someter a nuevo examen el problema de los elementos cultos en el *PMC*. Aquí nada sugiere la autoría eclesiástica o monástica, pero hay fuertes indicios del contacto que tuvo su autor con las historias latinas y con el lenguaje del derecho: *virtos*, la manera de nombrar los lugares y los feudos, la fraseología de la *admiratio*, los «ablativos absolutos», etc. Los tópicos pueden haberse originado en cualquiera de las dos esferas y haber pasado a la otra, y no apoyo automáticamente la opinión de Curtius sobre su origen latino excepto en los casos donde es demos-

---

[13] Se podría argüir que Menéndez Pidal tenía razones bastante endebles al incluir secciones de estos textos en sus *Reliquias de la poesía épica española;* ellas muestran casi ninguna semejanza estilística a la épica vernácula, contrastando así con los paralelos que se han aducido aquí.

[14] Sobre esto, véase el capítulo 7.

trable un modelo clásico o bíblico. En los numerosos casos donde
he aducido un paralelo bíblico, creo más probable que las crónicas
latinas imitasen las frases de la Biblia y que la épica tomase las
frases de las crónicas latinas, siendo más difícil demostrar que la
épica dependiera directamente de la Biblia.

Espero que estos modestos asertos no vayan a parecer como mal
fundados o excesivos. Tienen que ver con el lenguaje y el estilo, y
tales detalles tienen que relacionarse con otros muchos antes de
poderse sacar conclusiones de peso. Pero me parecía necesario empezar tal examen de detalles, pues el teorizar un tanto abstracto
sobre la naturaleza y el desarrollo de la épica vernácula, en Francia
tanto como en España, no ha logrado darnos una base firme y aceptable en la opinión erudita en general. Me parecía apropiado este
momento postpidalista para tal ejercicio. Cualquier momento es bueno para insistir en que es disparatado y erróneo estudiar los textos
vernáculos de una manera que los aísla de los textos latinos con
ellos emparentados y los hace quedar fuera de la tradición fundamental de su época.

V. FUENTES CLÁSICAS DE DOS EPISODIOS DEL "POEMA DE MIO CID"

Procedencia: *Bulletin of Hispanic Studies*, LII (1975), pp. 109-122.

Los episodios extensos e importantes de la toma de Castejón y de Alcocer ocupan la parte central del primer cantar del *Poema*. Se reconoció hace tiempo que estos episodios, tales como los coloca el poeta en su narración, no pueden ser históricos. El poeta nos muestra cómo el Cid desterrado sale de Castilla, penetra en territorio moro hacia el sur, toma en seguida Castejón, y poco después Alcocer, sale de éste para derrotar al ejército de Valencia, y se dirige luego hacia el este para su encuentro con el Conde de Barcelona; mientras sabemos por la *Historia Roderici* que en la realidad el Cid, al ser desterrado (1081; ¿agosto?), fue primero a ofrecer sus servicios en Barcelona y se trasladó después a Zaragoza, donde aparece en el otoño de 1081 [1]. A lo sumo, el episodio poético de Castejón es un recuerdo o reposición (con la adición de muchos detalles literarios) de un hecho histórico del Cid, relacionado con la incursión que había emprendido a modo de castigo por el reino moro de Toledo (1081; ¿julio?), incursión que le produjo tanta alarma y disgusto a Alfonso VI que provocó directamente el destierro del Cid. Si existe relación entre historia y poema, habría que reconocer que la transposición temporal es pequeña, pero habría que reconocer que la transposición contextual (desde antes del destierro hasta después del destierro) es considerable. Sin embargo, aun si estamos dispuestos a argüir de este modo, seguimos dudando si la incursión histórica del Cid haya podido dar al poeta el material para el episodio de Castejón. La *HR* cuenta de la incursión que

> Reuerso autem cum supradicto honore ad Castellam Roderico, rex Aldefonsus ad sarracenorum terram sibi rebellem cum exercitu suo statim perrexit, ut eam debellaret et regnum suum amplificaret et pacificaret. Rodericus autem tunc temporis in

---

[1] R. MENÉNDEZ PIDAL, *La España del Cid*, I (ed. de 1956). Pidal reproduce la narración poética hacia el final del capítulo VII, poniendo como subtítulo de parte de ella «Adiós juglaresco a Castilla» (p. 272), con mención de la incursión del Cid por el Henares (p. 275), pero —y esto es significativo— sin mención de los episodios de Castejón y Alcocer. Empieza un capítulo nuevo (VIII) al volver a la historia del Cid en Barcelona y en Zaragoza (p. 279).

Castella remansit infirmus. Sarraceni uero interea uenerunt et irruerunt in quendam castrum qui dicitur Gormaz, ubi [non] paucam predam acceperunt.

Cvm autem hoc audiret Rodericus, nimia motus ira et tristicia ait: «Persequar latrunculos illos, et forsitan eos comprehendam.» Congregato itaque exercitu suo et cunctis militibus suis armis bene munitis, in partes Toleti depredans et deuastans terram sarracenorum, inter uiros et mulieres numero VII milia, omnesque substantias et diuitias abstulit secumque in domum suam attulit[2].

Para esta sección, las crónicas vernáculas se basaron en la *HR*. Esta incursión la narra la *Primera Crónica General* (cap. 850) así:

Depues desto que dicho auemos, a pocos dias ayunto el rey don Alffonso grand hueste pora yr a tierra de moros; et Roy Diaz Çid quisiera yr con ell, mas enfermo muy mal et non pudo yr alla, et finco en la tierra. Et el rey don Alffonsso fue, et entro por tierra de moros et destruxoles muchas tierras, et andando ell alla por ell Andaluzia faziendo lo que querie, ayuntaronse de la otra parte grandes poderes de moros, et entraronle por la tierra et çercaron el castiello de Gormaz et fizieron mucho mal por toda la tierra. En tod esto yua ya sanando el Çid, et quando oyo lo que los moros fazien por la tierra de Sant Esteuan, ayunto todas las yentes que pudo auer, et fuesse pora tierra de moros a la çibdad de Toledo, et corriola et destruxola, et catiuo y entre uarones et mugieres VII mill; et desi tornosse pora Castiella con grand ganançia, bien et onrradamientre.

(523.a.16-35)

Los manuscritos de la *Crónica de veinte reyes* cuentan el episodio en términos parecidos, salvo que dicen que el rey le encargó al Cid la defensa de Castilla al partir hacia Andalucía *(el Rey dexole entonçes por guarda de la tierra)*, y que hacen que el Cid dirija su campaña contra tierras de Toledo *(corrio e destruyo toda la tierra de Toledo)* más que contra la ciudad misma (según decía la *PCG*)[3]. El único topónimo que añaden las crónicas vernáculas es el de San Esteban, pero les fue fácil deducir éste partiendo de la mención de Gormaz en su fuente, y no hay indicio de que dichas crónicas conociesen otra fuente que la *HR* para este episodio. No hay nada en las crónicas latinas o vernáculas que sugiera que la incursión

[2] En la ed. de MENÉNDEZ PIDAL en *La España del Cid*, II, p. 923.
[3] MS 'J' de la *CVR* (Escorial x.i.6), fol. 72r. La *CVR* se arrima más a la *HR*, como ocurre con frecuencia.

del Cid antes de su destierro fuera contra Castejón. Tan es así que las crónicas (a diferencia, desde luego, de la *HR*), después de contar la incursión del Cid, pasan luego a prosificar la narración poética de la acción del Cid en Castejón, inconscientes de la posibilidad de que estuviesen duplicando su material.

También hay problemas geográficos. Castejón (hoy Castejón de Henares) es bastante aceptable. La ruta que sigue el Cid en su destierro, según el poeta, parte lógicamente de la frontera castellana al sudeste de Burgos, va por Alcobiella, cruza el Duero, y sigue en parte la calzada romana hacia Termancia para entrar en la Sierra de Miedes, desde donde, prolongando naturalmente su progreso hacia el sudeste, el Cid se dirige a Castejón, siendo éste el pueblo moro que más posibilidades ofrecía como presa. Pero Alcocer es otra cosa. Defendió detalladamente Menéndez Pidal su existencia en el lugar donde el poeta lo coloca, esto es, entre Teca (la moderna Ateca) y Terrer en la ribera izquierda o norte del Jalón, bastante cerca de Calatayud [4]. P. E. Russell en 1956 dudaba que el poeta (y con él, Pidal) pudieran tener razón, pues entre Ateca y Terrer miden solamente siete kilómetros, porque no se documenta ningún pueblo o castillo allí y porque no se encuentra sitio adecuado para pueblo o castillo; y más que nada, porque la región pertenecía al reino moro de Zaragoza, no a Valencia, desde donde (según cuenta el poeta) se envió la expedición contra el Cid [5]. Russell llama la atención sobre otros lugares llamados Alcocer (o con nombre parecido), y cree posible que una distinta acción del Cid histórico fuera trasladada poéticamente a un Alcocer imaginado cerca de Calatayud. Este cae demasiado hacia el este, y estaba colocado equivocadamente en el reino de Valencia, no pudiendo por tanto figurar como blanco de la incursión del Cid antes de su destierro. Igual se puede decir de los otros dos candidatos, propuestos por Russell como lugares de acciones del Cid histórico: *Alcaçer* (1369; hoy Peñalcázar, Soria) está situado demasiado hacia el este y el norte, mientras un *Alcocer* en la provincia de Guadalajara cae demasiado hacia el sur, para haber sido blancos de una incursión que hubiera partido de la frontera castellana.

[4] R. MENÉNDEZ PIDAL, *Cantar de mio Cid*, I (ed. de 1944), pp. 49-50, y de modo especial la n. 1 a la p. 50.
[5] P. E. RUSSELL, «Where was Alcocer?», *Homenaje a J. A. van Praag* (Amsterdam, 1956), pp. 101-107. Véase ahora sobre Alcocer A. UBIETO ARTETA, «El *CMC* y algunos problemas históricos», *Ligarzas*, IV (1972), pp. 5-192, en las págs. 85-92. Este estudio se volvió a publicar en Valencia, 1973, con el mismo título. Ubieto pone el Alcocer del *Poema* en Alcázar o Peñalcázar, a cierta distancia al norte de la línea Ariza-Ateca del río Jalón, donde lo había colocado Pidal. Este está en la provincia de Soria, y es uno de los candidatos que había propuesto Russell, sugerencia al parecer desatendida por Ubieto.

Nos quedamos, pues —como material posiblemente histórico trasladado de una incursión antes del destierro a una acción poética
realizada después del destierro—, con el episodio menor del poema,
una especie de aparte dentro del episodio de Castejón, en el que
el Cid manda a Alvar Fáñez, a tres capitanes más y a sus hombres,
en una incursión por el Henares, pasando Guadalajara y llegando
hasta Hita, con el propósito de buscar botín (422-428). Los soldados
cumplen su misión y vuelven al Cid en Castejón (476-492). El hecho
de que traen botín, con las *substantias et diuitias* en la forma más
concreta de ganados (481) y ropa (482), etc., podría hacernos pensar
en una fuente en la *HR*, pero en el poema nada se dice acerca de
los 7.000 cautivos, detalle aparatoso que no hubiera omitido poeta
alguno, así que es seguro que aquí no seguía el poeta la *HR*. La
otra posibilidad, de que el poeta trasladara un auténtico recuerdo
histórico de la incursión del Cid antes de su destierro, posibilidad
que sin duda propondrían los pidalistas, también suscita graves dudas. Según Pidal, la incursión del Cid por el reino moro de Toledo
provocó probablemente la ira de Alfonso porque el Cid no distin-
guía entre la parte del reino de Toledo que apoyaba a Alcádir (y que
tenía por tanto tregua con Castilla) y la parte que estaba enemis-
tada con Alcádir (y que se podía atacar con derecho)[6]. En el caso
de los terrenos anteriores, dice Pidal que «Esta tierra cae justamente hacia la de Gormaz, cuya invasión vengó el Campeador»; esto es,
los terrenos estaban demasiado hacia el norte y el este para que la
expedición del Cid hubiera afectado Guadalajara e Hita. Esta sección del episodio de Castejón empieza, pues, a tener el mismo carácter que el episodio de Alcocer; es una invención poética, no un
recuerdo histórico, ni ha sido trasladado desde una época ligeramente anterior de la historia.

Cuando el poeta inventa, puede crear sencillamente *ex nihilo*
(como parece haberlo hecho con los primeros matrimonios y el
episodio de Corpes, por ejemplo), o puede adaptar una fuente literaria, un cuento folklórico (p. ej., el episodio de los judíos). Más
que ir a una fuente literaria, el poeta puede responder al estímulo
de la presencia de una persona o una escena en un texto y crear
algo vagamente parecido o con una función parecida. De ahí que en el
poema encontramos al obispo Jerónimo como un fuerte eco de Turpín de la *Chanson de Roland*, mientras la grandiosa escena de las
cortes en el poema es un episodio que en algunos aspectos corresponde al juicio de Ganelón en la épica francesa, aunque reviste

---

[6] *La España del Cid*, I, pp. 267-268.

mayor importancia que éste. Los críticos actuales han sido tan acondicionados por el pensamiento pidaliano sobre la historicidad, sobre la autoría y transmisión de la épica por juglares (¿analfabetos?), que apenas piensan nunca en la posibilidad de que el autor del *PMC* pueda haber acudido —como cualquier poeta— a fuentes literarias. Este aspecto empieza ahora mismo a interesarnos. No me preocupo de momento con las fuentes en las historias latinas de la Península (p. ej., la *HR*), ni en la épica francesa, sino con unas fuentes quizá más sorprendentes todavía, en el latín clásico.

Al repasar a Salustio —con una finalidad muy distinta— me sobrecogí al topar con la narración de una conquista que me parece contener semejanzas, nada embrionarias, a la narración de la toma de Castejón en el *PMC*. Se trata de las secciones XC y XCI del *Bellum Iugurthinum*, en los que Mario les toma a los partidarios de Yugurta el pueblo de Capsa en Numidia. Antes de la acción principal, Salustio cuenta cómo Mario

> pecus omne quod superioribus diebus praedae fuerat equitibus auxiliariis agundum attribuit, A. Manlium legatum cum cohortibus expeditis ad oppidum Laris, ubi stipendium et commeatum locaverat, ire iubet ... (XC.2)

Creo que esto pudo dar al poeta algunas sugerencias para la incursión de Alvar Fáñez. Hay que reconocer que el contexto es distinto: Mario toma precauciones enviando sus ganados al lugar seguro donde están ya su tesoro y sus provisiones, y manda un destacamento para que lo guarde todo en Laris. También Mario oculta (como dice Salustio en XC.3) su verdadero objetivo, que es Capsa. Pero el poeta pudo adoptar las sugerencias que le daban la mención del lugarteniente *(legatum)*, del ganado (tomado antes como botín en Salustio, todavía a tomar en el *PMC*), y de la separación de un destacamento.

El capítulo XCI de Salustio tiene materiales que corresponden en parte a los elementos del poema que preceden a la incursión de Alvar Fáñez y en parte a elementos que la siguen, pero todo tiene relación con Castejón. Las dos primeras frases del capítulo se refieren a la preocupación que mostraba Mario por su provisión de agua, y no nos interesan. Continúa el historiador:

> Ibi castris levi munimento positis, milites cibum capere atque uti simul cum occasu solis egrederentur paratos esse iubet; omnibus sarcinis abiectis aqua modo seque et iumenta onerare. Dein, postquam tempus visum, castris egreditur noctemque to-

tam itinere facto consedit. Idem proxuma facit, dein tertia multo
ante lucis adventum pervenit in locum tumulosum ab Capsa
non amplius duum milium intervallo, ibique quam occultissime
potest cum omnibus copiis operitur. Sed ubi dies coepit et Numidae nihil hostile metuentes multi oppido egressi, repente
omnem equitatum et cum eis velocissumos pedites cursu tendere ad Capsam et portas obsidere iubet. Deinde ipse intentus
propere sequi neque milites praedari sinere. Quae postquam
oppidani cognovere, res trepidae, metus ingens, malum improvisum, ad hoc pars civium extra moenia in hostium potestate
coegere uti deditionem facerent ... (XCI.3-5)

Las semejanzas, en orden tanto en Salustio como en el *PMC*, son
las siguientes:

1. Mario se acampa *(castris... positis)*.
   El Cid se acampa *(posar*, 415).

2. Mario manda que sus hombres coman *(cibum capere)* y que
   estén listos para partir a la puesta del sol *(simul cum occasu
   solis)*. El Cid da la misma orden *(el que quiere comer*, 421);
   esto ha de ser al ocaso, pues la acción sigue a *non era puesto
   el sol*, 416, y los hombres del Cid viajan de noche, 423 y 425.
   A la noche siguiente los del Cid parten para Castejón *ante que
   anochesca*, 432, para que no se note su venida, 433, del mismo
   modo que parte Mario para Capsa.

3. Los romanos llegan a un punto en terreno accidentado a unas
   dos millas de Capsa y allí esperan escondidos en la oscuridad
   (multo ante lucis adventum).
   El Cid espera escondido o emboscado *(en çelada*, 436) cerca
   de Castejón en la oscuridad *(toda la noche yaze en çelada*, 437).

4. *cum omnibus copiis = con aquelos que el trae*, 436.

5. Amanece *(ubi dies coepit)*.
   Amanece *(ya quiebran los albores*, 456).

6. Los númidas, no temiendo nada sospechoso *(nihil hostile)*, salen
   del pueblo *(multi oppido egressi)*.
   Los de Castejón abren las puertas y salen para ir a sus campos
   (todos son exidos, 461).

7. Los romanos salen de su emboscada y se precipitan hacia Capsa
   (cursu tendere...). Atacan las puertas.
   Los castellanos salen de la emboscada y se precipitan hacia Castejón *(corrie*, 464[b]).

8. El general mismo galopa hacia el pueblo *(ipse intentus propere)*. El Cid mismo galopa hacia el pueblo *(Mio Çid don Rodrigo a la puerta adeliñava, 467)*.

9. Los de Capsa están desparramados fuera de la muralla y no pueden resistir *(pars civium extra moenia)*. Los de Castejón están desparramados fuera de la muralla y no pueden resistir *(las yentes de fuera todas son deramadas, 463)*.

10. Los que están dentro de Capsa sufren confusión, miedo grande y un choque inesperado *(res trepidae, metus ingens, malum improvisum)*. Los que están dentro de Castejón sufren una *rebata* (468) y *miedo* (469).

11. Se rinden los de Capsa. El Cid gana Castejón (473).

Quedan dos detalles. Cuando Mario tomó Capsa, incendió el pueblo y (a pesar de haberse rendido éste) mató los habitantes adultos y vendió los demás, dividiendo el dinero cobrado entre sus tropas. Salustio tiene que añadir un pasaje (XCI.7) para justificar la crueldad de Mario, que estaba *contra ius belli*. Este incendiar, este matar y vender de prisioneros pueden haber estado en la mente del poeta cuando hizo que el episodio de Castejón, como contraste agudo, terminase de una manera altamente honrosa para el Cid. El Cid se niega a destruir el castillo *(hermar, 533)*; liberta a 200 moros para que lo habiten (534), y éstos, a su partida, *bendiziendol estan* (541); su *quinta* personal (parte del botín) ha sido vendido ya a los moros (516-521), por un procedimiento extraño pero relativamente civilizado. El otro detalle tiene que ver con los *Numidae*. Estos, de una manera general, seguramente habrán sido tomados por los españoles como *moros*. De hecho, algo después, Salustio narra la campaña romana contra Bocchus, quien era rey de un pueblo que colindaba con los *Numidae*, siendo este pueblo los *Mauri* (p. ej., XCVII.4) y siendo el propio Bocchus *maurus* (p. ej., XCVII.2). Puede haber sido esta ecuación de los *mauri* africanos de época romana con los *moros* españoles de la época del Cid y del poeta lo que primero llamó la atención de éste y lo que le llevó a adaptar la narración de Salustio en su propia narración del Cid.

Creo que es imposible negar que las semejanzas están ahí. Ignoro por qué medios el poeta tuvo conocimiento de Salustio, o de un texto completo o de una abreviación o de una adaptación o selección en latín medieval. Es casi imposible que hubiera una traducción al español antes de 1207 [7]. El primer ejemplo de una narración vernácula española de la guerra contra Yugurta está en el capítulo 74 de la *PCG*, pero este trozo se cuenta muy por lo general y se basa en Orosio, no teniendo nada que ver con el material detallado que nos interesa. Es posible que unos episodios de Salustio se incorporasen en algún manual de composición o de retórica que se usaba en las escuelas catedralicias o monásticas de España, y que el poeta conservase de su preparación juvenil un recuerdo bastante pormenorizado de Salustio, sin necesitar por tanto acudir directamente a un texto de éste al componer el *PMC*. El uso que el poeta hace de Salustio es selectivo e imaginativo, no cerrado, y son pocas las equivalencias verbales exactas. Sobre todo conviene apuntar que Salustio era conocidísimo en la Edad Media. Con fuentes que están a la mano y con referencia particular a España, es fácil citar pruebas de esto. El *Yugurta* es citado por el *Garsinuis* (fines del s. XI), y lo conoció el autor de la *Historia Compostelana* (1139) [8]. En cuanto a la *Silense* (¿primeros años del s. XII?) dice F. Rico que «acribillan el texto incontables retazos de la fraseología de Salustio» [9]. En la *Silense*, sección 86, la frase del *Yugurta* sobre el ataque a Capsa, *et cum eis velocissumos pedites cursu tendere ad Capsam et portas obsidere iubet* (XCI.4) se traslada a la narración del ataque a Viseo: *rex delectos milites et cum hiis balearios ad Visensium ciuitatem cursu tendere et portas obsidere iubet*. Mucho más, sin duda, se podría rastrear en otros textos de los siglos XII y XIII. El poeta no habrá tenido dificultad alguna para el conocimiento de Salustio, sea en textos completos o como un elemento en su preparación retórica.

El episodio de Alcocer está vinculado estrechamente con el de Castejón. Los hombres del Cid parten de Castejón (540-542) y poco después están acampados sobre Alcocer (553). En términos poéticos los dos episodios son del mismo tipo y tienen función narrativa igual. Ambos demuestran la capacidad del Cid para tomar pequeñas ciudades fortificadas, ambos muestran la habilidad del Cid como caudillo que no sólo encabeza violentas cargas, sino que también

---

[7] Sobre esto como la verdadera fecha del *PMC*, véanse el capítulo 1 de este libro y los argumentos de tipo más general aducidos en la introducción a mi edición del poema (1972), especialmente las pp. xxxiii-xxxiv.

[8] Tomo estas referencias de F. RICO, «Las letras latinas del siglo XII en Galicia, León y Castilla», *Abaco*, II (1969), pp. 9-91, pp. 47 y 53. La biblioteca de la catedral de Toledo tiene un ms. del *Bellum Iugurthinum* con «Letra del s. XII al XIII», según el *Catálogo de la librería del cabildo toledano* de J. M. Octavio de Toledo (Madrid, 1903), p. 174; debo esta n. al Prof. D. W. Lomax.

[9] F. RICO, art. cit., p. 80. Para una información completa sobre la deuda de la *Silense* con Salustio, véase la edición de Dom J. Pérez de Urbel y A. González Ruiz-Zorrilla (Madrid, 1959), pp. 56-59, con más detalles en las notas al texto.

sabe planear una campaña y ardides brillantes, y ambos ilustran el poder y riqueza crecientes del Cid. Si, como espero haber demostrado, el episodio de Castejón tiene una fuente literaria, parece posible que el de Alcocer también tenga una, especialmente si (según lo expuesto arriba) es aun más imposible demostrar la veracidad geográfica e histórica de lo que dice el poeta acerca de Alcocer que en el caso de Castejón. Su fuente para Alcocer está en Frontino, cuyos *Strategemata* o colección de ardides famosos en la historia militar de los griegos, romanos y otros fue formada en los últimos años del siglo I de Cristo. Frontino nos cuenta (II, v, 34) cómo durante la guerra de los esclavos, Craso logró destruir una fuerza enemiga bien sólidamente acampada:

> Crassus bello fugitivorum apud Cantennam bina castra comminus cum hostium castris vallavit. Nocte deinde commotis copiis, manente praetorio in maioribus castris, ut fallerentur hostes, ipse omnes copias eduxit et in radicibus praedicti montis constituit ... ad pugnam et fuga simulata deduceret ... quos cum barbari insecuti essent, equite recedente in cornua, subito acies Romana adaperta cum clamore procurrit ...

El punto principal de semejanza es que Craso dejó su tienda de general *(praetorium)* de pie en el mayor de sus campamentos gemelos, como ardid que había de indicar una retirada apresurada; en el poema el Cid *dexa una tienda fita* (576). Este ardid sencillo pero impresionante le puede haber parecido atractivo al poeta cuando construía un episodio más que demostrara la pericia militar del Cid. Pero hay también otros puntos de semejanza. Los romanos parecen haber pasado poco tiempo, quizás una noche sola, en sus campamentos gemelos, pero —de acuerdo con su práctica usual, incluso con campamentos «de marcha»— éstos su jefe los *vallavit* ('defendió con un muro', o, más probable aquí, 'rodeó con un foso defensivo'). El Cid al llegar al *otero* que dominaba Alcocer *mando fazer una carcava* (561), siendo ésta la única ocasión en que lo hace en el poema. Un general medieval apenas haría un foso a no ser que pensara permanecer durante bastante tiempo, y de hecho el Cid lo hace en parte *que sopiessen que mio Çid alli avie fincança* (563); los del Cid se quedan en efecto quince semanas (573). Es posible que el *vallavit* de Frontino le sugiriese al poeta la construcción de defensas semipermanentes y por tanto (equivocadamente, en términos romanos) la esperanza de una larga estancia. Otras acciones son paralelas, sin semejanzas verbales. Parten Craso y sus hombres *(ipse omnes copias eduxit);* parten el Cid y los suyos *(cojo[s] Salon ayu-*

so, 577). El plan de Craso es engañar al enemigo *(ut fallerentur hostes);* el Cid *fizo un art,* 575, y quiere *sacar los a çelada,* 579. Ambos fingen la retirada para invitar al enemigo a salir: *ad pugnam et fuga simulata deduceret, de guisa va mio Çid   commo si escapasse de arrancada,* 583. El enemigo se lanza en pos del Cid «derrotado» *(Salieron de Alcoçer   a una priessa much estraña,* 587). Termina el episodio en el caso de los romanos cuando la caballería se retira hacia los flancos, descubriendo la *acies* hasta entonces escondida, la cual se levanta en pie y se lanza hacia adelante. Esta *acies* es la que Craso había escondido antes al pie de la montaña. En el poema el fin del episodio no está del todo claro. La caballería del Cid por fin da una vuelta (596) y se interpone entre los moros y Alcocer (603), matando 300 de ellos. Luego:

> Dando grandes alaridos   los que estan en la çelada
> dexando van los delant,   por el castiello se tornavan,
> las espadas desnudas   a la puerta se paravan;
> luego legavan los sos   ca fecha es el arrancada. (606-9)

Aunque existe un problema en la primera mitad del v. 607, el pasaje parece decir que «Dando grandes gritos, los que están en la emboscada... se volvieron hacia el castillo [esto es, los del Cid salieron del campamento abandonado y se dirigieron a Alcocer]; con las espadas desnudas se pararon a las puertas; luego sus camaradas [esto es, el ejército principal del Cid, que había emprendido la retirada fingida] llegaron, y se completó la derrota». A pesar del problema de 607, el texto no ha sido enmendado por Pidal ni por otro editor alguno. Sin embargo, en 1959 H. Ramsden propuso[10] que la *çelada* no era (según la interpretación común) una 'emboscada', sino «no more than a trick, a trap, *un art* (575), *maña* (610) or *maestria* (PCG, 526.b.3)», con explicaciones para el pasaje arriba citado que suprimen del todo cualquier posibilidad de una acción por unos hombres emboscados. Para Ramsden, con el apoyo de la *Crónica particular,* han abandonado el campamento *todos* los hombres del Cid juntos, y *los que estan en la çelada* (606) son «those who are caught in the trap», esto es, los moros ahora copados por la vuelta que ha dado la caballería del Cid. Sigo sin poder explicar la primera mitad de 607 —con cuya sintaxis lucha Ramsden—, pero estoy seguro, habiendo encontrado a Frontino, que es correcta la explicación tradicional de *çelada* como 'emboscada'. No importa si

---

10   «The Taking of Alcocer», *BHS,* XXXVI (1959), pp. 129-134.

la emboscada consiste en que los hombres del Cid estén escondidos
en la tienda o estén invisibles en el campamento abandonado. La
clave está en esos *alaridos*. Dice Frontino que la *acies* romana escondida «se precipita hacia adelante con un grito» *(cum clamore
procurrit);* el poeta dice que los del Cid antes ocultos «dando
grandes alaridos... se volvieron hacia el castillo». Con el original latino delante de nosotros, todo se aclara satisfactoriamente.

Aun así, nos quedan varios problemas. Estos valen un breve
examen porque tienen que ver con los métodos que empleó el poeta
en su composición, y con las relaciones entre el poema y las crónicas. El medio verso problemático puede ser susceptible de enmiendas de la forma que sugirió Ramsden, pero de todos modos
apenas puede afectar el sentido general del pasaje que aquí nos interesa. El poeta español puede haber entendido mal a Frontino,
o puede haber decidido no seguirle estrechamente. Esto último es
lo más probable. Sabía el poeta que en las condiciones de la guerra
del Cid, no era pensable una grandiosa *acies* de soldados a pie, y
sabía además que la acción de Craso había sido en gran escala, pues
dice Frontino a continuación que en ella murieron 35.000 hombres.
Creo que al poeta le atrajo el ardid de la tienda, pero no el factor
sorpresa de la *acies*. Al mencionar la tienda abandonada, el poeta
se da cuenta de que para lograr cierto «suspense» en su narración,
no ha de revelar concretamente si han quedado hombres en la tienda
o cerca de ella; éstos han de estar tan escondidos para el público
del poema como lo estaban para los moros de Alcocer. El poeta
no dice que *todos* los hombres del Cid salieron del campamento
con el héroe, sino que deja esto en el aire (muy en el aire: el sujeto
de *cojo*[s] en 577 es el Cid, 578 tiene una vaga referencia plural a
las lorigas vestidas, y en 579 se vuelve a hablar del caudillo solo *a
guisa de menbrado*). El éxito del ardid no es, como arguye Ramsden
apoyándose en las crónicas como si éstas siguieran literalmente el
poema, que la tienda abandonada convence a los moros de la huida
del Cid y les induce a salir para la persecución, a lo cual los del
Cid se vuelven y copan a los moros. El ardid es más sutil, pues
incluye no sólo la retirada fingida y el movimiento envolvente, sino
también la aparición de los emboscados, cuya súbita revelación y
clamor repentino confunden todavía más a los moros y aseguran
su derrota. Este ardid más complicado es, para el público del poema,
a la vez un golpe de teatro y una prueba más de la maestría táctica
del Cid.

Es posible, sin embargo, que el poeta combinara con la historia
de Craso un elemento de un episodio algo parecido, acaecido en el

año 259 a. J.C., episodio que cuenta Frontino más tarde en los *Strategemata* (III, x, 2):

> L. Scipio in Sardinia, cuiusdam civitatis propugnatores ut eliceret, cum parte militum, relicta oppugnatione quam instruxerat, speciem fugientis praestitit; insecutisque temere oppidanis per eos, quos in proximo occultaverat, oppidum invasit.

Volvemos aquí a encontrar el asedio abandonado, la retirada fingida y la persecución precipitada por los asediados, pero con una diferencia esencial: los asediados, al lanzarse fuera del pueblo, no se estrellan contra una *acies* escondida a cierta distancia, sino que encuentran que su pueblo es invadido *per eos, quos in proximo occultaverat*. Esto, juntamente con la frase *cum clamore procurrit* del episodio anterior, bastaba para dar a la imaginación del poeta lo que necesitaba para el éxito del doble ardid por el cual el Cid tomó Alcocer [11].

Entre el poema y las crónicas, se ha operado una serie de arreglos y una simplificación general. No podemos determinar si esto ocurrió en la versión manuscrita del poema que conocieron los primeros cronistas (a los que copiaron otros), o si dichos cronistas hicieron su propio arreglo porque el texto poético les parecía demasiado sutil o estaba ya corrompido [12]. Es notable de todas formas el hecho de que los textos cronísticos están más o menos de acuerdo entre sí y que se oponen al *PMC* de Per Abad. Esto se refiere no sólo a la *PCG* y *Crónica particular*, que cita Ramsden, sino también a la *Crónica de veinte reyes*. La racionalización es, en forma resumida, la siguiente: El Cid deja una tienda, y *todos* salen del campamento como si estuviesen huyendo; los moros salen precipitadamente de Alcocer para perseguirles; los del Cid se vuelven y se

---

[11] Para Frontino he empleado la edición de la Loeb Classical Library, por C. E. Bennett (Londres, 1925). Apenas si difiere de la edición clásica de G. Gundermann (Leipzig, 1888). Hay en Josué 8, 2-25, el episodio de la toma del pueblo de Ai por los israelitas, mediante una huida fingida y el apoyo de una fuerza nutrida que sale de una emboscada; tiene cierta semejanza al episodio de Alcocer, pero menos estrecha que la de Frontino.

[12] Puede haber existido solamente un manuscrito primitivo de la crónica, esto es, el borrador en prosa hecho por un miembro del equipo de Alfonso X. Este borrador fue utilizado en muy diversas maneras por la *CVR*, por una parte, y la *PCG* y sus descendientes y textos afines, por otra. Algunos cronistas pueden haberse tomado la molestia de recurrir al poema (en esos lugares donde se puede comprobar que sus versiones tienen rasgos poéticos que están ausentes de otras). Por lo que se refiere al episodio de Alcocer, es de notar que la *PCG* se arrima más en ciertos aspectos al poema que la *CVR*; p. ej., *PCG*, 526.a.32-37 nos conserva detalles que corresponden a los vv. 564-569 del poema, pero la *CVR* no tiene nada de esto.

ponen entre los moros y Alcocer; el Cid y Alvar Fáñez galopan hacia
el pueblo y penetran por las puertas, mientras sus hombres matan
a los moros que quedan fuera. Tal como lo cuentan las crónicas, el
episodio es animado, pero apenas tiene sutileza ni elemento de
sorpresa para el público. Además, la narración de las crónicas no
puede utilizarse, como quiere Ramsden, para interpretar este pasaje
del *PMC*. Varios arreglos textuales se han llevado a cabo en todo
el pasaje, no solamente a los vv. 606-609, o en la versión del poema
que conocieron los cronistas o por los propios cronistas. Per Abad
dice que Alcocer pagó *parias* al Cid (570), pero en lo que sigue está
claro que el Cid todavía piensa tomar el pueblo si puede. Puede
haberles parecido a los cronistas que aquí había falta de lógica. La
CVR lo racionaliza:

> E pues que el Çid ovo fecho alli su bastida, cavalgo e fue ver
> si podria prender Alcoçer. E los moros de la villa con el miedo
> que ovieron del dixeron le quel pecharian quanto el quisiese,
> e que los dexase en paz. El Çid no lo quiso fazer a acogiose a
> su bastida [13].

Los cronistas encontraron que uno de los versos del poeta resultaba
algo comprimido, y lo extendieron bastante inútilmente: donde el
poeta tiene *Veyen lo los de Alcoçer,   ¡Dios, commo se alabavan!*
(580), los cronistas tienen *Los moros quando los vieron ir comen-*
çaron se de alavar commo fueran esfforçados e que se tovieran bien.
Los cronistas abrevian mucho su narración que corresponde a los
vv. 591-600, quitando su dramatismo, y omiten toda referencia a los
versos importantes 606-609. Los cronistas (o bien la redacción alternativa del poema, ahora perdida) han hecho muchos arreglos y han
debilitado el episodio de Alcocer tal como lo compuso Per Abad,
lo repito, haciendo aquí un contraste con su relativa fidelidad al
conservar lo que dijo el poeta acerca de Castejón. Si los cronistas
tuvieron que racionalizar debido a una corrupción en el texto poético de que disponían (p. ej., ¿en el v. 607?), lo hicieron según sus
propias ideas. No les cumplía ir a comprobar el pasaje con el texto
de Frontino, aun si hubiesen sido conscientes de él como fuente;
aquello le incumbe al crítico moderno con su mentalidad especial.

Es difícil saber hasta qué punto era conocido Frontino en la
España de los siglos XII y XIII. No conozco referencia alguna a él.
Sin embargo, sus *Strategemata* eran conocidos en otras partes de

---

[13] MS 'J', fol. 73v. Los otros mss. de esta crónica no tienen variantes de
interés en esta sección; la *PCG* dice casi lo mismo.

la Europa medieval, aunque poco. En su *Collectaneum* Sedelio Escoto incluye selecciones de carácter técnico de Frontino, así como textos de Vegecio, la otra autoridad en asuntos de historia militar. Juan de Salisbury (1110-1180) cita a Frontino. Apenas figuraba como uno de los autores del *curriculum* normal, pero posiblemente le conociesen en forma de extractos los eruditos avanzados. En Italia hay más. Se refiere Dante a él en el *De vulgari eloquentia* (II.6), juntamente con un grupo selecto de escritores «que han empleado la prosa más alta» (Livio, Plinio, Frontino, Orosio). En el siglo XIV poseía Petrarca un manuscrito de los *Strategemata*. En Verona, en los primeros decenios del siglo, se conocía a Frontino, y un inventario de 1378 muestra que el bibliófilo Oliviero Forzetta poseía el libro[14]. Aparecieron traducciones en francés alrededor de 1430 (Christine de Pisan, en *Faittes des Armes*), en inglés en 1489 (Caxton, que tradujo del francés), y en español en 1516 (Guillén de Avila). Todos los manuscritos de los *Strategemata* fueron copiados en tiempos medievales, es de suponer que en monasterios benedictinos (como la mayoría de los manuscritos clásicos), desde el siglo IX hasta el XIII. Es inesperado, sí, el conocimiento por un español de principios del siglo XIII de la obra de Frontino, pero de ningún modo imposible, sobre todo si pensamos no en un texto completo, sino en extractos sobre asuntos militares o en un manual de retórica.

Las consecuencias de estas fuentes clásicas para el *PMC* son, en mi opinión, graves. Eliminan la última posibilidad de que lo compusiera un juglar o una serie de juglares, y nos hacen postular un autor que no sólo sabía leer y escribir, sino que también era relativamente culto. El descubrimiento de estas fuentes no sorprenderá a nadie que se haya inclinado a aceptar (aun si no plenamente) las conclusiones de varios trabajos recientes sobre el poema y su autor, por ejemplo, mi ensayo de 1971 que se reproduce aquí en el capítulo 4, las opiniones que expresé en la introducción a mi edición del poema (1972), y la identificación de Per Abad que propongo en el capítulo 1. Tal hombre habrá recibido la formación en latín y retórica, y habrá tenido acceso (en una forma u otra) a Salustio y a Frontino, que ahora hemos de postular.

Muy dudosa parece ser ahora cualquier historicidad del poema. Existe todavía una tendencia terca a sostener que el primer cantar

---

Debo estas referencias a R. R. BOLGAR, *The Classical Heritage and its Beneficiaries* (Cambridge, 1954), y a E. R. CURTIUS, *European Literature and the Latin Middle Ages* (Nueva York, 1953). Véanse sus índices. Para Italia, véase L. GARGAN en R. R. BOLGAR (ed.), *Classical Influences on European Culture, A.D. 500-1500* (Cambridge, 1971), pp. 73-80, esp. las pp. 75 y 77.

del poema, quizá la primera mitad del poema (esto es, hasta a lo
menos la conquista de Valencia), es «histórico» [15]. Veámoslo más de
cerca. En el primer cantar, muchos detalles de la partida del Cid
para el destierro, con sus magníficas escenas familiares y sus discursos, son invención literaria; la rica escena de los judíos se basa
en un cuento oriental; la plegaria de Jimena está imitada seguramente de una fuente épica francesa; la visión que tiene el Cid de
Gabriel está imitada probablemente de una de las visiones de Carlomagno; los episodios de Castejón y Alcocer tienen las fuentes
literarias que aquí hemos investigado; el episodio del Conde de
Barcelona comprime en uno dos incidentes históricos, está colocado
«equivocadamente» en la secuencia temporal y tiene muchos elementos de invención literaria. Nos queda poca historicidad en el
cantar. Lo que tenemos es un *poema*, el resultado de un acto de
creación literaria. En su composición el poeta partió de los hechos
históricos: que el Cid fue desterrado, que derrotó a Ramón Berenguer en Tévar. Sabía otros hechos históricos de otra índole: que el
Cid tuvo una mujer, Jimena, y dos hijas; que tuvo una relación con
Cardeña; que tuvo caballeros a su servicio. Lo demás, todo lo que
está edificado sobre esta escueta base de hechos históricos, es literatura. Que lo considero como literatura admirable, llena de calor
humano y de emoción, es (según espero) obvio, pero quizá conviene
expresarlo a los que pueden creer que cualquier ataque contra la
historicidad del poema sea un ataque contra el poema mismo [16].

---

[15] Esta tendencia se nota en un crítico tan perito como lo es E. von Richthofen. En la n. 37 a la p. 33 de su *Tradicionalismo épico-novelesco* se refiere a
«... la primera mitad del *Poema* (considerada corrientemente la parte 'histórica'
de la obra)...», lo cual podría tomarse sencillamente como una declaración de
lo que opinan otros; pero en la p. 28, von Richthofen menciona «las batallas
de Castejón y de Alcocer en 1082», dando a estos acontecimientos poéticos una
fecha que Pidal no se había atrevido a indicar.

[16] Palabras apropiadas a manera de conclusión son las de Spitzer (quien
más que nunca parece haber tenido razón en su debate con Menéndez Pidal),
en 1948: «Para mí el *PMC* es obra más bien de arte y ficción que de autenticidad histórica.» Conviene también añadir una referencia al trabajo de J. Ho-
RRENT, «La prise de Castejón», *Le Moyen Age*, LXIX (1963), pp. 289-297, análisis
literario muy agudo de este episodio. Horrent no discute asuntos históricos ni
geográficos, pero lo que dice está muy a tono con mis observaciones. Después
de terminarse este estudio llegó la noticia de que el Prof. I. Michael iba a
proponer nuevas consideraciones geográficas sobre Alcocer en un artículo de
Mio Cid Studies, ed. A. D. Deyermond (Londres, 1977, en prensa); no se pre-
ocupa con las fuentes literarias del episodio.

VI. TEMAS CAROLINGIOS Y FRANCESES EN EL "POEMA DE MIO CID"

La tendencia de una parte de la crítica actual a revalorizar el *Poema* como obra de un autor relativamente culto que lo compuso en forma escrita en un momento concreto, empieza a dar resultados interesantes. Al dejar de considerar el *Poema* como una producción de base histórica, flotante, en constante evolución, «que vive en variantes», y que se hubiera transmitido oralmente, como era la costumbre de los neotradicionalistas y que es la costumbre de los oralistas, podemos empezar a estudiar al autor —que para mí es Per Abad, sobre el que tenemos ya ciertos datos— como un individuo que vivió, como cualquier autor, en cierto ambiente cultural. Este ambiente le formó, le enseñó, le proporcionó modelos literarios y giros y maneras de expresarse; pero también se dejó superar gloriosamente a veces por este autor de pujante espíritu creador y criterio independiente. Para mí como ahora para otros, este ambiente es el de Burgos y su región en los años anteriores a 1207 [1].

De acuerdo con lo que me atrevo a llamar el espíritu de esta «nueva crítica» (tal la llama, en sentido algo distinto, Salvador Martínez) [2], ofrecí en 1975 la fuerte posibilidad de que el poeta utilizara pasajes de Salustio y de Frontino al crear sus episodios de Castejón y de Alcocer, trabajo reimpreso en el capítulo anterior. Estos textos del latín clásico pudieron estar a la disposición del poeta en cualquier momento, aunque en alguna manera formaban parte del aludido ambiente literario. Tenemos ahora el estudio del Dr. R. M. Walker, el cual estimo como un aporte de la mayor envergadura [3]. En él muestra, de modo para mí convincente, que Per Abad tuvo como fuente para varios aspectos centrales del episodio de Corpes la francesa *Chanson de Florence de Rome*. Esta la hubo de conocer Per Abad entre 1200 y 1207. No hay rastro de traducciones españolas de Salustio o de Frontino en la fecha temprana de 1200, y es casi imposible que hubiera traducción española de *Florence* para esa fecha,

---

[1] Véase el capítulo 1.
[2] *El «Poema de Almería» y la épica románica* (Madrid, 1975), p. 400.
[3] 'A Possible Source for the *Afrenta de Corpes* Episode in the *PMC*', MLR, LXXII (1977), pp. 335-347.

aunque se realizó una adaptación a principios del siglo XIV [4]. Por consiguiente podemos afirmar que el autor del *PMC* sabía bastante francés y latín para leer y utilizar inteligentemente los textos franceses y latinos aludidos. Sin duda los neotradicionalistas y los oralistas acudirán a la posibilidad de que el *PMC* imite *Florencia* porque su autor-juglar hubiera asistido a una representación oral del poema francés en Burgos (¿o en Medinaceli?), pero esta tenue posibilidad se puede desechar terminantemente al aducir los datos acerca de Salustio y Frontino, y en efecto, la desecha Walker.

Partiendo de estos nuevos conocimientos, podemos concebir el momento —por ahora a manera de alusión, nada más— en que sea posible y necesario escribir un estudio titulado *El arte poético de Per Abad*, complemento de *El arte juglaresco en el 'CMC'* de Edmund de Chasca (1967; 2ª edición, 1972), trabajo que conservará su gran valor, por razones que no reitero aquí. En tal *arte poético* será con el tiempo factible estudiar el ambiente literario de Burgos en 1200, la cultura poética y la personalidad de Per Abad, y antes que nada, el proceso creador por el que el primer poeta español de grandes vuelos aprendió de sus modelos y transformó el material de sus fuentes para componer el admirable *Poema*. Entre estos modelos y fuentes nos quedan, más allá de los que estudiamos aquí, varios hechos históricos y varias tradiciones históricas (a veces bastante detalladas), y probablemente, una tradición indígena de épica oral de la cual sabemos muy poco.

El aspecto que me propongo examinar aquí es el de los textos franco-latinos y franceses, escritos, como partes de ese ambiente literario burgalés. Un poeta, un hombre que tenía la costumbre de leer en dos idiomas importantes más allá del suyo, no se hubiera detenido en Salustio ni en *Florence;* antes bien, habría empezado con la lectura de textos mucho más obvios. Entre éstos figuran seguramente la Biblia y las historias hispano-latinas del siglo XII, como la *Chronica Adefonsi Imperatoris* (véase el capítulo 4). Aquí entra también la tradición latino-medieval de poesía heroica culta, estudiada por Salvador Martínez en su libro de 1975. Si leía Per Abad textos en francés, parece razonable suponer que conocía a lo menos una parte de las tan abundantes *chansons de geste*, cuyos ecos formidables se iban extendiendo durante todo el siglo XII desde Francia a muchas regiones de Europa. He aquí un tema muy controvertido, investigado

---

[4] Es *El cuento muy fermoso del enperador Otas de Roma e de la infante Florençia su fija e del buen cavallero Esmere.* Esto se basa probablemente en una versión (ahora perdida) en prosa francesa de la *Chanson de Florence de Rome.* Véase el artículo citado de Walker, pp. 335-336.

primero por Bello, Hinard y Milá, que no dudaron en afirmar que las *chansons* sí habían influido poderosamente en el *PMC*, pero cuyas opiniones quedaron relegadas casi al olvido bajo la enorme autoridad de Menéndez Pidal. Hasta el propio Pidal, tan fuerte en su defensa de la independencia y carácter distintivo de la épica española, no podía rechazar del todo la noción de que la épica francesa, tan dominante, había influido en la española, aunque logró limitar tal influencia a algunos rasgos más bien superficiales. Desde entonces (1913) se ha escrito bastante sobre este problema. En un estudio muy detallado de 1956, J. Horrent resumió los trabajos anteriores y ofreció un examen equilibrado de los modos en que la *Chanson de Roland* pudo influir en la composición del *PMC*, admitiendo —a mi ver, con criterio demasiado conservador— solamente aquellos casos de temas y fraseología en que era demostrable un exacto paralelismo verbal[5]. Aunque es evidente que la *Chanson de Roland* —en alguna versión que no era necesariamente idéntica al texto de Oxford— es un punto primordial para la comparación[6], también es evidente ahora que importa tener en cuenta una gama más amplia de *chansons de geste* y también de *romans* franceses. Esto se ha hecho recientemente, para las *chansons de geste*, en un artículo que pueden no conocer bien los estudiosos, el de M. Herslund en la *Revue Romane* de Copenhague[7]. No se propone Herslund en modo alguno identificar fuentes específicas del *PMC*, sino asentar en general y con mucho detalle que existe «une identité de technique compositoire entre les chansons françaises et le *Cantar de mio Cid*», y que «l'origine de l'épopée espagnole devra être cherchée en France». Trabaja Herslund como oralista cien por cien, empleando la terminología y la clasificación especiales de los oralistas. Yo discrepo profundamente de ellos, y desde luego creo que las conclusiones de Herslund han de manejarse con cuidado; pero muchas de sus comparaciones detalladas son plenamente aceptables y creo que aumentan útilmente nuestros conocimientos. Como la tendencia actual de la crítica fran-

---

[5] J. Horrent, «El *CMC* frente a la tradición rolandiana», *Coloquios de Roncesvalles* (Zaragoza, 1956), pp. 189-209; reimpreso (con bibliografía ampliada) en su libro *Historia y poesía en torno al «CMC»* (Barcelona, 1973), pp. 343-374. Remito a este estudio para la abundante bibliografía.

[6] Hay muchos datos de interés en diversos trabajos de E. von Richthofen, pero tienen que manejarse con cuidado, en parte porque von Richthofen se empeña en creer en una fecha muy temprana para el *PMC*, que pudo, por tanto, influir en la *CR* hasta en su primera versión conocida. Véase, entre otros trabajos de von Richthofen, «Estilo y cronología de la temprana epopeya romance», en *Nuevos estudios épicos medievales* (Madrid, 1970), pp. 110-135.

[7] M. Herslund, «Le *CMC* et la chanson de geste», *Revue Romane*, IX (1974), pp. 69-121.

9

cesa es de considerar que la *Chanson de Roland* (versión 'O') es excepcional, algo «fuera de serie», pudiendo decirse lo mismo del *PMC* en España, se comprende que sobrada razón tiene Herslund al extender su mirada a las *chansons de geste* en general. Desde su base en la teoría oralista, Herslund tiene naturalmente que postular que un juglar español aprendió su mester escuchando a los *jongleurs* franceses para componer luego —oralmente, cabe suponer, según Herslund— el *Poema;* pero yo postularía, siguiendo los valiosos datos del propio Herslund, que un poeta culto de Burgos alrededor de 1200 aprendió su mester en parte leyendo los manuscritos de las *chansons de geste.* Herslund insiste en afirmar que no está identificando fuentes, pues según él el *Poema* no las tuvo en el sentido corriente; pero yo diría que Herslund (con los otros estudiosos mencionados, a los que Horrent presta la debida atención, pero Herslund muy poca) nos ha suministrado abundantes fuentes posibles, del tipo que tendrían su atractivo para un poeta que sabía francés y trabajaba con la pluma en la mano, al formarse y aprender. De todos modos es notable que Herslund haya mirado más allá del *Roland* y que tenga un cuadro tan amplio de referencias. Al *Roland* (versión 'O') agrega *Gormont et Isembart, Voyage de Charlemagne, Couronnement de Louis, Charroi de Nîmes, Ami et Amilie, Aspremont,* con algunas referencias a *Raoul de Cambrai, Moniage Guillaume* y *Siège de Barbastre.* Ha estudiado, pues, con gran provecho, el extenso mundo de las *chansons de geste* que un poeta burgalés de hacia 1200 pudo en parte conocer.

Aquí podemos añadir algunas palabras, sugeridas por el *Roncesvalles* español, cuyo fragmento Herslund toma también en cuenta. Horrent, en 1956, en un momento en que casi universalmente se fechaba el *PMC* hacia 1140, y cuando la comparación entre éste y lo francés se limitaba por lo general al *Roland,* tenía naturalmente que indicar el medio por el cual el poeta español hubiera conocido el poema francés. Dice que «Creo que hay motivos que asientan que el juglar español no ignoró del todo el poema francés, o más bien su versión española»[8]. Para esto, y para explicar cómo en el *Poema de Almería* (poco después de 1147) pudiera un autor español referirse a Roldán y Oliveros, Horrent cree que debió existir un * *Cantar de Roldán;* no se trata del *Roncesvalles* español, que es seguramente del siglo XIII. Ahora bien, vemos que no necesitamos hipótesis alguna sobre el conocimiento que hubiera tenido Per Abad de un * *Cantar de Roldán;* él era perfectamente capaz de leer un original francés,

---

[8] P. 370 del libro citado de 1973.

y la referencia del *Poema de Almería* tendrá otra fuente[9]. La forma exacta en que Per Abad conoció *una* (no *la*) *Chanson de Roland*, y en que conoció otras *chansons*, tendrá que esperar un nuevo estudio detallado en que se tomen debidamente en cuenta los trabajos de Horrent y de Herslund y de otros, por lo que se refiere a la retórica y la fraseología y a muchos detalles, y no es mi propósito empezarlo aquí. Quiero, sin embargo, añadir varios datos sobre detalles textuales no mencionados por Horrent ni Herslund ni (que yo sepa) por otros, y que han de formar parte del acervo reunido por ellos.

En primer lugar, hay detalles del *Poema* que ahora —tras el descubrimiento de Walker— podemos atribuir con cierta confianza a la *Chanson de Florence de Rome:*

1. Desde hace tiempo se sabe que la mención de *çendales d'Andria* en el *PMC*, 1971, tiene analogías en la poesía francesa, pero Menéndez Pidal negó que el poeta español lo tomara de fuente francesa, puesto que los textos franceses en los que se mencionan estas sedas de Andros (Mar Egeo) son posteriores al *PMC* «de 1140», fecha tan tenazmente defendida por Pidal. Si fechamos la versión existente del *PMC* en 1207, desaparece esta dificultad. Entre los diversos textos que mencionan las sedas, podemos fijarnos ahora en el que es seguro siguió Per Abad[10]. Es un verso de *Florence* cuyo parecido estructural con el verso del *PMC* es muy notable[11]:

De pennes et de drais, de riches cendaus d'Andre! (*Florence*, 451)

mantos e pielles   e buenos çendales d'Andria (*PMC*, 1971)

Los dos contextos difieren bastante; se trata simplemente de un verso que impresionó al poeta español por su forma y su nota exótica de lujo oriental. El público español habrá encontrado el

---

[9] Véase el libro citado de S. Martínez (1975), pp. 298-313. Martínez postula, creo que con acierto, una fuente en una perdida *Passio beati Rotholandi Martyris*. Se basa en un trabajo de A. Burger; el poema, en hexámetros latinos, habrá pasado en parte al *Liber Sancti Jacobi*.

[10] En verso, las sedas aparecen en *Fouques de Candie* (¿hacia 1170?), vv. 1535, 2098, 2322, 10949 (*chanson* que pudo conocer Per Abad: véase más abajo), siempre en singular, *cendal d'Andre;* también en *Gaydon* (hacia 1240), v. 599, también en singular; en *Ogier* se menciona la *paile d'Andre.* Véase O. SCHULTZ-GORA en *ZRP*, XXVI (1902), pp. 718-719; G. BERTONI, *Il Cantare del Cid* (Bari, 1912), p. 167; V. CRESCINI en *Atti del Reale Istituto Veneto*, LXXVI (1917), pp. 905-920, y «Postille», *Nuovi Studi Medioevali*, I (1923-1924), pp. 151-158; y MENÉNDEZ PIDAL en *CMC*, III (*Adiciones*), 1210, con discusión de las opiniones anteriores.

[11] *Florence de Rome...*, ed. A. Wallensköld, SATF, 2 tomos (París, 1907-1909).

verso totalmente misterioso; sería de esperar, quizás, una mención de las famosas sedas moras de Almería, pero de Andria, no. (Es al revés en las *chansons* francesas; se mencionan *bons dras d'Aumarie* en *Florence*, 130, de nuevo en los vv. 228, 1436, y en otras muchas *chansons*. Así es el exotismo a escala internacional.) Esta referencia nada debe a la realidad coetánea de la Península ni a la historia del Cid; es una referencia por los cuatro costados *literaria*.

2. Los grandes caballos de guerra se llaman a menudo en los textos franceses los *destriers*, en español *caballos en diestro* (*PMC*, 2010, 2573). Pero para su primera mención me parece que el poeta español ha imitado *Florence*, siendo de nuevo notable el parecido estructural:

> Riche cheval en destre de Sulie ou d'Espaigne (*Florence*, 169)
>
> e buen cavallo en diestro   que va ante sus armas (*PMC*, 1548)

3. Dentro del largo pasaje de *Florence* que imitó Per Abad en el episodio de Corpes, ocurre un verso que representa una expansión de la fórmula frecuente de las *chansons* francesas al describir un paisaje, *de lonc et de lé* (p.ej., *Florence*, 370, 513). Se trata del misterio y horror del bosque donde empiezan los tormentos de la protagonista:

> Et la forest fu large, espesse et longue et lee (*Florence*, 3676)

Esto creo que le impresionó bastante a Per Abad para que lo trajera a la memoria al describir —en tono muy distinto— el panorama de Valencia:

> miran la huerta   espessa es e grand (*PMC*, 1615)

Es un recuerdo lejano, centrado sobre todo en la relativa rareza de la palabra *espesse/espessa* en las descripciones de paisajes. En la mente del español se trata no de árboles, sino de la tupida vegetación de los cultivos en la famosa *huerta*. En todo caso conviene recordar que el poeta (sea de 1140 o de 1207) no habrá visto Valencia, pues estaba en manos moras; el maravilloso panorama de la ciudad lo tuvo que sacar de su imaginación, imaginación llena de recuerdos literarios. (Véase además la escena de *Berte*, abajo.)

4. El *motif* de las tiendas destrozadas en el campamento enemigo
no es frecuente en la épica francesa. Ocurre dos veces en el *PMC*,
y creo que para esto el poeta imitó un verso de *Florence:*

> Que donc veist abatre et paveillons et trez (*Florence*, 2529)

> Tanta cuerda de tienda   i veriedes quebrar,
> arancar se las estacas   e acostar a todas partes los tendales
>   (*PMC*, 1141-2)

Esto se repite, variado, en los vv. 2400-1. Aquí sorprendemos a
Per Abad casi con la pluma en la mano. Le ha atraído el detalle
pintoresco, pero en lugar de mencionar las dos especies de tiendas *(paveillons et trez)* su mentalidad lógica le obliga a apuntar
que las tiendas no se acuestan sin cortarse primero las cuerdas
y arrancarse las estacas. Esta conciencia realista le produce un
problema métrico que no logra resolver, pues el v. 1142 resulta
pesado. Al repetir el *motif* los versos le salen algo mejor, pero el
primer hemistiquio del 2400 es un tanto largo.

5. La palabra *romanz* aparece por primera vez en español en el
explicit del *PMC:* es neologismo de gran porvenir. En el manuscrito existente forma parte del *explicit* del copista y no del autor,
según Pidal. Ahora bien: es palabra que usa varias veces el autor
de *Florence,* además de *chanson,* para referirse a su obra: *Voires
de voire estoire issuz est li romanz* (20), *Con vos orrez après en
cest romanz chanter* (3312). Apunto esto por si tenga interés,
pues parece que otras obras francesas que se llaman de este
modo no eran conocidas en España en la época del *Poema.* (Y
romanz se aplicaba a la épica *sensu strictu:* pone el copista al
final del ms. V⁴ de la *Chanson de Roland* «Explicit liber tocius
Romani rōciualis. Deo gracias. Amen».)

6. Por fin, de modo inesperado, D. Ramón mismo nos indica otra
escena de *Florence* que pudo imitar el poeta español. En el v. 1644
y siguientes del *PMC*, suben Jimena y sus hijas al alcázar de Valencia para ver acercarse el ejército de Marruecos. Dice don
Ramón, en nota a su edición de Clásicos Castellanos: «También
Florence, asomada a una ventana, ve el ejército dispuesto a com-
batir, y temerosa, quiere evitar la batalla, pero su padre la tran-
quiliza ... vv. 1059-80.» Le había impresionado la semejanza sin
que (dada la disparidad de fechas, según él) se impusiera la idea
de un modelo y de una imitación.

Florence de Rome es *chanson d'aventure* o *roman,* pero de *geste* conserva muchos motivos y elementos. Es variable su calidad. El verso alejandrino es elegante, la expresión cuidada, la construcción de la trama atractiva en sus secciones primeras y medias, muy floja en las finales. El interés psicológico es muy reducido, siendo Florence una protagonista inocente en grado casi imbécil, lo cual quita verosimilitud al argumento. Para Per Abad el atractivo de *Florence* habrá estado en su novedad y en alguna escena y detalle pintoresco, en algún verso melódico. Cuando de las dos escenas se trata, Per Abad, con mentalidad y propósito muy distintos, supo aprovechar los materiales de *Florence* y plasmar con ellos escenas que en lo poético y lo humano superan con mucho los de su modelo.

Apunto rápidamente otros casos, creo que no notados por otros, en los que me parece sumamente probable que un detalle o un motivo del *PMC* se deba a un modelo en el texto de una versión de la *Chanson de Roland* emparentada con el texto de 'O', de donde tomo mis citas:

1. adtores mudados (*PMC,* 5) = hosturs müers (*CR,* 31, 129, 184).

2. Por tres veces en el *PMC* se pasa la lista de los capitanes del Cid: 733-41, 1991-6, 3063-71. Por tres veces en la *CR* se hace algo parecido con los nombres de los pares: 170-8, 792-8, 2184-9. El poeta español habrá aprendido en la *CR* el número de veces que convenía pasar así la lista en una obra de extensión casi igual, y también el número de versos que convenía más o menos emplear en cada ocasión. En ambos poemas las listas se citan en momentos de gran solemnidad [12].

3. Motivo de persecución del enemigo:

   fata Calatayu[t]h   duro el segudar (*PMC,* 777; también 1148) =

   Li enchalz duret d'ici qu'en Sarraguce (*CR,* 3635)

4. beso le la boca   e los ojos de la cara (*PMC,* 921) = Puis se baiserent es buches e es vis (*CR,* 633).

---

[12] E. FARAL, *Les arts poétiques...* (París, 1924), llama este procedimiento el «dénombrement épique» y cree que en las lenguas vernáculas es una imitación de la práctica de Virgilio y Estacio. Pero parece mejor considerarlo como un redescubrimiento de la *CR,* o bien un motivo que adoptara ésta de la tradición oral precedente. Es interesante el estudio de K. SCHLYTER, *Les énumérations des personnages dans la «CR»* (Lund, 1974), aproximación tradicionalista y oralista.

5. Al principio del Cantar II, el poeta hace constar los movimientos y conquistas del Cid (vv. 1087-93). Tienen cierto parecido con palabras de Roldán a Carlomagno, *CR*, vv. 197-200. No creo que ello pueda servir para respaldar los argumentos de von Richthofen sobre la prioridad de la composición del Cantar II, pues sigo creyendo en la composición unitaria del poema.

6. la mar salada (*PMC*, 1090) = la mer salse (*CR*, 372); también en otras *chansons, la mer salee.*

7. firieron se a tierra, deçendieron de los cavalos (*PMC*, 1842) = = Franceis decendent, a tere se sunt mis (*CR*, 1136).
(La presencia de *decendent* en el poema francés es una razón para mantener el *deçendieron* del ms. español, contra la enmienda *diçieron* de Pidal.)

8. en la ueste de los moros los atamores sonando (*PMC*, 2345) = = Par tute l'ost funt lur taburs suner (*CR*, 3137).
Están los *taburs* también en *CR*, 852, con *suner;* en el *PMC* en los vv. 696, 1658. Eran, eso sí, una realidad bien española, concretamente almorávide; pero aquí como en otros casos, me parece clara (por el parecido estructural de los versos) la imitación *literaria.*

9. cuemo yo so su vassallo y el es mio señor (*PMC*, 2905) = Tu n'ies mes hom ne jo sui tis sire (*CR*, 297).

10. En los vv. 3085 y ss., se viste lujosamente el Cid para ir a la corte. Son quince versos, únicos de su tipo en el poema, en los que se describe la magnificencia de atuendo a que tiene derecho el héroe. Constituyen una pausa, una solemne descripción que preludia la grandiosa acción venidera. Son dos las descripciones parecidas de la *CR*. En los vv. 2987 y ss., se arma Carlomagno para la batalla contra Baligant; en los vv. 3140 y ss., se arma Baligant. Como el Cid se viste en traje más bien cortesano, aquí no se trata de reminiscencias verbales (para éstas, véase el estudio de dos pasajes de *Girart de Roussillon*, abajo), sino de un motivo épico consagrado. Hay semejanza entre los versos que introducen respectivamente la escena del Cid y la de Baligant:

Nos detiene por nada el que en buen ora naçio (*PMC*, 3084) =

Li amiralz ne se voelt demurer (*CR*, 3140)

11. La fórmula de segundo hemistiquio del *PMC, a guisa de varon,*
    es con toda razón atribuida por Herslund (pág. 107) al modelo
    de la *CR* (v. 1226, etc.). Pero para una rápida descripción emo-
    tiva del héroe, en un momento culminante, el poeta acudió no
    a esta fórmula, sino a un verso más original de la fuente fran-
    cesa:

    > ¡en sos aguisamientos   bien semeja varon! (*PMC*, 3125) =
    >
    > S'il fust leials, ben resemblast barun (*CR*, 3764)

    También son posibles otras fuentes, pues el hemistiquio de la *CR*
    se imitó en francés en dos poemas que conoció Per Abad:

    > Cil au cor neis resanble bien baron (*Prise de Cordres*, 598)
    >
    > Quant li rois fu montez, bien resambla baron (*Florence*, 1125)

12. Podemos por fin añadir otro ejemplo de los críticos del siglo
    pasado, que han desatendido los más recientes. El Cid en la
    corte recuerda a García Ordóñez que

    > Quando pris a Cabra   e a vos por la barba
    > non i ovo rapaz   que non messo su pulgada (*PMC*, 3288-9)

    Ya Bello observó (*Obras completas*, II, 1881, 289-91) algo pare-
    cido en *Girard de Vienne.* Hinard apuntó un paralelo, de más
    fuerza en el contexto presente, con la *CR:*

    > Icil li peilent la barbe e les gernuns (*CR*, 1823)

    Se trata del castigo de Ganelón. Si en el *PMC* la humillación del
    Conde corre a cuenta de los *rapaces*, también en la *CR* pasa
    esto, a manos *de la quisine des mielz e des pejurs* (1822). Creo
    que Hinard estaba en lo cierto.

Antes de proseguir, creo que se puede afirmar que en otros aspectos ya mencionados por los especialistas el *PMC* debe algo a la *CR.*
En los personajes, la relación del Cid con Alvar Fáñez, relación no
histórica, se basa vagamente en el vínculo Roland-Oliver; la figura
histórica de Don Jerónimo, obispo de Valencia, ha sufrido una me-
tamorfosis literaria influida por el arzobispo Turpín. En los temas
y escenas, la plegaria narrativa de Jimena está calcada genialmente

sobre modelos que ofrecen la épica francesa[13], y la magnífica escena del juicio de la corte le fue sugerida —nada más— a Per Abad por la más modesta escena del juicio de Ganelón en la *CR*. El motivo de la barba del Cid también es literario más que histórico; en sus muchos aspectos literarios (también más allá del *Poema*) y legendarios, y en la iconografía, barba de héroe, de cuasi-monarca, de patriarca, imita la famosa barba de Carlomagno.

Más allá de *Florence* y de la tan conocida *Chanson de Roland*, quedan otros textos franceses y carolingios que creo han servido de modelos a Per Abad. En lo que sigue, no se trata de afirmar que los pasajes que voy a identificar hayan sido en todos los casos fuentes textuales precisas que Per Abad tuviera delante de sí al escribir. A veces las correspondencias con originales latinos o franceses que vamos a considerar no son lo suficientemente exactas para permitir tal aserto. Se trata más bien de indicar cómo un poeta español, al ensayarse *por primera vez* (que sepamos) en un proyecto nuevo y ambicioso en su idioma, se pudo ayudar y guiar en ello por las cuantiosas sugerencias, por la autoridad, que ofrecían sus lecturas en latín y francés. Era natural, punto menos que inevitable, que un autor español así procediera, dado el enorme peso de lo francés y de lo carolingio en su época. A juzgar por la superior cultura literaria francesa, ¿qué era lo que cabía esperar de un autor español novel que se proponía remediar la falta de una épica nacional propia, que quería hacer justicia al ya legendario Cid, que quería complacer a su público en el justo nivel de dignidad y de entretenimiento? (Cambiando alguna palabra, es la pregunta que nos podríamos hacer con respecto a Garcilaso en el momento de enfrentarse con la cultura italiana y renacentista en 1530.) Señalo nueve aspectos temáticos y uno estructural:

1. Con frecuencia el folklore y la épica exigen que se exponga el héroe al peligro de enfrentarse con una fiera. El episodio en que el Cid se impone al león, aunque a primera vista pueda parecer algo infantil, resulta tras examen detenido tener gran importancia en la estructura del poema y cierta riqueza psicológica

---

[13] Ver ahora J. Gimeno Casalduero, «Sobre la 'oración narrativa' medieval: estructura, origen y supervivencia», trabajo de 1957-1958 reimpreso en el libro *Estructura y diseño en la literatura castellana medieval* (Madrid, 1975), pp. 11-29, con discusión de la bibliografía. La conclusión del autor es que la presencia de este tipo de oración en el *PMC* se debe probablemente a su presencia (casi constante) en la épica francesa, pero que en cuanto a su contenido, la oración del *PMC* está hecha con materiales de tradición nativa.

y quizá simbólica, según los comentarios de críticos recientes [14]. Hubo en la leyenda franca y en la literatura francesa una ocasión notable en que un rey se enfrentó con un león. Aparece el cuento bajo formas muy diversas, pero se narra siempre de Pepino el Breve, hijo de Carlos Martel y padre de Carlomagno. Según el Monje de Saint-Gall (año 884) se trataba de una especie de espectáculo o corrida de fieras, proyectado por Pepino para demostrar sus cualidades regias en presencia de nobles que hasta entonces le despreciaban:

> [Pippinus]... praecepit adduci taurum magnitudine terribilem et animis indomabilem, leonemque ferocissimum in illum dimitti. Qui impetu validissimo in eum irruens, appraehensa cervice tauri, proiecit in terram. Tunc rex dixit ad circumstantes: «Abstrahite leonem a tauro, val occidite eum super illum!» Qui spectantes ad alterutrum, congelatisque praecordiis pavefacti, vix haec singultando musitare potuerunt: «Domine, non est homo sub caelo, qui hoc audeat attemptare.» Qui ille confidentior exsurgens de throno, et extracta spata per cervicem leonis cervicem tauri divisit ab armis, et spata in vaginam remissa, con sedit in solio: «Videtur vobis», inquiens, «utrum dominus vester esse possim?» [15].

Se menciona escuetamente este incidente en una interpolación que se hizo en la *Vita Hludowici Imperatoris* del Astrónomo Lemosín, con la nota de que ello ocurrió en la *curia* de Pepino en Ferrières en Gâtinais; se hizo la interpolación para enaltecer la dignidad de un monasterio de esa región [16]. No se sabe cómo evolucionó el cuento a partir de eso, pero figura como episodio importante en la primera sección del poema *Berte aus grans piés* que compuso Adenet le Roi por los años 1272-75. Cuenta que en la corte de Carlos Martel en París, por San Juan, hay gran concurrencia de caballeros:

> (II) ...
> El jardin le roi ot mainte table drecie,   47
> Au mengier sist li rois et sa gente maisnie;
> D'autre part sis Pepins o la bachelerie.
> Leens ot un lion norri d'ancesserie,   50

---

[14] La discusión más reciente, con amplias referencias a la ya extensa bibliografía, es la de D. HOOK, «Some Observations upon the Episode of the Cid's Lion», *MLR*, LXXI (1976), pp. 553-564.

[15] *De gestis Karoli Imperatoris, MHG.SS.*, II, p. 758 (II, 15).

[16] *MGH.SS.*, II, p. 616, con la interpolación en nota.

De plus crueuse beste ne fu parole oÿe;
Sa cage ot derrompue et toute depecie
Et son maistre estrangulé, qui fu de Normendie.
Par le jardin ou ot mainte ente bien fueillie
S'en venoit li lions conme beste enragie;   55
Deus damoisiaus a mors, estrais de Lombardie,
Qui aloient joant seur l'erbe qui verdie.
Charles Martel saut sus, que il plus ne detrie,
Sa fenme anmaine o lui, ne l'i a pas laissie,
N'en y a un tout seul n'ait la table guerpie.   60
Quant Pepins l'a veü, de maltalent rougie,
Dedens une chambre entre, n'ot pas chiere esmarie,
Un espiel i trouva, fierement la paumie,
Vers le lion s'en va, ou soit sens ou folie.

(III)
Quant Pepins tint l'espiel, n'i volt plus demorer,   65
Vers le lion s'en va, n'ot talent d'arrester,
Apertment li va Pepins tel cop donner,
Devant en la poitrine le sot aviser,
L'espiel jusk'a la crois li fait el cors coler,
Parmi le cors li fait froit acier passer,   70
Mort l'abat sor la terre, puis ne pot relever.
Chascuns i acorut la merveille esgarder; ... [17].

Pío Rajna llamó la atención sobre la posible relación de este pasaje con el episodio del *PMC* [18], pero Menéndez Pidal en 1913 negó cualquier relación y hasta pasó a insinuar que algo parecido pudo pasar en la vida del Cid histórico [19]. Entre Adenet y Per Abad es cierto que hay muchas diferencias, como dice Pidal. En el cuento de Pepino según Adenet, como en los cuentos latinos del siglo IX, el rey toma un arma y mata al león, mientras el Cid inerme conduce su león a la jaula. Además, en Adenet la finalidad del cuento es demostrar la valentía y dominio del héroe joven, mientras en el *PMC* la finalidad es doble: hacer resaltar la valentía y dominio del Cid en una situación no militar, y demostrar también la cobardía de los Infantes y su pública humillación. Aun siendo esto así, hay semejanzas que creo nada despreciables: la ambientación en la corte, con

---

[17] *Berte aus grans piés*, ed. A. Henry (Bruselas-París, 1963; es el vol. IV de su edición completa de *Les Oeuvres d'Adenet le Roi*).
[18] *Origini dell'epopea francese* (Florencia, 1884), p. 463.
[19] En su edición del *Poema* en Clásicos Castellanos, pp. 31-33 de la 13ª ed., 1971.

testigos de calidad; el hecho de que el león es un animal doméstico que se ha soltado; la mención de la jaula; la especial mención de dos que huyen (Carlos Martel y la reina; los dos Infantes); quizás *Au mengier sist li rois et sa gente maisnie* (48) = *En
Valençia seye mio Çid   con todos sus vassallos* (2278), con igual
estructura, *Vers le lion s'en va* (66) = *e adeliño pora[l] leon*
(2297), y *Chascuns i acorut la merveille esgarder* (72) = *A maravilla lo han   quantos que i son* (2302). De todas maneras, realmente no se trata del poema de Adenet como tal. Es opinión
universal de los especialistas que Adenet en 1272-75 seguía de
cerca una *chanson* de fines del siglo XII, ahora perdida, titulada
asimismo *Berte aus grans piés*, cuyo contenido pasó en líneas
generales a la *Chronique Santongeaise* de hacia 1225. El autor
del *PMC* pudo, por tanto, conocer esta primera *chanson* con
su episodio del león. No hay para qué postular que en la *chanson* perdida este episodio se acercara más al *PMC* en exactitud de
ecos verbales; esto sería improcedente con una hipótesis, y en
todo caso quedarían grandes diferencias. Bastaba que el poeta
español pudiera conocer el episodio y que quedara impresionado con él de modo general. Que de hecho conociera la *Berte*
del siglo XII se hace casi seguro, a mi ver, cuando pasemos a
considerar el segundo aspecto. Pudo conocer también el cuento
del propio Monje de Saint-Gall, pues su texto era conocido en
Cardeña en el siglo XIII, como he demostrado en otra parte [20].
Apunto de pasada la fuerte posibilidad, señalada por D. Hook,
de que Per Abad tuviera presente en este episodio el texto evangélico de Mateo, donde los discípulos aterrados por la tormenta
acuden a Cristo dormido [21]. En el artículo citado de Walker se
apunta también la posibilidad de que Per Abad introdujera su
episodio influido por la *Chanson de Florence*, en la que un león
ataca en el bosque a Milon.

[20] «The Cid as Charlemagne in the *«Leyenda de Cardeña»*, *Romania*, en
prensa. Apunto aquí que la *chanson* perdida de *Berte* era conocida en España
por el *Cronicón Villarense* (o *Liber Regum*), que ha de fecharse antes de 1211.
Este texto, al hacer la lista de los reyes francos, añade que «est rei Pepin lo
Petit priso muller la reina Bertha con los grandes pedes, qui fo filla de Floris
e de Blancha Flor, et ouo en ella fillo a Charle Magne, l'emperador de França»
(*Liber Regum*, ed. L. Cooper [Zaragoza, 1960], p. 39). Es la única adición de
este tipo que se hace a la lista de reyes francos, que ocupa 1½ páginas. No sé
si se habrá recogido esta importante referencia al conocimiento en España
en fecha temprana del famoso *Flor e Blancaflores*.
[21] Véase la n. 14.

2. En la *Berte* de Adenet hay un pasaje famoso sobre el cual —que
yo sepa— nadie ha llamado la atención con respecto al *PMC*.
La reina Blanchefleur de Hungría, recién llegada en Francia, es
conducida a las alturas de Montmartre para que desde allí con-
temple París:

> (LXXX)
> Vers Paris s'en avalent, l'amirable cité;
> La contree regarde et de lonc et de lé,   1960
> Molt li plot li paÿs quant l'ot bien avisé.

> (LXXXI)
> La dame ert a Montmartre, s'esgarda la valee,
> Vit la cit de Paris, qui est et longue et lee,
> Mainte tour, mainte sale et mainte cheminee;
> Vit de Montleheri la grant tour quarnelee;   1965
> La riviere de Saine vit, qui molt estoit lee,
> Et d'une part et d'autre mainte vigne plantee;
> Vit Pontoise et Poissi et Meullent en l'estree,
> Marli, Montmorenci et Conflans en la pree,
> Dantmartin en Goiele, qui molt ert bien fermee,   1970
> Et mainte autre grant vile que je n'ai pas nonmee.
> Molt li plot li paÿs et toute la contree.
> «Ha! Dieus», fait ele, «sire, qui fist ciel et rousee,
> Com est Berte ma fille richement marïee
> Et en tres noble lieu venue et arrivee!»   1975

Esto, según mis informes, es único en la literatura francesa de
los siglos tempranos, y los críticos al unísono lo han elogiado.
Es seguramente la primera descripción de París de este tipo, y
es la única ocasión en que se nos da en las *chansons de geste*
una evocación extensa, pormenorizada y sobre todo emotiva de
un panorama real, puesta en boca de un personaje literario que
lo contempla. Es a todas luces excepcional. Los especialistas
parecen no dudar que figuraba un panorama de París en el
lugar correspondiente de la *chanson* de *Berte* perdida; y esto,
creo, le impresionó tanto a Per Abad que compuso sobre su
modelo el maravilloso panorama que contempla Jimena en Valencia (*PMC*, 1610-17). Desde luego hay grandes diferencias entre su versión y la de Adenet, igual que las habrá habido entre
la *chanson* primitiva y la creación de Per Abad. Pero las semejanzas me parecen asegurarnos que no se trata de una simple
coincidencia. En primer lugar, el panorama se presenta a través

de los ojos de una mujer recién llegada (adelantándose Per Abad a Adenet al mencionar los propios *ojos velidos* de esa mujer). Segundo, ambos poetas cierran la escena con una acción de gracias a Dios por la riqueza recibida (por conquista, en el *PMC;* por casamiento de Berte, hija de Blanchefleur, en Adenet). Es posible que *espessa es e grand* (1615) sea eco de *qui est et longue et lee* (1963), con la adición —apuntada arriba— de *espessa* de la *Chanson de Florence* (3676). Se ve que Adenet emplea dos veces este cliché (muy usado en otros textos), mientras Per Abad con buen tino emplea la frase una vez nada más. Insisto, con todo, en la unicidad del pasaje en francés y en la unicidad del pasaje en español. Es natural que Per Abad haya quedado impresionado por el panorama de *Berte,* aun si en la versión perdida éste no tuviera las excelentes cualidades que en Adenet tiene. Es una escena tan distinta del contenido rutinario de las *chansons de geste,* tan poco militar, tan poco feudal, tan poco arcaica, tan brillante y tan humana; son éstas las cualidades que habrán despertado la imaginación de Per Abad, pues se hermanean con facetas importantes del temperamento del español. En parte son también cualidades de *Berte* (versión de Adenet y, cabe presumir, versión primitiva): es notable, por ejemplo, la relativa exactitud de la geografía del poema francés, ubicado firmemente en el suelo de Francia, exactitud que es aspecto importante de la mentalidad de Per Abad.

3.   Apuntamos arriba la posibilidad de que la escena en que el Cid se viste para ir a la corte se deba a un modelo que ofrecía la *CR.* Pero esta escena forma parte de un episodio del *PMC* en el que se cuenta con mucho detalle la llegada del héroe a Toledo y el modo de prepararse él y sus hombres para la acción culminante del juicio. El episodio entero abarca desde el v. 3015 (el Cid tarda en llegar) hasta el 3103 (el Cid y sus hombres salen de San Servando para ir a la corte). Para todo esto creo que Per Abad tenía como modelo un episodio de *Girart de Roussillon,* poema de 10.000 versos en lengua mixta francesa-provenzal, compuesto a lo más tarde en 1180 [22]. Girart, enemistado con el rey Carlos Martel, envía a su *neis* (¿sobrino o primo?) Folcon como embajador a Carlos, quien está en Orleáns. Parten Folcon y sus hombres:

[22]   *Girart de Roussillon,* ed. W. M. Hackett, SATF, 3 tomos (París, 1953-1955).

(CVII)
Ere s'en vait danz Folche e sei baron.   1640
E sunt cent chevaler d'itau façon:
Vestent bliaus de paile e siglaton,
Vair e gris e ermine lor peliçon,
Traïnanz pelz de martre, d'aur li boton.
Cele nuit arbergerent a Avalon,   1645
....
Sunt chauchat e vestit li danzelon;   1650
Fant metre frains e seles a aur arzon;
Auen messe e matines a Sant Symon,
Pois aigrent a conduit le conte Aimon.
Entros c'au pont d'Orlins n'aurant guion.

(CVIII)
Aime Folcon es seus a tan guiat   1655
Entros c'au pont d'Orlins, de la citat;
Delonc Leire descendent dedinz un prat ...

Esta cuidadosa descripción del vestir, viajar y llegar, oír misa
y acampar fuera de la ciudad, con mención del río y del puente,
bien pudo impresionar a Per Abad cuando pensaba colocar en
Toledo la grandiosa escena de la corte. Dejando aparte las obvias semejanzas de ambientación, hay otras del mayor interés:
(a) son ciento los hombres (*Girart*, 1640; *PMC*, 3072); (b) van
a la iglesia antes de ir a la corte (*Girart*, 1652; *PMC*, 3060-2);
(c) el nombre de la iglesia francesa, *Sant Symon*, pudo recordar
a Per Abad el nombre de *San Serván* (hoy San Servando), ambas fuera de la ciudad al otro lado del río. Pero las mayores
semejanzas están en los detalles del vestir: *bliaus de paile e
siglaton* (1641) = *sobr'ella un brial   primo de çiclaton* (3090),
ermine... peliçon (1643) = *sobre las lorigas   armiños e peliço-
nes* (3075), *d'aur li boton* (1644) = *las bandas d'oro son* (3092)
o *con oro es obrada* (3095). Se puede objetar que la descripción
de cómo se viste el Cid es mucho más extensa y más detallada
que la del poema francés. Es cierto; pero creo probable que
Per Abad combinara los versos citados con otros de *Girart* en
que se viste lujosamente Pieres de Mont Rabei, otro embajador
(esta vez de parte del rey). Son los vv. 3817 y ss. En ellos
aparecen cinco prendas más que luego imita Per Abad: *chemise
de chensil* (3822) = *camisa de rançal* (3087); *cauces d'un paile
aufrican* (3826) = *calças de buen paño* (3085); *soulars* (3827) =
çapatos (3086); *mante* (3835) = *manto* (3099); y por fin *La vou-*

sure d'un paile nou porprin (3836) = *sobr'esto una piel verme
ja* (3092).

Aquí, pues, no hay copia servil. Per Abad ha combinado magistralmente las sugerencias que le ofrecían dos episodios (parecidos, pero bastante separados uno del otro) del *Girart* francés, y ha recordado también los dos episodios breves de la *Chanson de Roland* en que se visten Carlomagno y Baligant, reteniendo de éstos sobre todo un verso a modo de anuncio o de transición: *Li amiralz ne se voelt demurer (CR,* 3140) = *Nos detiene por nada   el que en buen ora naçio (PMC,* 3084). Pero hay más. De acuerdo con lo arriba expuesto, la mención en el *PMC* de *matines* y *misa,* a los que asisten los caballeros en San Serván, depende del verso 1652 de *Girart, Auen messe e matines.* Pero en el *PMC* se pasa en el verso siguiente a decir

e ssu ofrenda han fecha   muy buena e [a sazon] (3062)

(En el ms., el segundo hemistiquio es *muy buena τ complida;* la enmienda [*a sazon*] es de Menéndez Pidal.) La *ofrenda* no aparece en *Girart,* pero sí en el poema de *Amis et Amilie:*

> ...
> Jusqu'a demain que il dut esclairier.   232
> Nostre empereres s'est vestus et chauciez,
> Messe et matines vait oir au monstier.
> Il fist s'offrande puis s'en est repairiez[23].   235

Estos versos creo que son una fuente aun más directa que *Girart* para el pasaje correspondiente del *PMC.* He aquí el alba, el monasterio, no sólo *messe et matines,* sino también la *offrande. Amis et Amilie* es de fines del siglo XII y se hizo pronto famoso por su carácter romántico y novelesco más que épico. Sabemos que en época posterior varios temas suyos eran muy conocidos en España; su protagonista Belissant, hija del emperador, se dirige descarada al lecho de Amiles (vv. 664 y ss.), motivo que pasa al famoso romance de *Melisenda;* se coloca una espada entre dos que duermen (v. 1160), motivo que pasa a *Gerineldos;* etcétera.

El modo de manejar Per Abad sus fuentes y sus recuerdos de lectura es, pues, de una complejidad asombrosa. No copia, sino que recrea e imita imaginativamente. Y si se lee la escena

---

[23] *Amis et Amilie,* ed. K. Hofman (Erlangen, 1882).

del *PMC* a partir del v. 3015, se notan muchos detalles de propia invención, de la vida histórica o cotidiana. Se notan también dos hechos importantes para la caracterización y para el dramatismo del poema: la vigilia del Cid en San Serván, y el llevar ocultas las armas para ir a la corte regia, corte pacífica al parecer, pero corte donde sería absurdo asistir sin las debidas precauciones. Son notas originales (nota de intensa religiosidad, nota de realismo sutil) de un gran poeta.

4. En su trabajo citado, estudia Herslund (sección 3.1) muchas fórmulas de la narración épica de la batalla, con amplias analogías entre el *PMC* y los poemas franceses. Hay un detalle que nos muestra cómo Per Abad acudió a una fuente francesa concreta al componer sus escenas con tanto vigor. Grita el Cid:

> ¡Firid los, cavalleros,   todos sines dubdança ...! (597)

y repite las palabras del primer hemistiquio en los vv. 720 y 1139. Per Abad imitó esto de dos versos de *Girart de Roussillon:*

> Firaz les, chevaler, pos tant i pert! (1287)

> Firaz les, chevaler, pos vos comant! (1300)

5. Hay un caso parecido en la descripción formulaica del dolor, estudiado por Herslund (sección 3.6). Para *PMC*, 2631:

> Grandes fueron los duelos   a la departiçion

cita Herslund analogías con *Amis* 1096, 2041, *Aspremont* 1597, 1911, 2676-7, en los que aparece el verbo *departir* o *partir*. No son malas como analogías, pero aquí también tuvo Per Abad una fuente concreta en *La Prise de Cordres et de Sebille,* poema de hacia 1190-95 [24]:

> Grans fut li deus a celle departie:
> Plore Bertranz et Guillelmes sospire (647-8)

Es notable la exacta semejanza estructural, así como el uso del sustantivo *departiçion/departie* en los dos textos.

6. Del mismo poema francés creo que tomó Per Abad otro motivo modesto, o bien una serie de frases con que vigorizar su narra-

---

[24] *La Prise...,* ed. O. Densusianu, SATF (París, 1896).

10

ción. El Cid convoca a sus hombres para la batalla cerca de Valencia:

> «Passe la noche   e venga la mañana,
> aparejados me sed   a cavallos e armas.
> Hiremos ver   aquela su almofalla ...» (1122-4)

En la *Prise,* el conde Aimeri convoca a sus hombres para la batalla:

> «Seignor», dist il, «franc chevalier gentil,
> Demain soiez apresté et garni,
> S'irons veoir a Cordes la fort cit ...» (2121-3)

Además de las analogías obvias, tiene interés semántico el *ver* español, que significa no 'contemplar' sino 'atacar' (igual en *PMC* 1224), ahora con claro antecedente francés.

7.   Son demasiado conocidos los primeros versos del ms. existente del *PMC* para que haga falta citarlos aquí. La famosa descripción de cómo el Cid sale de Bivar desterrado imita, más que vagamente, un pasaje de *La Chevalerie d'Ogier de Danemarche, chanson* de fines del siglo XII [25]. Durante siete años se defiende solo (!) Ogier en su castillo, Castel Fort, contra el ejército de Carlomagno. Casi muerto de hambre y quejándose de que «Callot li fel est vers moi perjurés» (v. 8859; recogido por el v. 9 del *PMC,* «¡Esto me an buelto   mios enemigos malos!», sale Ogier de su castillo para huir:

> Vers Castel Fort avoit son cief torné,   8877
> Du cuer sospire, plaint l'a et regreté:
> «Castel» dist-il, «je te comant a Dé,
> Le glorieus, le roi de maesté: 8880
> Qui te entra, ja n'ait il poverté,
> Ne en sa vie disete ne lasté.
> Sainte Marie, vos savés mon pensé;
> Desfendés moi por la vestre bonté,
> Que je n'i soie ne mors ne malmenés.»   8885
> Le ceval broce des esperons dorés ...

Son varios los puntos de contacto con la primera escena del *PMC: avoit son cief torné* (8877) = *tornava la cabeça* (2); *Du*

---

[25]   Ed. M. Eusebi (Milán-Varese, 1963).

cuer sospire (8878) = *Sospiro mio Çid* (6); *Le ceval broce* (8886) = *Alli pienssan de aguijar* (10); la oración a la Virgen de *Ogier* se recoge más adelante en el *PMC* (52, 215-22) con la mención de la catedral de Burgos y luego la oración a Santa María. Añade de propio numen Per Abad varios detalles, llenos de emoción: las *puertas abiertas*, las perchas sin halcones (posesión esencial del caballero en tiempos de paz), el vuelo tan significativo de la corneja; además, la presencia de los vasallos y amigos, a diferencia de Ogier, que sale solo. Quizá haya más: es observada la huida de Ogier, y le persiguen mil francos con Carlomagno a su cabeza, escena (vv. 8932 y ss.) que pudo sugerir a Per Abad la escena en que el Cid persigue a Búcar (vv. 2403 y ss.). Grita Carlomagno al fugitivo «*Cha revenrés, cuvers...*» (8936), igual que el Cid a Búcar: «*¡Aca torna, Bucar!*» (2409); Ogier es *li Danois d'outre mer* (8956) lo mismo que Búcar ha venido *d'alent mar* (2409). Pero los dos episodios terminan de modos muy distintos, y Per Abad aquí como en otras partes supera con mucho a su fuente, tanto en la brevedad y dramatismo como en la nota de humorismo cruel que el héroe emplea («*saludar nos hemos amos...!*», 2411).

Creo que las analogías con *Ogier* pueden decirnos algo para aclarar el difícil problema de los comienzos del *PMC*. Sabemos que el primer verso del ms. existente, *De los sos ojos...*, en cabeza de un folio recto sin título ni preliminares, no puede ser el primero del poema en su estado original. Los versos en que Ogier abandona su castillo tampoco son principio de tirada; están casi en el centro de la tirada 186, que empieza en el v. 8845, y los versos entre el 8845 y el pasaje citado (salida de Ogier) no tienen nada que ver con lo que nos cuentan las crónicas acerca del Cid y sus vasallos y la salida de Bivar, pasaje de hasta doce versos asonantados en *á-o* reconstruidos de modo convincente por Bello, Milá y Menéndez Pidal. Pero a mi ver el *PMC* original no habrá tenido muchos versos antepuestos a esos doce. El largo trozo de prosa —sin asonancias, sin ritmos poéticos— que pone Menéndez Pidal al principio de sus ediciones del *PMC*, en que se nos explica el motivo del destierro del Cid (las parias, los castellanos en Sevilla y en Granada, la prisión de García Ordóñez, la vuelta a Castilla), bien prosaico es; y según dije en mi edición del *PMC* de 1972 (página 2), bien pudo estar en prosa desde el primer momento de su composición. Aquí es muy importante el comienzo de *Ogier*.

En cierto modo *Ogier* empieza como poema con la tirada 2,
cuyos primeros versos son de tipo consagrado:

> Oiés, baron, beneie vos Des,   28
> Li rois de glore qui tot a a salver,
> Bone canchon, s'entendre la volés.
> Kalles li rois ot mult son cor irés ...   31

¿Y la primera tirada? Se anuncia en ella el tema, el linaje de
Ogier, la situación del emperador y el motivo de su desavenencia con Ogier. Se trata de lo siguiente: Carlomagno ha enviado
a cuatro caballeros para que recojan el tributo que debe Gau-
frois de Danemarche, éste les ha insultado, mesándoles barba
y cabellos. El emperador jura vengarse en Ogier, hijo de Gau-
frois, dejado en la corte francesa como rehén. Esta tirada tiene
27 versos, o sea, una relación muy escueta, a modo de preludio
o explicación preliminar. Son muy notables las sugerencias que
esta primera tirada de *Ogier* pudo ofrecer a Per Abad: el viaje
para recoger el tributo, la naturaleza del insulto, la vuelta, la
desavenencia con un vasallo, cambiando, desde luego, los papeles. La primera tirada de *Ogier* está en verso, naturalmente.
En la creación del *PMC* creo que pasó lo siguiente. Per Abad,
enardecido con la historia y la leyenda del Cid, lector de las
chansons de geste de su época (1180-1200), decide escribir un
cantar de gesta castellano de tipo novísimo. ¿Cómo empezar?
Ahí está la *Historia Roderici* que cuenta la razón del destierro;
ahí está *Ogier*, que en una breve sección preliminar hace lo mismo. Están en la *Historia Roderici* con buena autoridad los detalles de cómo el Cid fue enviado a Sevilla para recibir las
parias, de cómo estando allí intervino en la guerra que soste-
nían sevillanos y granadinos, de cómo prendió a García Ordóñez. He aquí que la historia verdadera del Cid ya tiene semejanzas asombrosas con el poema de *Ogier*, pero falta en la historia latina un detalle poético que, en manos de Per Abad, va
a adquirir gran resonancia dramática: lo de mesar la barba.
Esto, pues, lo tomó Per Abad de *Ogier*, y tomó también de
Ogier la idea de colocar esta narración preparatoria a modo
de preludio, esto es, antes de comenzar el texto poético propiamente dicho. Pero ¿por qué en prosa? Porque su fuente más
importante para esta sección era la *Historia Roderici*, la cual
no se prestaba muy bien a versificar, y porque no pesaba bastante el ejemplo de la primera tirada de *Ogier* para inspirarle

versos a Per Abad. Este empezó a escribir versos sólo al describir cómo el Cid reúne a sus vasallos y les anuncia el destierro, o sea, media docena de versos que preceden a los doce reconstruidos por Pidal *(e los que conmigo fuéredes...)*.

Algo de esto hubo, estoy seguro. Que otros estudien *Ogier* en los aspectos mencionados, piensen en el momento en que Per Abad se pone a escribir, y nos digan si están de acuerdo con mis especulaciones (pues sinceramente lo son).

Se fecha *Ogier* por los años de 1185. Vuelvo a examinar otro aspecto de la posible influencia de este poema en el *PMC* (abajo, sección 10). Ya sabemos que *Ogier* fue conocido en España, mucho más tarde, y muy refundido: de él se sacó material para ir formando los romances del Marqués de Mantua.

8. El poeta español, al narrar las operaciones del Cid alrededor de Valencia, descuidó muchos detalles históricos, detalles que pudo fácilmente adquirir acudiendo a las fuentes históricas. Comprendemos ahora que se proponía crear episodios literarios y no seguir de cerca la historia; de ahí —entre otros indicios— su adaptación de Salustio y de Frontino para los episodios de Castejón y Alcocer, y su fusión de las dos victorias del Cid histórico sobre el Conde de Barcelona en una, con que terminar grandiosamente su primer cantar. Al comienzo del segundo cantar el poeta tiene amplios detalles acerca de la devastación y dominio progresivo que ejerce el Cid sobre la región de Valencia (aunque coloca fuera de orden la toma de Murviedro), pero al narrar el asedio de Valencia poco es lo que dice, pues se propone dar un *aperçu* rápido, no una descripción detallada. Creo que con estos ánimos el poeta adoptó dos rasgos bien conocidos de otro asedio famoso llevado a cabo por Carlomagno: el de Pavía en Lombardía. Según esto, según la pauta épica e imperial dada por Carlomagno, un asedio en regla debía durar diez meses:

> Karolus vero Papiam civitatem decem menses obsedit; et ita mense Iulio capta esta civitas a Francis (*Chronicon Moissiacense*, s.a. 774; *MGH.SS.* I, 295)

de ahí, pues:

> nueve meses complidos   sabet, sobr'ella yaz,
> quando vino el dezeno   ovieron gela a dar. (*PMC*, 1209-10)

Sabido es que el asedio de Valencia duró, según las fuentes históricas reunidas por Pidal, veinte meses. Durante el asedio de Pavía, además,

> Karolus Papiam civitatem obsedit, nullum ingredi vel egredi permittit [26].
> (*Annales Laurissenses Minores*, s.a. 775; *MGH.SS.*, I, 152)

de ahí, pues:

> bien la çerca mio Çid,   que non i avia hart,
> viedales exir   e viedales entrar. (*PMC*, 1204-5)

No es necesario que estas sugerencias hayan sido tomadas de estas fuentes precisas, pues dichas noticias figuran en varios de los anales carolingios, y éstos tuvieron una amplia diseminación.

9. Como consecuencia de la victoria sobre Yuçef, el Cid puede regalar al rey Alfonso la noble tienda del emperador almorávide (vv. 1785-91). Tales tiendas eran sin duda botín histórico de las fuerzas cristianas de la Reconquista, pero aunque los pidalistas defendieran la referencia del *PMC* como un exacto recuerdo histórico, no conozco mención de parecida tienda en los anales y crónicas de la España cristiana antes de 1200, y creo que el regalo del *PMC* se debe a una fuente carolingia. Dicen los *Annales Laurissenses*, s.a. 798, que estando Carlomagno en Herstal (Alemania), «Venit etiam et legatus Hadefonsi regis Gallaeciae et Asturias, nomine Frola, papilionem mirae pulchritudinis praesentans» (*MGH.SS.*, I, 184). Esta noticia se repite en varios textos latinos de Francia hasta principios del siglo XIII. No se deja constancia de la procedencia mora de la tienda, pero cabe presumirla; algunos meses más tarde, en aquel mismo año de 798, registran los mismos *Annales* otra embajada de Alfonso a Carlomagno, que traía botín de la victoria de Alfonso en Lisboa. En alguna forma, con su interés para un español y su mención de otro Alfonso, el dato pudo llamar la atención de Per Abad. Aun si el Cid histórico conociera estas tiendas y hubiera capturado una, es en su aspecto *literario* que el dato

---

[26] Compárese esto con el mismo tópico documentado en el capítulo 4, con citas de la Biblia y de los historiadores hispano-latinos del siglo XII. Ahora creo más bien en la fuente concreta que señalo aquí.

habrá interesado al poeta; según quedaba demostrado en los anales carolingios, hacer espléndidos regalos de este tipo era un aspecto imprescindible de la *persona* heroica de reyes y emperadores, y por tanto debía serlo de los cuasi-monarcas como el Cid[27].

10. Un aspecto importante de la estructura del *PMC* puede deberse a modelos franceses. Se da por sentado, creo que con razón, que la épica escrita del siglo XII en Francia se creaba, igual que la épica oral precedente, si la hubo, para ser representada en público; esto es, por el canto o la declamación, o por boca de uno que dramatizara el texto manuscrito al leerlo ante un auditorio. Las magníficas cualidades públicas del *Poema* nos indican que tal era la intención en España, y que en esto el autor del *Poema* o seguía una tradición indígena, o bien introducía desde Francia todo un estilo y una manera de presentación. En los numerosos textos franceses es a veces posible adivinar las divisiones, los descansos que se habrían impuesto en una representación pública[28]. Son, sin embargo, muy escasos los textos en que constan estas divisiones de modo totalmente inequívoco, es decir, mediante indicaciones formales del tipo que encontramos en el *PMC*. En éste, la división no se indica en el ms. existente mediante espacios dejados en blanco ni por palabras de encabezamiento ni por letras iniciales grandes, sino mediante referencias incorporadas al texto poético:

Aquis conpieça la gesta   de mio Çid el de Bivar. (1085)

Las coplas deste cantar   aquis van acabando:
¡El Criador vos valla   con todos los sos santos! (2276-7)

Los editores modernos con razón imprimen los tres cantares separadamente y añaden los encabezamientos: *Cantar I*, etc. Menéndez Pidal les impuso títulos, que se han adoptado bastante: *Cantar del Destierro*, etc. Pero muy poco se ha estudiado la finalidad, lógica o estética o práctica, que tuviera Per Abad al

---

[27] Véase R. M. WALKER, «The Role of the King and the Poet's Intentions in the *PMC*», en *Medieval Hispanic Studies presented to Rita Hamilton* (Londres, 1976), pp. 257-266.

[28] Véanse J. RYCHNER, *La Chanson de Geste: Essai sur l'art épique des jongleurs* (Ginebra, 1955), pp. 48-54; R. MENÉNDEZ PIDAL, *Poesía juglaresca...*, 6ª ed. (Madrid, 1957), pp. 260-261; A. B. LORD, *The Singer of Tales* (Nueva York, 1960), *passim*; J. HORRENT, *Historia y poesía en torno al «CMC»* (Barcelona, 1973), pp. 245-251.

dividir de este modo su obra, aparte de la afirmación —natural y obvia— de que tal división ha de corresponder a las partes en que se dividía la obra en la representación pública. Esta división la ha utilizado E. von Richthofen en diversas ocasiones [29] para sugerir que el Cantar II era en su origen independiente de los otros dos, y de mayor antigüedad; que vino a manos del autor del poema existente ya hecho, con versos al principio y al final como sería de esperar en una *gesta* o *cantar* independiente. Puede ser, aunque las razones de von Richthofen no me convencen y aunque yo prefiero seguir creyendo en la composición unitaria del *Poema*. Si echamos una ojeada a varios textos franceses, vemos que no es necesaria hipótesis alguna del tipo que ofrece von Richthofen, pues Per Abad bien pudo organizar su obra en tres cantares siguiendo modelos franceses. Dos me han llamado la atención. La *chanson* de *Fouques* (o *Foucon*, etc.) *de Candie*, cuyo protagonista es uno de los partícipes en el ciclo de Guillaume d'Orange, se ha fechado por los años de 1170, aunque me hace la impresión de ser algo posterior. Se conoce el nombre de su autor: Herbert le Duc, de Danmartin, cerca de París. El poema es enorme: 14.916 versos. Su primer editor, Prosper Tarbé [30], dividió el texto en seis *chansons* y añadió encabezamientos: *Première chanson,* etcétera. El otro editor moderno, O. Schultz-Gora [31], no hace esto porque no está del todo convencido de que el autor se propusiera organizar su obra de este modo consecuente. De hecho, varía la práctica de los ocho mss. existentes (más varios fragmentos). El manuscrito P¹ (B.N. de París, 25518) que adopta Schultz-Gora como base tiene en tres ocasiones iniciales grandes para señalar lo que son, en Tarbé, las *chansons* II, III y IV, y tiene al principio de la *chanson* V una notable miniatura. En este ms., a lo menos, vemos que se señalan con pluma o con pintura cuatro de los cinco «nuevos comienzos». La división delante de la *chanson* V es de todas formas obvia, pues aquí terminan los versos decasílabos y comienzan los alejandrinos. Nos interesan más las otras indicaciones dentro del texto poético. Al comienzo de la tirada 367, esto es, al comienzo de la

---

[29] La más reciente en su libro *Tradicionalismo épico-novelesco* (Barcelona, 1972), pp. 23-28.
[30] En la *Collection des poètes de Champagne antérieures au XVIᵉ siècle* (Reims, 1860), vol. 17.
[31] En la serie *Gesellschaft für Romanische Literatur* de Dresde-Jena, 3 vols., 1909-1936.

chanson IV, anuncia el poeta que *Ceste chançons ne mut pas de mençonge* (v. 6762); poco después del comienzo de la tirada 690, esto es, al comienzo de la *chanson* VI, anuncia el poeta que *Chançon ferai nouvele et de grant seignorie* (v. 12.475). En otras partes comienzan las *chansons* con un par de versos convencionales que el público reconocerá como señales de un nuevo comienzo, refiriéndose al mayo florido (vv. 700-1, 4609, 12.473-4). Sean las que fueren las acciones de los copistas y miniaturistas —fuera del control del autor— está claro que el poeta sí pensaba en estas divisiones, que las indicaba claramente en sus versos y que llamaba a cada sección una *chanson* a pesar de que éste era también el nombre de la totalidad de su obra *(chanson de geste)*. Esto cuadra exactamente con la práctica de Per Abad. *Fouques* está ambientado en España; *Candie* es Gandía, al sur de Valencia; pero si Per Abad acudió a *Fouques* por motivo patriótico o por interés geográfico, se habrá quedado decepcionado, pues la geografía es estrafalaria y la calidad literaria muy baja (aunque el poema era muy conocido en su tiempo). Otro texto, todavía más conocido, en que constan divisiones formales es *Ogier de Danemarche*. Como queda dicho arriba, es probable que Per Abad conociera este poema. Al describir los cinco manuscritos existentes el editor moderno, M. Eusebi, no registra ninguna señal en ellos que marcara la división, pero imprime el texto con las tres *chansons* bien separadas y con encabezamiento de I, II, III. Hay 12.346 versos en total. Aquí, como en el caso de *Fouques* y como en el *PMC*, la división está señalada dentro del propio texto poético. Al comienzo de la tirada 93, donde empieza la *chanson* II, leemos:

Oiés, signor, que Dex vos puist aidier,	3101
Li glorïeus qui tot a a jugier,	
Bone chanchon qui mult fait a prisier;	
Tele n'oïstes a nul jor desos ciel ...	3104

Al comienzo de la tirada 206, donde empieza la *chanson* III, leemos:

Ce dist li vers en la bone canchon	9552
Que .V. ans fu Ogier en la prison ...	

En uno de estos poemas franceses, quizás en los dos, creo que aprendió Per Abad a dividir su obra; y —que yo sepa— son éstos los únicos poemas franceses escritos antes de 1200 (y por tanto accesibles al español) en que constan tales divisiones. Sorprende un poco que Per Abad en su *Poema* haya sentido la necesidad de dividirlo, pues en su forma completa habrá tenido unos 4.000 versos, mientras los dos poemas franceses tienen más de 12.000 y merecen sobradamente ser divididos en partes manejables. Pero sus razones habrá tenido, sobre todo de índole dramática, y su organización tiene una lógica perfecta.

He aquí una contribución al estudio del *Arte poético* de Per Abad. Son sugerencias (juntamente con las de Walker, sobre *Florence*, y mías sobre Salustio y Frontino) acerca de temas, motivos y detalles que pudo absorber Per Abad mientras leía, como es costumbre de los autores, y que pudo utilizar y recrear de diversos modos al ponerse a escribir el *Poema*, como también es costumbre de los autores. Sabía algo del gran mundo carolingio y del gran mundo de la épica francesa y tomó de ellos elementos y temas con que ir formando y dignificando su nueva épica española. Aceptando la autoridad de las *chansons* de su época, del *Roland* de siempre y varias nuevas de los años 1180-1200 (período de máximo esplendor del género épico francés), percibía los atractivos de hacer que su héroe se enfrentara con una fiera, persiguiera al caudillo moro, enviara una magnífica tienda a un personaje imperial (¿Alfonso VI = Carlomagno?) [32]. Sabía que convenía vestir a los magnates no con sedas españolas, sino con el género superior traído del oriental Andros y autorizado por los textos franceses. El panorama visto por Jimena desde el alcázar de Valencia es otra cosa, más personal. No es un mero adorno, pues tiene relación con el tema principal: la acción de gracias a Dios por tan vasta posesión, y el sentido de permanencia en esa posesión, se relacionan estrechamente con la situación tanto de Jimena como de Berte; es una adquisición tan grande que conviene valorizarla no materialmente, contándola por marcos como hacen los hombres al adquirir botín, sino emocionalmente, por ojos de mujer. Este breve episodio nos impresiona por ser tan diferente de la sangrienta rutina de la epopeya masculina. La absorción por Per Abad del pasaje de *Berte* y su genial aplicación del modelo al momento de la reunión familiar en Valencia son notas importantes para ese *Arte poético*, sección de «Sensibilidad».

[32] Sobre la ecuación de Alfonso VI con Carlomagno, véase E. VON RICHTHOFEN, sección titulada «Los dos 'Imperatores'» del libro *Nuevos estudios épicos medievales* (Madrid, 1970), pp. 24-29.

Su adaptación de *Florence* para la escena de Corpes, tan rica en elementos psicológicos y tan importante como médula moral y dramática de la obra, será otra sección indispensable del *Arte poético*. Hay más, quizás: en *Berte* como en *Florence* tienen gran envergadura los papeles femeninos, y esto es poco frecuente. No son éstas mujeres que hayan pasado a tomar papeles masculinos; son mujeres que sufren a manos de hombres dominadores o malvados. Con Jimeno hay que asociar, desde luego, el papel aún más relevante de sus hijas, creación originalísima (que sepamos) de Per Abad. Es posible que en este aspecto las dos obras francesas hayan despertado un eco en el temperamento de Per Abad, eco productivo hasta más no poder. También Per Abad se habrá sentido a gusto, por temperamento, con *Berte* en la cuidada motivación psicológica de los personajes y con la bastante exacta ambientación geográfica y realista, según apuntamos arriba.

Me referí antes al ambiente literario de Burgos hacia 1200. La ciudad está situada en el camino francés y tenía (como otras ciudades españolas) su colonia de *francos*. No había obstáculo para que allí recibiera Per Abad su formación literaria, y de todos modos le habría resultado más fácil en Burgos que en Medinaceli (donde, según unos, este poeta viviera como juglar analfabeto). En Burgos, tal hombre podía pedir que se le trajesen, por vía de comercio, libros franceses, por mano de mercaderes o de clérigos. Los textos latinos eran conocidos, para 1272 a lo más tarde, pero sin duda en fecha algo anterior, en Cardeña, como he mostrado en *Romania*. Podemos conjeturar que se franqueaban a los seglares, del mismo modo que se documenta esto para Francia por dos de los poetas que acabamos de conocer en este capítulo [33], y esto podía resultar más fácil aún si Per Abad como abogado tenía alguna

---

[33] El autor de *Fouques de Candie* al comenzar su *chanson* VI cita su fuente:

> *quar ge fui une foiz a Clugni, l'abaïe,*
> *si trouvai la .I. livre de grant ancoisseurie,*
> *qui fu fait et escript des le temps Jeremye...* (12.476-8)

Igual pretensión de Adenet en *Berthe aus grans piés*:

> *K'a Saint Denis iroie por priier Dieu merci.*
> *A un moine courtois, c'on nonmoit Savari,*
> *m'acointai telement, Damedieu en graci,*
> *Que le livre as estoires me moustra et g'i vi*
> *l'estoire de Bertain et de Pepin aussi*
> *Comment n'en qual maniere le lion assailli...* (7-12)

Aunque estas declaraciones no sean textualmente verídicas, reflejan sin duda en general una realidad corriente.

razón profesional para entrar en la biblioteca o archivo del monasterio. Sin embargo, ninguno de los textos manuscritos, latinos y franceses, existe hoy día como manuscrito en España. Grandes han sido las pérdidas de manuscritos españoles de toda clase, así que esto no vale como argumento fuerte en contra de mis suposiciones. Pero nos hace preguntar si en efecto se trata menos del ambiente literario de Burgos hacia 1200, y más de un Per Abad que hubiera viajado a Francia y vivido allí durante un tiempo: como estudiante en París o en Montpellier, quizás, o como abogado con negocios reales o municipales o eclesiásticos. Ya observó Eugenio Asensio, con otra finalidad, que «el camino francés era de ida y vuelta». Le habría sido más fácil a Per Abad adquirir sus conocimientos del francés, y sus libros, en el suelo de la propia Francia. Aquí puede ser cuestión también de los galicismos y provenzalismos del *PMC*, aspecto poco estudiado, pero nada desdeñable, a la cual ha vuelto brevemente Herslund en su trabajo citado de 1974.

Dentro de la cultura literaria hispánica, relativamente independiente, tal como la concebían y defendían Pidal y otros, había un lugar no muy grande para los temas franceses y la influencia estilística francesa. Estoy seguro de que en varios géneros conviene ensanchar este lugar. Carlomagno está en todas partes de la Edad Media europea: presencia ingente en la leyenda y la literatura, en la religión y la política. En España se ha estudiado esta presencia en varios aspectos históricos y legendarios por Sholod[34], y en la literatura del tema central de Roland-Roncesvalles, por Horrent[35]. Pero hay mucho más: el material anecdótico y seudo-histórico del Monje de Saint-Gall y del *Novaliciense*, etc.; las *chansons de geste* sobre temas carolingios y otros; *Florence* y quizás otros *romans* que nacieron de las *chansons de geste*. Hay trabajos importantes de Riquer[36] y de otros, pero la investigación —a base del *PMC* de 1207,

[34] B. SHOLOD, *Charlemagne in Spain: The Cultural Legacy of Roncesvalles* (Ginebra, 1966).

[35] J. HORRENT, *'La «Chanson de Roland» dans les littératures française et espagnole au moyen âge* (París, 1951). El trabajo reciente de HORRENT, «*L'Historia Silense* ou *Seminense»*, *Marche Romane*, XXIII-XXIV (1973-1974), pp. 135-150, examina la tradición historiográfica, con bibliografía importante. Para el marco histórico, es muy útil M. DEFOURNEAUX, *Les Français en Espagne aux XIe et XIIe siècles* (París, 1949).

[36] No puedo dejar de citar aquí lo que dijo Riquer hace bastantes años, abriendo caminos que apenas se han seguido: «... El autor del *CMC* tenía ante los ojos una versión de la *CR* que en este punto se hallaba más próxima a la tradición manuscrita de Venecia[4] y de París que de la de Oxford» y «Conocía bien la epopeya francesa. En su biblioteca particular, o en la del monasterio o de la corte a que estaba adscrito, figuraban, sin duda alguna, varios mss. de *chansons de geste* que podía leer en su lengua original», en «Bavieca, caballo

no de 1140, lo cual abre perspectivas totalmente nuevas— bien puede
llevarse más lejos. En especial, el Cid no sería lo que es, en la
leyenda y en la literatura, sin la proyección sobre él de la vasta
sombra de Carlomagno. Esto empieza a ser cierto por lo que se
refiere al *PMC*, a pesar de su robusto españolismo y su concepto
revolucionario del arte épico. Es cierto por lo que se refiere a la
formación de la leyenda caradignense sobre el héroe, expresada por
fin en la * *Estoria del Cid* o * *Leyenda de Cardeña*, y por tanto de
casi todas las narraciones cronísticas que adaptaron, hasta el siglo XVI, este material. Creo que probablemente es cierto en cuanto
a las *Mocedades de Rodrigo* en su versión existente, la de Palencia:
los héroes carolingios tenían sus *Enfances* en verso *(Ogier, Garin)*,
y el propio Carlomagno las suyas *(Mainet*, etc., bien conocido en
España). Además, los hechos que al Cid se atribuyen en el *Rodrigo*
del siglo XIV corresponden a varios hechos atribuidos a Carlomagno.
Si Carlomagno era, en la leyenda, peregrino al sepulcro de Santiago
(más: el que lo descubrió), y si recibía una visión del Apóstol, el Cid
también había de ser peregrino a Santiago *(Rodrigo*, 566 y ss.), y
había de recibir la milagrosa visita de San Lázaro *(Rodrigo*, 590
y ss.). Si Carlomagno tenía fama de patrono y protector de iglesias y
monasterios, el Cid asimismo había de ser (en la leyenda local) el
protector seglar de la iglesia de Palencia y el fundador de su laza-
reto [37]. En un momento tardío se le atribuía al Cid la bastardía, cua-
lidad heroica por lo menos en el folklore, igual que se le atribuía
esto a Carlomagno [38]. Si Carlomagno trataba a los papas casi en
un pie de igualdad (sobre todo rescatando al papa Leo de su degra-
dación), el Cid asimismo tenía que tratar personalmente a un papa
e imponerle su peculiar justicia [39]. La historia de *Bernardo del Car-*

---

del Cid Campeador, y Bauçan, caballo de Guillaume d'Orange», *BRABLB*, XXV
(1953), pp. 127-144.
[37] Véase A. D. DEYERMOND, *Epic Poetry and the Clergy: Studies on the «Mocedades de Rodrigo»* (Londres, 1969), pp. 105-115.
[38] Por ejemplo, en el romance *Ese buen Diego Laínez*, que tiene varias
características de «viejo»: de sus hijos,

> *los tres son de su mujer,*
> *pero el otro era bastardo,*
> *y aquel que bastardo era*
> *era el buen Cid castellano...*

La tradición es antigua; la desmiente específicamente la *Crónica particular*
al narrar el nacimiento de Fernando Díaz, hermanastro bastardo del Cid: «Los
que no saben la estoria dizen que este fue el Çid mas no es asi» (MS 1810 de
la B.N., Madrid, fol. 2v).
[39] El Cid tardío del *Rodrigo* y de varios romances, en su confrontación con
el papa, debe algo también a la hostilidad política de contemporáneos españoles a las pretensiones papales.

pio, de principios del siglo XIII, aunque se produjo como reacción violenta contra las pretensiones francesas y a pesar de contar una victoria española en Roncesvalles, refleja con bastante exactitud un tema carolingio: «Les aventures du père de Bernardo del Carpio et de sa mère, soeur d'Alphonse le Chaste, ont avec celle des parents de Roland une ressemblance frappante, qui s'augmente considérablement si on se rappelle que la mère de Bernard, dans la légende la plus ancienne, était, comme celle de Roland, soeur de Charlemagne et non d'Alphonse. Il semble que les *juglares* espagnols aient ici attribué au héros national les aventures du héros français»[40]. Hasta un detalle de la leyenda de Rodrigo el Godo, en general tan hispánica (que se tomó prestada para la *chanson* francesa de *Anseïs de Cartage*), resulta tener su origen probable en un detalle de la leyenda de Carlomagno[41].

El autor de la *Historia Silense* tuvo que enfrentarse con el problema de resistir y corregir las muy exageradas pretensiones galas acerca del dominio carolingio en España y las conquistas del Emperador en la Península. El monje lo hizo triunfalmente, en nombre de la verdad. Los medievalistas, encabezados por Pidal durante tantos años, casi se podría decir que militaron bajo la misma bandera, pero a mi ver estaban defendiendo una posición cuya verdad en el campo literario es menos clara. Creo que el *Poema de mio Cid* de 1207 apenas se hubiera concebido, y seguramente no fuera lo que es, sin la presencia de lo francés, en cuanto a modelos, temas, retórica y recursos de toda clase. Se acepta esto sin dificultad por lo que se refiere al nacimiento y progreso del otro género de verso narrativo del siglo XIII, el verso *de clerecía*, que tanto dependió de modelos franceses y de modelos latinos traídos de Francia. Los hechos de la historia cultural en general apoyan esta actitud. Nunca han negado los españoles la fuerza de las influencias italianas en el siglo XVI, y

---

[40] Nota de P. Meyer a la 2ª edición de la *Histoire poétique de Charlemagne* de G. Paris (París, 1905), p. 527. Para opinión más moderna, véase E. von Richthofen, *Nuevos estudios...* (Madrid, 1970), pp. 37-44.

[41] Según el romance,

> *Ya me come, ya me come,*
> *por do más pecado había...*

En las obras de Walafrido Estrabón (÷ 849) se narra la *Visio Wettini*. El monje Wettin del monasterio de Fulda había bajado al infierno en una visión, viendo allí a Carlomagno haciendo penitencia por sus pecados sexuales:

> *oppositumque animal lacerare virilia stantis...*

Walafrido subraya este pasaje mediante iniciales de verso que forman un acróstico, CAROLUS MAGNUS (Migne, *Patrologia*, vol. 114, col. 1073).

para los ingleses su galización en los siglos XI-XIV siempre se ha creído totalmente beneficiosa. Lo que interesa más es ver cómo el genio nativo se impone a lo que se ha traído de fuera o a lo que se aprende en el extranjero (puede ser tan esencial la ida de Per Abad a Francia como la ida de Garcilaso a Nápoles). Nadie va a sostener que Garcilaso pudiera ser tomado por italiano, como tampoco Per Abad por francés. El *Poema de mio Cid* supera, juvenil y confiado, revolucionario, sus modelos franceses, y se ofrece como brillante ejemplo de un arte nuevo. En la misma obra su autor es aprendiz y maestro [42].

[42] Agradezco profundamente al Dr. R. M. Walker, que leyó una primera versión de este capítulo, sus atenciones y muchas sugerencias útiles.

VII. REALIDAD Y RETÓRICA: EL BINOMIO EN EL ESTILO ÉPICO

Una primera versión de este estudio, en inglés, fue redactada hace varios años, incorporando algunos materiales reunidos por el Dr. John Morris, según consta en nota preliminar al capítulo 8. Esta versión no se pudo publicar entonces, pero la utilizó el Dr. R. M. Walker (Universidad de Londres) al preparar el capítulo 6 de su libro *Tradition and Technique in «El Libro del cavallero Zifar»* (Londres, 1974), en el que estudia la extraordinaria riqueza binaria de esta obra. He preferido no complicar más el asunto volviendo a tomar referencias para el presente capítulo del libro de Walker, pero lo tendré en cuenta en mis conclusiones.

Desde hace tiempo recibe comentario la abundante fraseología binaria de los textos medievales, y en años recientes contamos con valiosos estudios de este aspecto del estilo de autores individuales españoles [1]. Hay también estudios importantes de este aspecto de la épica francesa [2] y de otros textos franceses [3], y ha habido algún intento de estudiar en escala más amplia la función de estos procedimientos y la mentalidad que les subyace [4]. La cuestión tiene interés para los estudios de lingüística general y de la retórica, para la historia del lenguaje del derecho y en algún caso de los usos sociales, para nuestro conocimiento de la supervivencia de fórmulas

---

[1] Sobre el *PMC*: E. KULLMANN, «Die dichterische und sprachliche Gestalt des *CMC*», *RF*, XLV (1931), pp. 1-65 (p. 51 y ss.); E. VON RICHTHOFEN, en varios trabajos, p. ej., *Nuevos estudios épicos medievales* (Madrid, 1970), pp. 115-117; E. DE CHASCA, *El arte juglaresco en el «CMC»* (2ª ed., Madrid, 1972), cap. 10. Sobre otros textos, ver R. H. WEBBER, *Formulistic Diction in the Spanish Ballad* (Berkeley-Los Angeles, 1951), esp. pp. 218-233; J. ARTILES, *Los recursos literarios de Berceo* (Madrid, 1964), pp. 109-118; C. GARIANO, *Análisis estilístico de los «Milagros de Nuestra Señora»* (Madrid, 1965), pp. 95-99; T. A. PERRY, *Art and Meaning in Berceo's «Vida de Santa Oria»* (New Haven-Londres, 1968), cap. 5; A. ROSENBLAT, *La lengua del «Quijote»* (Madrid, 1971), pp. 116-130, resumen esencial para el medievalista. El citado libro de WALKER sobre el *Zifar* ofrece el estudio más completo y riguroso de un solo autor. Sobre la relación en este aspecto de los textos castellanos tempranos con la tradición latina (medieval, bíblica, clásica) ha realizado una labor valiosa el Dr. G. R. West en su tesis inédita (1975) de la Universidad de Londres, *History as Celebration: Castilian and Hispano-Latin Epics and Histories, 1080-1210 A. D.*, de la cual tomo con su permiso varias indicaciones.

[2] Entre otros, los de E. R. CURTIUS, «Zur Literarästhetik des Mittelalters, II», *ZRP*, LVIII (1938), esp. pp. 215-232; S. PELLEGRINI, «Iterazioni sinonimiche nella *CR*», *SMV*, I (1953), pp. 155-165, reimpreso en *Studi Rolandiani e Trobadorici* (Bari, 1964), pp. 136-147; S. G. NICHOLS, Jr., *Formulaic Diction and Thematic Composition in the «CR»* (Chapel Hill, 1961), con listas en el Apéndice I (grupos 3, 9); J. J. DUGGAN, *The Song of Roland: Formulaic Style and Poetic Craft* (Los Angeles, 1973).

[3] P. ej., P. M. SCHON, *Studien zum Stil der frühen französischen Prosa* (Frankfurt, 1960), esp. pp. 205-238. Para el inglés, lamento no haber podido ver I. KOSKENNIEMI, *Repetitive Word Pairs in Old and Middle English Prose* (Turku, 1968: *Annales Universitatis Turkuensis*, Series B, 107).

[4] Merecen mención especial: E. VINAVER, «A la recherche d'une poétique médiévale», *CCMe*, II (1959), pp. 1-16; E. BERNHARD, «Abstractions médiévales ou critique abstraite?», *SMV*, IX (1961), pp. 19-70; P. ZUMTHOR, *Essai de poétique médiévale* (París, 1972).

clásicas y arcaicas y de la influencia de los textos latinos en las lenguas vernáculas medievales. Para la investigación de la épica castellana el asunto tiene cierta actualidad, pues tiene que ver con la fórmula oral, con la retórica de escuela y con la influencia latina y francesa, o sea, que puede ayudar a aclarar el problema de los mismos orígenes de la épica. En campo potencialmente tan amplio me limito, pues, a estudiar la fraseología binaria de la épica, sobre todo del *Poema de mio Cid*, buscando el origen y tratando de seguir la evolución de cada tipo. En muchos casos espero que sea posible determinar si en el binomio conviene apreciar una doble realidad, una pareja de referencias concretas y separables sentidas como tales por el oyente o lector, o si por el contrario tenemos que ver con fórmulas vagas y algo huecas cuya presencia en el verso obedece a propósito estructural: de ahí el título de «Realidad y retórica». Estudiaré primero los detalles, dejando para una sección de conclusiones el resumen de los aspectos generales.

Me interesa el estudio del binomio bajo la forma de parejas hechas (a veces con extensión a triples). Estas parejas son una parte, nada más, de un sistema retórico o expresivo de construcciones paralelas u oposicionales. El sistema como totalidad abarca toda clase de fraseología insistente, *oppositum* y antítesis y reiteración, versos bipartidos o bimembres, pareados de versos, etc. En los trabajos de Kullmann, Curtius, De Chasca y otros se estudian estos aspectos de la expresión épica y se relacionan los aspectos con otros aún más generales de la estructura global del *Poema de mio Cid*. Queden las páginas presentes como aporte modesto a esa investigación de un campo mucho más amplio.

1. PAREJAS SINONIMAS

Se incluyen bajo este epígrafe cierta cantidad de parejas no estrictamente sinónimas, sino más bien semi-sinónimas y casos que llama De Chasca «yuxtaposición de ideas afines». Procuro mantener la nomenclatura en un nivel muy sencillo. Llama Kullmann estos binomios «Zwillingsformel», Curtius «Doppelungen», Gariano «acumulación sinónima» y Pellegrini «iterazioni sinonimiche»; prefiero, como más sencillo, seguir a Artiles y hablar de «parejas de sinónimos». Queda para las conclusiones la tarea de decidir la denominación en la retórica latina que mejor corresponda a este procedimiento. Creo que es posible analizar las parejas por tipos y orígenes más que por función gramatical:

a) LA PAREJA SOCIAL

Es fácil imaginarse cómo se crearon muchas parejas de manera natural en una situación social. Dirigirse al rey *commo a rey y a señor* (*PMC*, 2109, etc.) obedecía en un principio a una doble realidad, esto es, se aludía a Alfonso VI como rey de su reino y como señor feudal de un vasallo. Se conserva esta frase en la *PCG* —los cronistas tenían un sentido agudo de estas distinciones—, pero parece que era desconocido en otros textos posteriores con excepción del *Zifar* [5]. Berceo y otros poetas de clerecía tienen idéntico propósito al dirigirse a su público: *Sennores e amigos...* (*Milg.*, 497a), con muchas variantes (*Milg.*, 1a, 16a, 42a, 44d, 182a, 276d, 500a, etc.). Lo que empezó como una cuidadosa yuxtaposición de términos no sinónimos en su origen viene a ser un lugar común en el verso, gracias a su comodidad métrica, y hasta puede haber llegado a ser frase hecha de la lengua, a juzgar por su aparición en la prosa de la *Celestina*: *¡O amigos y señores, ayúdame a sentir mi pena!* (II, 201). Se observa la misma evolución en la fraseología del casamiento. Las hijas del Cid se casan *a ondra e a bendiçion* (*PMC*, 3400), lo cual debió traer su origen de dos conceptos distintos: 'de acuerdo con su posición social' y 'con la bendición de la Iglesia'. Aparece la frase en la *PCG* en la forma *a ley et a bendiçion*, así como en el *LBA* (191d, 840d). La variante *a ondra e a recabdo* (*PMC*, 2233) se debe a las exigencias de la asonancia.

Otras fórmulas empleadas al dirigirse a otro duplican el término único para redondear la frase, para mostrar respeto y evitar la brusquedad. Tomarse la molestia de ser prolijo es en sí cortés, aunque la expresión sea algo formulaica. *Recebí de ti siempre servicio e amor* (*Milg.*, 126c) utiliza los dos conceptos feudales de *servicio* y de *amor*, conceptos especializados y distintos. Pero luego se varía la frase: *servicio e onor* (*Milg.*, 487d), *riqueza e honor* (*San Ildefonso*, 326a), *mercet e caridat* (*Milg.*, 655c), *mercet e gualardón* (*Milg.*, 618d), *merçedes e graçias* (*Rimado*, 697d); y en latín, *multa dilectione et nimio amore* (*HR*, 916.24, y tres casos más), *receptus est... cum summo honore et maxima ueneratione* (*HR*, 927.2).

Un grupo importante de estas parejas sociales utiliza dos sustantivos en función adverbial. La frase *bono animo et bona uoluntate* (*HR*, 934.10) corresponde al *de bon corazon y voluntat* de muchos

---

[5] Se usa esta pareja hasta doce veces en el *Zifar* (Walker, p. 198), con otras parejas de nueva invención de acuerdo con este modelo.

documentos legales (p. ej., Muñoz, pág. 167), y cabe suponer que corresponde también a la lengua hablada en momentos solemnes (¿con un ademán hacia el corazón?). En la épica encontramos *de voluntad e de grado* (*PMC*, 149, etc.), *¡d'amor e de voluntad!* (*PMC*, 1692, etc.), fórmulas de segundo hemistiquio con asonancias fáciles. Continúa esta fraseología en los romances, pero con poca frecuencia (147, 189, 193). En los poemas de clerecía son raras estas fórmulas, encontrándose tan sólo *de amor e de grado* (*SO*, 34b, 66b), y *de sabor e de grado* (*Apol.*, 618c). Se debilitó poco a poco la significación de estas frases hasta quedar en 'con gusto, vigorosamente', como en *fue ferir al buen conde d'ira e voluntat* (*PFG*, 375c; véase *CR*, 1438).

b) LA PAREJA LEGAL

Es riquísimo el lenguaje del derecho en parejas más o menos sinónimas, habiéndose originado muchas de ellas en el uso hablado de los momentos solemnes. En el caso del derecho romano tal origen ha de conjeturarse; otros tipos de frases (no parejas) de los Juramentos de Estrasburgo los cree P. Zumthor haberse originado en el *droit coutumier oral* de los francos[6]. En todos los tiempos el lenguaje del derecho se ha esforzado, por una parte, por ser preciso, pero también este lenguaje por otra parte se ha esforzado por abarcarlo todo con el propósito de cubrir todas las posibilidades, para que nadie escapara de sus estipulaciones ni pudiera sutilizar a base de palabras poco claras. En muchos de los ejemplos que voy a citar es probable que en su origen los dos o tres términos de una frase no eran plenamente sinónimos; habrán tenido connotaciones algo diversas o habrán variado en su uso, lo cual hizo aconsejable mencionar todos los términos para no dejar lugar a dudas. De este tipo son *jus potestasque, ope et consilio, derechos e costumbres, fueros e leyes, mal e desonra*. Una palabra popular y otra culta hacen pareja en *belli et guerrae, fueros e privilegios, pechos e tributos, sans nostre congié licence et permission;* palabra germánica y palabra latina hacen pareja en *mundeburde vel defensione*[7]; arcaísmo y voz corriente en *guerras e lides, voz y apellido;* etcétera. Pero estas dis-

---

[6] P. Zumthor, *Langue et technique poétiques à l'époque romane (XIᵉ-XIIIᵉ siècles)* (París, 1963), p. 40 y ss.

[7] Algunas de estas parejas se han tomado de E. Chassan, *Essai sur la symbolique du droit* (París, 1847), pp. xxix y ss.; aprovecho este estudio más a fondo en el capítulo 8. Sobre el posible origen de algunas parejas en una situación bilingüe, véase H. Hatzfeld, *Estudios de estilística* (Madrid, 1975), p. 220, que cita del francés los «dobletes» *broigne-alberc, escu-targe*, etc.

tinciones fueron olvidadas al establecerse como fórmulas estas frases
en la mentalidad tradicionalista de los abogados, y cuando comenzó
su uso literario, los autores no se preocupaban por la exactitud semántica, sino que buscaban clichés utilizables para la *amplificatio*
(si de composición escrita se trataba) o para llenar un verso (culto
u oralmente improvisado). Tal parece ser el caso en el *PMC:*

> retraer vos lo an   en vistas o en cortes (2733)

pues volvemos a encontrar casi lo mismo en los vv. 2914 y 2949.
Sin embargo, estas frases persistieron también en la esfera estrictamente legal: según una fórmula de hacia 1400, el vasallo promete
a su señor *que yra a su llamamiento o emplasamiento que le fuere
fecho por sus cartas o por sus porteros* [8], y aunque esto tiene aire
de cliché, éste seguía comunicando una doble realidad, siendo una
carta distinta de un *portero,* y ambos todavía en uso. Es difícil en
otros casos distinguir la retórica de la realidad. Si en el derecho romano temprano encontramos una frase cuyos cuatro miembros nos
parecen todos ser sinónimos en el sentido de 'conspirar', no podemos —siendo incapaces para *sentir* el latín como lo sintieron los
romanos— acusar al jurista de mera palabrería ni identificar un
ejemplo de *congeries* retórica. En la *Chanson de Roland* se jura

> Par ceste barbe et par cest men gernun (249)

que es a las claras una fórmula elegante, una expresión bipartida
que llena el verso cómodamente; pero es posible que el juramento
de la barba fuera distinto del juramento del bigote, y que ambos
difiriesen aislados del juramento-de-barba-y-bigote de Carlomagno,
con variedad también de ademanes. Es decir, que hay que tener
presentes tanto el origen «real» y la continuación de un uso «real»
como el uso puramente formulaico.

En cambio, es obvio que el lenguaje del derecho, más allá de su
función definidora y declaradora, no era de ningún modo incapaz
de llevar una potente fuerza estética. En el libro interesante, pero
olvidado, de E. Chassan, que comentamos más detalladamente en el
capítulo 8, se analiza el arte y la majestad del lenguaje jurídico:
sus aliteraciones, su medida rítmica, sus estructuras equilibradas
—en una palabra, su poesía—. En este lenguaje no falta la pareja.

---

[8] *Fórmulas,* III, p. 501. Ver también, más abajo, p. 193.

A veces se busca la insistencia emotiva[9], a veces la gravedad solemne, pero a veces también no se ve en las parejas propósito alguno, en cuyo caso concluimos que el jurista siente el lenguaje con el mismo sencillo placer que el poeta, o como los niños, con sus rimas infantiles. Considerando la aliteración, y con ella el ritmo y el equilibrio, pasamos desde *sano y salvo, sain et sauf, safe and sound* —frases de uso diario— a *consensu et concilio* (Chassan, pág. 342), y de ahí al latín literario influido por el derecho, *dampna et detrimenta* (*HR*, 929.1), y de ahí al dominio literario propiamente dicho y a frases como *trenchet e taillet* (*CR*, 1339). Más allá de esto nos encontramos con la elaboración literaria verdaderamente impresionante, como *contestamur omnes, convenimus cunctos, monemus universos* (Chassan, pág. 342), y el triple que triunfa sobre la pareja:

> E desde oy dia en adelante dexo e renuncio e parto de mi todo el poder e el derecho e el sennorio e la posesion e la tenencia e propiedat que yo auia e he en las dichas casas. (*Fórmulas*, III, 477.)

Esta elaboración de parejas con aliteraciones y ritmos llega a un *crescendo* en la fórmula colectiva de los diplomas:

> Cum solaribus populatis et non populatis, pratis et paschuis, cum molendinis et piscariis, montibus et fontibus, cultis et incultis, cum ingressibus et regressibus, ut habeatis et possideatis... (*Chartes de Silos*, pág. 95; año 1171.)

En la literatura, estas prácticas elaboradas durante siglos contribuyen a los maravillosos versos de la épica:

> N'i ad castel ki devant lui remaigne,
> Mur ne citét n'i est remés a fraindre (*CR*, 4-5).

Mayor atención merece el paso de algunas parejas legales a las literaturas latina y vernáculas. La noción de 'dar' o 'entregar' parece haberse expresado siempre por muchos sinónimos: en el derecho romano, *do, lego, testor*, y en los diplomas de la Edad Media en Francia y en España, *sic do et dono adque concedo, et todo lo do e*

---

[9] «En la vehemencia del deseo de claridad el hablante teme que la expresión sea incolora y que sea fugaz, y usa para asegurarse de la comprensión voces que sean facetas y matices que inculquen bien la idea. Hay casos en que hay una expresividad graduada. En latín era usual *peto quaesoque*. En español hay fórmulas mixtas, como *ordeno y mando*.» V. GARCÍA DE DIEGO, *Lecciones de lingüística española* (Madrid, 1960), pp. 27-28.

dono e entrego e apodero de ello por esta carta a vos. También la noción de 'poseer' necesitaba este refuerzo si había de convencer. Dice K. Hollyman [10] que la fórmula consagrada *habere, tenere et possidere* se originó en el código de Justiniano y que se empieza a notar en los documentos merovingios desde el siglo VI. Está presente en un diploma del año 870 del *Libro de regla,* de Santillana (página 3), y es frecuente después, entrando en el dominio de la literatura bajo la forma *sub imperio nostro habito et possesso* (*HR,* 964.5). Estas fórmulas y otras se adaptaron para la poesía vernácula: *ofreçer e donar* (*Apol.,* 416b), *defender e guardar* (*SM,* 199b), *valer e ayudar* (*PFG,* 403d), etc. Frase frecuente es *servir e onrrar* (*Milg.,* 430c), que continúa en *San Ildefonso,* 326b y 328b, con su variante *servir e loar* (*San Ildefonso,* 328a). Dos frases de tipos muy distintos se unen para formar una pareja en el *PMC:*

> quitar vos he los cuerpos   e darvos e de mano (1035b)

verso que prosifica la *PCG* en forma más extensa (534.a.9).

Otro asunto que convenía expresar con la mayor delicadeza era el cargo de traición. En muchos fueros se le acusa al traidor de ser *falso y engañoso.* En el *PMC* se dice *Aquim parto de vos,   commo de malos e de traidores* (2681, 3383, etc.), que tiene eco lejano en los romances:

> ¡Déjame, triste enemigo, — malo, falso, mal traidor! (116)

y que dejó su huella en los poemas de clerecía (p.ej., *Milg.,* 419a; *LBA,* 182c, 220a, etc.). En latín medieval se decía *traditor et malus* (*HR,* 935.19), *mentiti sunt et falsi et mali, et sunt sine bona fide* (*HR,* 936.18), frases de los juramentos que prestó el Cid al rechazar las acusaciones de Aledo. En francés se decía *li fel, li traitur* (p.ej., *CR,* 1024; *Aiol,* 8329). Hay, por fin, infinidad de frases que, sin tener antecedentes claros en el lenguaje del derecho, se formaron de acuerdo con el mismo sistema para expresar conceptos cuasilegales: *regna sua et terras suas* (*HR,* 929.12 y 924.13) = *tierra y reinado* (*Romances,* 11); *inimici et aduersarii, amorem et amiciam, los pueblos e las gentes;* y muy notable en el latín de la *HR,* por su frecuencia, la pareja consagrada con la que se expresa el *topos* del botín, *omnesque substantias et diuitias* (923.13), *multa et innumerabilia tributa atque dona* (940.32).

---

[10] *Le développement du vocabulaire féodal en France dans le haut Moyen Age* (Ginebra, 1958), pp. 55-56.

c) LA PAREJA RELIGIOSA

Muchas de las parejas legales y sociales se pueden aplicar, desde luego, a los contextos religiosos; pero hay algunas que parecen traer su origen de la propia esfera religiosa. Cree Kullmann que la pareja no sinónima *çielo e tierra* (*PMC*, 217, 3281, y en otros muchos textos) tiene origen litúrgico; afirma E. Asensio que *em toda lidice e em todo goivo* imita el salmo penitencial, *dabis gaudium et laetitiam*[11]. Escribe Berceo *laudar e bendezir* (*Milg.*, 522b), y la pareja de parejas *laudar, magnificar, adorar e servir* (*Milg.*, 543b), mezcla de lo religioso con lo feudal, de acuerdo con su tendencia ideológica. También lo social adquiere nota religiosa. Observa Chassan (pág. 342) que el triple *rogo, preco et supplico* es fórmula con que el vasallo se dirige a su señor, uso que se conserva en *rogamus et obsecramus* de la *HR* (943.1); pero ya en la *Najerense* y la *Silense, adorans et petens, rogans et exorans*, se dicen al describir la oración a Dios.

d) LA PAREJA LITERARIA

Otras muchas parejas parecen no haberse trasladado a la literatura desde otra esfera «real» pre-existente, sino haberse originado más bien dentro de una tradición literaria. Examino aquí los resultados de esto en las literaturas vernáculas y latina de la Edad Media, dejando para las conclusiones la cuestión del origen y desarrollo de la tradición. Se distingue, primero, una categoría de parejas poéticas en las que la duplicación de los términos no parece añadir nada a la significación, siendo el único propósito del poeta llenar un verso o asegurar una rima. Son casos como *con lumbres e con candelas* (*PMC*, 244), *palafres e mulas* (*PMC*, 2254 = *palefred ne destrer*, *CR*, 756), *pelliçones e mantos* (*PMC*, 1065 = *palies e ciclatuns*, *CR*, 846); *fuego e flama* (con aliteración, *Milg.*, 650d); *seña nin pendón* (*Rodrigo*, 873), *a cena nin a yantar* (*Rodrigo*, 887). El verso del *PMC*.

Por lanças e por espadas   avemos de guarir (834)

---

[11] *Poética y realidad en el cancionero peninsular de la Edad Media* (2ª ed., Madrid, 1970), p. 109. Es importante, y muy interesante para nuestro propósito, el estudio que inicia ASENSIO en la p. 105 de su libro: «Retórica y lenguaje de las cantigas de amigo».

se racionaliza en la *PCG* en la forma *et nos por armas auemos a guarir* (530.a.32), pero queda como imitación en el *PFG, nin lanças nin espadas non avian nul vagar* (534b). Estructuras parecidas se encuentran con adjetivos:

grandes averes priso   e mucho sobejanos (*PMC*, 110)

los averes que tenemos   grandes son e sobejanos (*PMC*, 2541)

siendo éstos versos que expresan el «*topos* del botín» tal como se expresaba, también en forma de parejas, en la *HR: pecora quoque innumerabilia et copiosa* (941.16), *multas et innumerabiles peccunias* (958.30). En los poemas de clerecía se expresa esta noción con la fórmula de segundo hemistiquio *rico e abondado*, p.ej., en *Milg.*, 656b; *Apol.*, 124b, 240a; *Rodrigo*, 517 (y léase probablemente *ricos e abondados* en *Rimado*, 611c). Hay variantes, todavía con la rima fácil -*ado* o -*ada: rico e muy onrrado* (*Milg.*, 318c), *preciosas e onrradas* (*Milg.*, 612d), *plena e avondada* (*Milg.*, 624a), etc. El verbo sirve igualmente para estos clichés. Es notable el del *PMC, pensso e comidio, callo e comidio*, empleado cuatro veces (1889, 1932, 2828, 2953), que tiene claro antecedente latino (véase *CAI* 146). Esto resultaba inaceptable en el estilo cronístico, pues la *PCG* al prosificar lo que debió ser una frase parecida de *Bernardo del Carpio*, dice *El rey quando aquello oyo, callo vna grant ora del dia que non fablo* (355.a.8). Otro cliché (traído del lenguaje jurídico) es *dezian e afirmavan* (*PFG*, 93a; *Apol.*, 190a; *Rimado*, 887a); otro, *bien quisto e amado* (*Milg.*, 790a), con uso parecido de *querer/amar* en *LBA*, 101d; *San Ildefonso*, 327b; *Rimado*, 1035c, procedimiento que recuerda vagamente la alternación de estos verbos en las rimas de las *cantigas*. El *Rimado* en especial ofrece gran riqueza de estas parejas que completan el verso (14d, 239d, 237b, etc.).

A veces rastreamos otros clichés de tono épico que se habrán aprendido en la tradición latina. En el *PFG robar e correr* aparece como fórmula de segundo hemistiquio cinco veces, con variantes: 286d, 730b, 733a, 757a, 758b. Esto creo que está imitado del cliché de la *HR*, donde tiene forma fuertemente aliterativa y rítmica: *in partes Toleti depredans et deuastans* (923.11; también 953.10, 954.26).

Hay otras muchas parejas que más allá de la función estructural —la de completar el verso— tienen también el propósito de comunicar un significado reforzado (función estética). Es el caso cuando la pareja insiste en una emoción, imitando así la reiteración que es normal en la lengua hablada. La expresión del dolor por este procedimiento es muy frecuente: *pesar e duelo* (*Milg.*, 296d), *nin pesar nin dolor* (*PFG*, 266b), con variantes en *Milg.*, 598a; *SO*, 109d; *Alex.* 'O', 843c; *Rimado*, 12d, 953a. En esta tradición retórica se coloca Juan Ruiz: *mi llaga e mi tristura* (*LBA*, 605d), *tristeza, dolor e amargura* (*LBA*, 800b), *con saña, con ira e con cordojo* (*LBA*, 61d). A éstos corresponden en francés *dolur e ire, dolur e grant mal*, etc., y en latín, *ira et tristicia* (*HR*, 923.8). Son frecuentes también las parejas de adjetivos, siendo el más antiguo *triste e desarrado* (*Milg.*, 95a, 226a, 401c; *PFG*, 386a, 540c), con variantes *triste e pesado* (*Apol.*, 333c), *triste e penado* (*Rimado*, 1020d). Para rima distinta había *tristes e doloridos* (*PFG*, 161c, 243c). Las descripciones del llorar exigían tratamiento especial más allá del empleo de las frases «físicas» que estudiamos en el capítulo 8. Son frecuentes las parejas de sustantivos *lloro e llanto* (*PFG*, 243d, 244a, 250d), *con lágrimas e lloro* (*Rimado*, 595b), *lágrimas e plangores* (*Milg.*, 247c), y en el latín medieval *fletibus et lacrimis* nos pone en la pista de una pareja-*topos* de larguísima tradición que remonta a la expresión virgiliana del dolor. También se expresa la ira mediante una pareja formulaica insistente: *sannoso e irado* (*Milg.*, 466c, 560b; *SL*, 98c; *Signos*, 31a) o bien *sañudo e irado* (*PFG*, 198b, 741a; *Alex.* 'O', 1928a; *Rodrigo*, 698, 921; *PCG*, 541.a.49), que con otra rima es *irado e sannoso* (*San Ildefonso*, 327b). Esto imita frases del latín medieval de España: *motus et accensus ira maxima* (*HR*, 935.22), *conmotus et iratus* (*HR*, 923.22, etc.), *iratus et turbatus* (*CAI*, 11).

En las parejas que expresan insistentemente el júbilo apenas figuran los sustantivos ni los verbos, pero abundan los adjetivos. Muy frecuente es *alegre(s) y pagado(s)*, fórmula de segundo hemistiquio con rima fácil (*SD*, 303d, y unos 14 ejemplos más en Berceo; también en *PFG*, *Apol.*, *SME*, *LRO*, Sem Tob, *Rodrigo*, *Rimado*, etc.). Abundan también las variantes: *pagado e alegre* (*SD*, 396d, 605d), *ledo e pagado* (*PFG*, 686c; *Rodrigo*, 480, 990, 1004), *alegres e gozosos* (*Apol.*, 595d), *alegre e loçano* (*Milg.*, 869a), etc. Tan formulaico es esto que cuando el copista del manuscrito del *PFG* encontró en su modelo la frase *alegres e loçanos*, escribió automáticamente *alegres e pagados*, pero la rima de la estrofa nos asegura que es necesario corregir (630d); hay otro caso en el v. 684b. Las versiones latinas incluyen *gaudentes et exultantes* (*HR*, 930.23). En francés se decía *e balz e liez* (*CR*, 96). La misma historia se podría documentar para *sano y salvo, sanas e bivas* (p.ej., *PMC*, 2866). Menos frecuente es la pareja cuyo uso se limita casi a un solo texto. En el *PFG*, por ejemplo, se creó la pareja-topos del hambre: *fanbrientos e lazrados* (96d, 116b, 440c, 523a), con variante *lazrado e perdido* (442d) y origen posible en un texto latino, *pauper et miser* (*CAI*, 20).

Se habrá observado que en la épica son poco frecuentes estas parejas de insistencia emotiva. Esto no se debe a la casualidad: la épica tenía muchos momentos de dolor, de júbilo y de ira, pero los expresaba eficazmente por otros medios, entre ellos el empleo de las frases «físicas» estudiadas en el capítulo 8. Pero la épica es rica en parejas adjetivales semi-sinónimas que describen paisajes, espadas, caballos y personas. La típica fórmula descriptiva del *PMC* consiste en adjetivo + *grand: maravillosa e grand* (427, una montaña; 864, una colina; 1084, el botín; 1648, la riqueza; 2427, una batalla), con variantes *espessa es e grand* (1615), *fieras e grandes* (422, 1491), *fuerte e grand* (554). Otras parejas del poema varían agradablemente la fórmula: las espadas son *fuertes e tajadores* (2726, etc.), una espada es *linpia e clara* (3649 = *bele e clere, CR,* 445); los caballos son *gruessos e corredores* (1336, etc.). Se imitan estas parejas en el *PFG* (*valientes e ligeros,* 456a; *fuerte e ligera,* 458b, 665c), pero no en otros textos. Otra pareja de adjetivos del *PMC,* en la que se describen las espadas como *dulçes e tajadores* (3077 = *bons ... trenchanz, CR,* 554) puede sin embargo haber dado la pauta para una fórmula de *dulce* + adjetivo en poemas posteriores. La desarrolló mucho Berceo: *dulz e sabrido* (*Milg.,* 15a), *dulz e donosa* (*Milg.,* 25a; véase además *Milg.,* 23a, 524b; *SM,* 11a, etc.), y fue imitada probablemente por el *Apol.* (105d). En la épica francesa hay modelos posibles, sobre todo para el v. 427 del *PMC:* como primeros versos de tirada, es decir, en posición impresionante, figuran

La bataille est merveilluse e cumune (*CR,* 1320)

La bataille est e merveillose e grant (*CR,* 1653)

Pero también en esta esfera conviene dejar cierto lugar para la originalidad del poeta[12].

Las parejas de adjetivos en las descripciones de personas mere-

---

[12] Verso entre formulaico y original de la *CR* es *Mult est parfunde, merveilluse e curant* (2466), descripción de *l'ewe de Sebre,* esto es, el Ebro; pero se nota que *merveilluse* sigue en su posición formulaica. DE CHASCA (*Arte juglaresco,* p. 214) acepta *fiera e grand, maravillosa e grand* del *PMC* como fórmulas en la descripción del paisaje, «Pero cuando el poeta está para narrar la acción más violenta del *Poema,* la afrenta de Corpes, en vez de atenerse otra vez a la fórmula conveniente llamando al robredo simplemente *maravilloso e grant,* lo denomina con su nombre propio (2697), dice que *los montes son altos* (2698)...». Es cierto; el verso no formulaico es impresionante, pero yo diría, a tenor con todo lo expuesto en el capítulo 6, que *los montes son altos* es imitación del famoso *Halt sunt li pui* de la *CR,* 814 y 2271, las dos veces a principio de tirada y de tono sombrío y amenazador.

cen estudio aparte, pues las *artes poeticae* del latín medieval proveen
muchos ejemplos de parejas utilizadas en la descripción de carácter,
ejemplos que tienen gran afinidad con los que encontramos en las
lenguas vernáculas. Hay línea que conduce desde *rex Haribartus
pius et catholicus; Rex Guillelme, potens et nobilis* a las parejas de
la épica francesa:

> E Oliver li proz e li curteis (*CR*, 576)
>
> Mandez Carlun, a l'orguillus, e al fier (*CR*, 28)

y luego a las parejas formulaicas, *bele e cler, bele e gent, preus e
hardis, ber e sage*, etc. Estas parejas sencillas de adjetivos, en estilo
narrativo con referencia a personas, son poco frecuentes en los textos españoles, quizá porque en España era menos fuerte que en
otros países la influencia latina, quizá porque los poetas épicos
prefiriesen hacer vivir sus personajes por el medio más dinámico
del discurso directo. Pero estas parejas se encuentran tardíamente
en el *LBA* (79c, 213b), en *San Ildefonso* (326a, 327b), etc. Las hay
también de vez en cuando en los textos no literarios; así en los
fueros aparecen *firme y estable, leal y verdadero*, etc. El autor de
la *HR* adopta las parejas de dos tradiciones: de la literaria, p.ej.,
deuicti ac confusi (926.22, 930.5), *fessus et fatigatus* (950.15), y de la
legal: *equalem et similem* (936.14, 937.3), *scriptam et confirmatam*
(931.12).

Que las parejas adjetivales no eran solamente una técnica poética,
ni un procedimiento para proveerse de hemistiquios hechos y rimas
fáciles, lo demuestra su frecuencia en la prosa de la *PCG*. Esta crónica no sólo conserva la mayoría de las parejas del *PMC* al prosificarlo, sino también emplea otras procedentes del acervo común o
de invención propia: *rico et abondado et onrrado* (524.b.22), *ricos
et bien andantes* (592.b.28), *sano et alegre* (594.b.23), *assossegados et
en paz* (596.a.19). Los cronistas emplean otras parejas que podemos
afirmar no estaban en el texto épico: *sotiles et sabidoras* (553.a.36),
feridas et desonrradas (611.b.2), y sobre todo la bella frase *Castiella
la noble et la loçana* (527.b.40). Varias de éstas tienen valor alitera-
tivo, y algunas expresan con mayor emoción lo que se había dejado
muy sencillo en los versos correspondientes de la épica.

Como queda apuntado arriba, otros que han estudiado este asunto
pasan a investigar los muchos versos enteros, o pareados de versos,
en que se expresa una antítesis, un *oppositum*, un concepto desarrollado binariamente con estructura bimembre, etcétera. Me interesa
aclarar un aspecto de estos versos, ciertamente de gran importancia

en la épica y, al parecer, mucho más frecuentes en el *PMC* que en la *CR*. Dice Von Richthofen [13] que estos versos consisten en «a number of formulae which serve the author's desire to express himself more precisely or realistically», y cita, entre otros casos:

Li reis est fiers e sis curages pesmes (*CR*, 56)

Alli pienssan de aguijar,   alli sueltan las riendas (*PMC*, 10)

concluyendo que «The antithetical symmetry throws precise statements into relief». Sin embargo, en estos versos no hay antítesis. Ellos describen un personaje o una acción de dos maneras distintas, o bien narran dos acciones sucesivas o estados que se complementan. Son notables su simetría, como dice Von Richthofen, y la maestría con que iluminan una escena o un acto mediante dos vistas fotográficas rapidísimas. En muchos de estos versos se puede apreciar otra técnica, por ejemplo en los siguientes:

Franceis descendent, a tere se sunt mis (*CR*, 1136)

firieron se a tierra,   deçendieron de los cavalos (*PMC*, 1842)

A priessa vos guarnid   e metedos en las armas (*PMC*, 986)

valas conortando   e metiendo coraçon (*PMC*, 2804)

Aquí parece que el poeta no buscaba la *amplificatio* retórica, sino alguna referencia concreta, algún objeto tangible que se podía colocar al lado de la abstracción. A los abstractos *descendent, deçendieron, guarnid, conortando* corresponden los concretos *tere, tierra, armas, coraçon*. Hasta en un verso como

Ben sunt asols e quites de lur pecchez (*CR*, 1140)

vemos que al lado del abstracto *asols* se coloca *e quites de lur pecchez*, algo más concreto e individualizado. Este mismo deseo de expresar lo abstracto + lo concreto puede haber creado los versos como el 10 del *PMC*, citado arriba, y se puede cambiar el orden de las partes, como en el v. 391 del poema. Más que de artificio retórico, se trata de un medio de ayudar la comprensión de un público poco culto, añadiendo el detalle concreto-visual a la abstracción del verbo. Por esto, es una técnica que apenas se percibe en textos no

---

[13] En su libro citado (1970), pp. 116-117.

épicos (un ejemplo: *creçiel el coraçon, grant esfuerço cogia, Alex.
'O',* 2411b). Este gusto por la pareja sinónima y semi-sinónima tipifica la
épica y los poemas de clerecía hasta el último ejemplo del género,
el *Rimado,* del cual se podría extraer un catálogo enorme. Afecta a
la prosa de los siglos XII a XIV de manera desigual. Renació el gusto
por la sinonimia en el verso de Mena y en la prosa de Guevara[14],
imitando otros modelos y con nuevas estructuras impuestas (en la
poesía) por el arte mayor. Pero aunque en el siglo XV casi ya no se
leían los poetas del siglo XIII, como Berceo, se seguía leyendo y
copiando a Juan Ruiz y a López de Ayala, y de ellos pudo pasar
algún indicio a Mena y a otros. En el *Laberinto* son solamente dos
las parejas del estilo antiguo: *salvo e seguro* (96g), que también era
frase de la lengua corriente, y *feroçe e sañudo* (191h). Ya había pasado el momento culminante (que también es el punto más bajo de
la decadencia) de la sinonimia al estilo antiguo, momento en que era
dable construir estrofas enteras de estas parejas en honor de *San
Ildefonso:*

> Venian a don Alfonso servir e guardar;
> Los unos le façian serviçio e amor
> E los otros le llamaban maestro e sennor
> Mas a el non le plasia nin habia sabor. (325a)[15]

2. PAREJAS INCLUSIVAS

Son estas parejas del tipo *grandes e chicos, yermo e poblado,* tan
numerosas en los textos medievales. Se ha hecho algún comentario
sobre estas frases y hay algún estudio breve pero meritorio, pero sin
llegar a investigar el asunto en toda su amplitud ni percatarse de
que estamos en presencia de un hábito de la mentalidad medieval.

[14] Hay análisis magistral de M. R. LIDA en *Juan de Mena, poeta del prerre-
nacimiento español* (Méjico, 1950), p. 116 y ss.
[15] Es una peligrosa facilidad, que casi conduce a la pérdida de la consciencia semántica. Mucho se ha escrito para elucidar *romançes e cantares* en
el *Proemio* de Santillana, pero es posible que quisiera decir 'poemas' en sentido
algo vago. El admirable *Proemio* está lleno de parejas sinónimas o semisinónimas *(estimo e reputo, claro e virtuoso, tierras e comarcas...).* Crecen nuestras sospechas al ver que en otra parte escribe Santillana *rimos e metros.*
Es probable que Santillana no hiciese más que imitar una pareja consagrada,
pues en el *Libro de buen amor* aparecen *trobar e dezir* (45d), *trobas e cantares*
(170a), y en el sermón prefatorio *trobas e notas e rimas e ditados e versos que
fiz,* es decir, 'poesías en general'; y no faltaba el *LBA* en la biblioteca del
Marqués.

Se trata en parte de un sistema retórico y métrico como expresión de esa mentalidad, de manera que terminaremos preguntándonos: ¿retórica o realidad?

La intención de la pareja (a veces, triple) inclusiva es la de mencionar dos términos que, siendo contrarios o extremos, han de abarcar toda una extensión de puntos intermedios y comunicar la noción de una totalidad. Esta totalidad puede ser 'todos, toda la gente' (o en negativa, 'nadie'), 'todo el tiempo, siempre' (o en negativa, 'en ningún momento, nunca'). No existen estas frases porque los juristas, los poetas épicos y los hablantes corrientes intentasen crear variaciones pintorescas sobre el tema de «todo», ni porque quisiesen simplemente impresionar (como era el caso a veces con las parejas sinónimas). La popularidad de *grandes y chicos* y toda la gama de frases me parece explicarse (sean los que fueran sus antecedentes, y los hubo) por la necesidad que sentía la mentalidad medieval de expresar las grandes abstracciones y los conceptos vagos en términos concretos, individualizados, por la necesidad de asegurarse de que estaba incluido 'todo'. Esta base y propósito los define muy bien Kullmann, mencionando *las noches e los días, mugieres e varones* y otros ejemplos del *PMC:* «In der Zwillingsformel sind zwei Begriffe vereinigt, die möglichst weit, konträr auseinanderliegen, wiewohl sie —das zeigt konträr schon an— ein höherer Gesichtspunkt bindet. Sie schliessen, was noch zwischen ihnen sich befindet, ein, gesetzt, dass sie überhaupt einen Zwischenraum freilassen» [16]. Añade que es obvia la utilidad de estas parejas en el lenguaje jurídico y administrativo, para excluir dudas y escapatorias. En fecha más reciente M. Garci-Gómez estudia las parejas bajo el epígrafe de la «Enumeración» retórica, consistiendo este procedimiento de «extensión polar» en «la reducción de los miembros de la enumeración a dos miembros contrapuestos»; pasa a estudiar brevemente la noción de «abstracto-colectivo» en estas parejas y ofrece una clasificación resumida [17]. Es indudable la eficacia retórica y métrica de esta fraseología, considerada desde el punto de vista del autor, pero ésta es el aspecto secundario. En primer lugar hemos de concebir la pareja inclusiva como hábito psicológico y medio de comunicación. Puede corresponder a una tendencia de los hablantes poco cultos de todos los tiempos, y en la literatura puede haber tenido una utilidad especial en la Edad Media, en época de analfabetismo muy grande y de

---

[16] Artículo citado, p. 51.
[17] M. GARCI-GÓMEZ, «*Mio Cid*»: *Estudios de endocrítica* (Barcelona, 1975), pp. 276-278.

12

poca familiaridad con los conceptos abstractos. Esto sirve para asociar la fraseología inclusiva con la fraseología «física», estudiada en
nuestro capítulo 8, pues ésa también ayuda a expresar relaciones, abstracciones y emociones en términos concretos y visuales. Pasemos
ahora a clasificar nuestros materiales.

a) PERSONAS

1) *Por estado social y edad:* «*grandes e chicos*»

La pareja más usada para expresar concretamente el concepto
de «todos» es *grandes e chicos*, esto es, 'los altos y los bajos'. Ocurre
dos veces en el *PMC:*

> Los grandes e los chicos   fuera salto da[va]n (591)
>
> Chicos e grandes   vestidos son de colores (1990)

y puede usarse en sentido negativo:

porque no hay grande ni chico — que estuviese sin llorar (*Romances*, 175)

Aparece abundantemente en los poemas de clerecía desde Berceo
al *Rimado*, y más de doce veces en el *PFG*. Salvo en dos casos
(*Milg.*, 771a; *LBA*, 247c), la pareja forma un cliché de primer hemistiquio tanto en la épica como en los poemas de clerecía. Hay variantes: *grandes e pequennos* (*San Ildefonso*, 326b; *Rimado*, 553c)[18], *nin
grant nin poquilleio* (*SD*, 209c; *Milg.*, 544d; fórmula de segundo hemistiquio para la rima en -*eio*), *grandes e menores* (*PFG*, 39d), *páuperes
et potentes* (*Milg.*, 698a), *de altos e de baxos* (*José*, B.150d, B.158c).
Berceo usa mucho *menudos e granados* (*Signos*, 9a, 20b, 70a; *SM*,
464a, 477a) y le sigue Sem Tob (32). Aunque *grandes e chicos* se refería normalmente a personas, algunos de los ejemplos tienen otro
tema: pájaros (*Signos*, 9a), villas (*SM*, 464a), y hasta nos encontramos con

> Todo quanto que fizo, menudo e granado (*Signos*, 70a)

---

[18] En la *PCG*, 513.b.15 (sobre *Sancho II*), se dice *Et riepto a los çambranos
tanbien al grand como al pequenno*, sobre lo cual apunta Menéndez Pidal que
la asonancia épica está mejor conservada en otros mss. que ponen *chico*.

El modelo para este uso más libre se encontraba ya en el *PMC:*

> si desondra i cabe   alguna contra nos
> la poca e la grant   toda es de mio señor (2910-11)

donde la pareja sirve para deshacer la abstracción de «todo el des-
honor», para insistir en que en todos los respectos y por grande que
fuera, la responsabilidad era del rey.

Hasta aquí *grandes e chicos* se refiere al estado social, al rango
de las personas. De vez en cuando, sin embargo, significaba 'tanto
viejos como jóvenes':

> los grandes e los chicos elos de media edat (*Alex.* 'O', 1333c)

lo cual es también el sentido en *SD*, 386b; *Milg.*, 409cd; *San Ildefonso*, 330b. De ahí que se decía para variar *el joven e el cano* (*José*,
B.153c), *mozos y viejos* (*Romances*, 91). Alguna vez es imposible
determinar si un autor hablaba del estado social o la edad:

> Ouieron un acuerdo mayores e menores,
> los padres e los fijos, vasallos e señores (*SD*, 745ab)

donde parece que Berceo iba amontonando clichés para llenar sus
versos. También se variaba escribiendo *a rico nin a pobre* (*SD*,
21c, etc.).

Aunque a veces, como en el verso *Los grandes e los chicos, menudos e mayores* (*Milg.*, 197b) o en *SD*, 745ab (arriba), está claro que
la pareja podía llegar a simple relleno de verso, los prosistas estaban lejos de desdeñar esta práctica. Así en la *PCG*, en los capítulos
donde prosifica el *PMC*, vemos *tanbien los ricos como los pobres*
(520.a.18), *los mayores et los menores* (541.b.13), *los grandes commo
los pequennos* (579.a.11), *a grandes et a pequennos* (602.b.30), todos
ellos lugares donde no hay pareja en los versos correspondientes de
la versión existente del poema. Hasta se extendió la pareja a la prosa
aljamiada: *los grandes i los chikos* (*Libro de las batallas*, 82; y varios ejemplos más).

Esta pareja se encuentra mucho fuera de España. En francés
desde los textos más tempranos se decía *li grant e li petit, les granz
et menuz* (p.ej., *Passion*, 41, 46, 379; *Alexis*, 184, 510). En el latín
literario de la Península leemos *maiores et minores* (*CAI*, 70, y versos como

> orant maiores, invitantque minores (*Almería*, 27)

como ecos del latín medieval de fuera (*magni atque minimi, fratres et sorores*). Abunda esta fraseología en los documentos legales de los siglos XI a XIII. En ellos no se trata de llenar un verso ni de impresionar con la *amplificatio*, sino de abarcar a «todos»:

> ut vobis omnibus supranominatis tan maioribus natu quam etiam et omnibus villanis (*Documentos*, pág. 36; 1091).

> De omnibus aliis foris de majoribus et minoribus praecipio vobis sic habere (Muñoz, pág. 94; 1109).

> Aqueste establecimiento fecho es tan bien delas mayores bestias, como delas menores, tan bien de las grandes, como de las chicas (*F. Zorita*, p. 319; 1249).

En este último ejemplo percibimos que el notario se ha sentido obligado a añadir, a la pareja oficial *mayores ... menores*, la pareja *grandes ... chicas* de la poesía.

Al buscar el origen de esta pareja, nos ilumina la versión latina del *Fuero Juzgo*. En una sección preliminar, dice el código:

> Lex regit omnem civitatis ordinem, omnem hominis aetatem, quae sic feminis datur et maritibus, iuventutem complectitur et senectutem, tam prudentibus quam indoctis, tam urbanis quam rusticis fertur (I, 2, iii).

Esto es, hay elaboración de la noción 'todos'. Ello incluye el concepto de 'viejos y jóvenes', pero no el de 'grandes e chicos, potentes y débiles'. En la versión española leemos

> La ley govierna la çibdad, e govierna a omne en toda su vida, e asi es dada a los barones, cuemo a las mujeres, e a los grandes cuemo a los pequennos, e asi a los sabios cuemo a los non sabios, e asi a los fiiosdalgo cuemo a los villanos.

Esto parece certificarnos que en un principio *grandes e pequeños* se refería a la edad más que al estado social, en vista de la frase latina que traduce. Pero en XII, 2, xv, del mismo texto, en la versión vernácula *nin de pequennos, nin de grandes, nin ningund omne de ninguna gente* parece mostrar que la misma frase se refiere al estado social. En el derecho franco, de período que corresponde al del *Fuero Juzgo*, hay frases como *omne genus pecodum tam maiore quam minore* (Rozière, I, pág. 161). Más atrás de todo esto están los textos clásicos y bíblicos, con doble fuerza de autoridad que se impuso a la Edad Media. En la Biblia: *tam maiores, quam minores*

(I Crónicas 24, 31); *et parvis, et magnis* (I Crónicas 26, 13); *Et congregavit Iudas universos Israelitas, ... a minimo usque ad maximum* (I Macabeos 5, 45). En Salustio, gran inventor de estas frases: *nobiles et ignobiles (Catalina,* XX, 7). Si a Salustio atribuimos la invención, a las claras la frase se refiere al estado social, sea la que fuera su interpretación posterior[19]. Ya empezamos a entrever una tradición complicada: latín literario clásico, latín bíblico, derecho medieval temprano y tardío, literaturas latina y vernáculas medievales que habrán bebido en varias fuentes en cuanto a la forma y al sentido de esta pareja. Y éste —digámoslo aun con riesgo de alarmar— es uno de los más sencillos.

2) *Por raza y religión: «moros e cristianos»*

Esta frase, a diferencia de otras, ha llamado bastante la atención[20]. Veamos primero cuál es su importancia en el *PMC.* A veces el poeta emplea el binomio con el objeto de recalcar un contraste de importancia en su narración:

> venido es a moros, exido es de christianos (566).

A veces la pareja se emplea en unas maneras que le dan un sentido literal[21]:

> gentes se le alegan grandes entre moros e christianos (968; 988).

esto es, que al ejército del Cid se unieron reclutas de ambas religiones. En tercer lugar hay versos que pueden ser o literales o figurados:

> moros e cristianos de mi han grant pavor (2498),

que se podría interpretar literalmente, 'tanto en tierras cristianas como en los reinos moros me temen', o bien figuradamente, 'todo

---

[19] Para el conocimiento de Salustio en la Edad Media, véanse el capítulo 5 y las Conclusiones del capítulo presente.

[20] La mayoría de los que han editado el *PMC* o que han estudiado su lenguaje hacen a lo menos comentarios breves sobre esta frase.

[21] C. GARIANO, «Lo religioso y lo fantástico en el *PMC*», *Hispania* (Appleton), XLVII (1964), pp. 69-78, cree que en el poema *moros e cristianos* se emplea siempre figuradamente, con mención concreta del v. 2498. Esto es demasiado sencillo, y responde al deseo de Gariano de aminorar la hostilidad religiosa que se aprecia en el poema. De Chasca critica severamente la opinión de Gariano *(El arte juglaresco,* p. 158).

el mundo me teme'. Por fin hay versos donde la frase no puede ser sino figurada. Cuando se les pide a los judíos que prometan

> que non me descubrades   a moros nin a christianos (107; 145)

se dice llanamente 'a nadie', pues los moros estaban a muchas leguas de Burgos y no existía posibilidad de que los judíos fuesen a revelarles el secreto. En los versos 1242 y 2729 *moros e cristianos* también significa 'todo el mundo'. Además, el poeta es capaz de extender el uso de la pareja al concepto del espacio; habla del valor de Babieca:

> en moros ni en christianos   otro tal non ha oy (3514) [22]

(glosa Menéndez Pidal: «en ninguna parte»). Sirve asimismo la pareja para el concepto del tiempo, «para siempre jamás»:

> mientra que sea el pueblo de moros   e de la yente christiana
> el Poyo de mio Çid   asil diran por carta (901-2).

Muy curiosa es la frase con la que se refiere el Cid a su barba honrada:

> nimbla messo   fijo de moro nin de christiana (3286) [23].

Este uso variadísimo de la pareja se refleja en otros textos. En sentido literal la usa el *PFG* (253a, 398d, 507d, 512b, 768b), el *Rodrigo* (675), los romances (183, 186), y también la épica francesa, donde tiene también tradición arcaica, que estudiaremos luego:

> Franc e paien merveilus colps i rendent (*CR*, 1397).

[22] Probable fuente de este verso la hay en *La Prise de Cordres et de Sebille*, poema que según apuntamos arriba (p. 145) conoció Per Abad: dice Aymeri de un caballero que es

> I. des mellors que l'on poïst trover
> N'en paienime n'en la crestiënté (561-562)

(versos que a su vez pueden ser eco de *Guillaume*, 1374-1375, *En paenisme n'en la crestiente / Mieldre vasal ne pout estre ne*).
[23] Las lenguas tienen diversos modos pintorescos de reforzar el concepto débil de 'nadie'. En el *PMC* aparecen *omne nado* (151), *fijo de mugier nada* (3285); *omne nado, omne naşçido* son frecuentes en Berceo y en el *PFG*, con variantes *omne de carne* (*SD*, 134d), *omne de madre nado* (*PFG*, 183d), y hasta *omne naşçido de carne* en la *PCG*, 621.a.20.

En la *PCG* se aplica la pareja algunas veces literalmente al describir batallas (p. ej., 497.a.1, Sancho II; 520.b.10, Alfonso VI) y al prosificar los usos literales del *PMC* (p. ej., *PCG*, 533.a.12 = *PMC*, 968). A veces se emplea la pareja en secciones no derivadas de fuente épica, por ejemplo, al redactar la historia del Soldán de Persia (procedente de Cardeña: 627.b.49), y a veces se emplea con intención más retórica (p. ej., 595.b.40).

Sería pesado estudiar los muchísimos ejemplos del empleo de *moros e cristianos* en el sentido figurado de «todos, nadie» en los textos medievales hispánicos; pero apuntemos rápidamente que se encuentra en la épica restaurada de *SIL* (275, 325), frecuentemente en el *Rodrigo* (19, 507, 650, 900, 952), una sola vez en Berceo (*SD*, 592b) —lo cual es curioso—, dos veces en el *PFG* (50c, 278c), y que parece no usarse en los demás textos de clerecía. Las crónicas españolas emplean mucho la pareja en su sentido figurado, sobre todo en las secciones derivadas de fuente épica (esto es, descontando el *PMC*: 433.a.6, *Infantes de Lara*; 506.a.36, *Sancho II*; 520.a.42, Alfonso VI). En efecto, tan típico cliché es *moros e cristianos* que pudo Bello utilizarlo al reconstruir versos de «un» *PMC* partiendo de la *Crónica particular del Cid*:

> Non es moro nin cristiano que le pueda dar batalla,
> Si yo atal çibdad oviese serie señor d'España [24].

Pero otras crónicas muestran que se iba debilitando la tradición de la pareja épica. En la prosificación de los *Infantes de Lara* de la *PCG* leemos:

> yo e corrido este campo bien tres uezes, et leue ende muy grandes ganançias, non fallando omne ninguno nin moro que me lo estoruasse (438.b.3).

En el original poético es casi seguro que había *non fallando moro nin cristiano*. Según el aparato crítico de Pidal, los demás mss. traen: *omne ninguno nin moro* (E, A); *moro ninguno [nin] omne ninguno* (T, Z); *moro ninguno [nin] omne del mundo* (Y); *moro ninguno* (I); *omne* (B). Sin embargo, no se perdió del todo la tradición. Cervantes en *Don Quijote* recuerda la antigua fórmula:

> ¿qué señales ha hallado que le den a entender que la señora Dulcinea del Toboso ha hecho alguna niñería con moro o cristiano? (I.25).

---

[24] *Obras completas*, II (Santiago de Chile, 1881), pp. 80-84.

En otra ocasión la mujer que se presenta ante el tribunal de Sancho
dice que

> me han llevado lo que yo tenía guardado más de veinte y tres
> años ha, defendiéndolo de moros y cristianos, de naturales y
> extranjeros (II.45).

Hasta persiste en el periodista moderno un vivo recuerdo de la frase. En *Actualidad Española* de 10 de febrero de 1966 se dice en una
descripción de los sucesos de Argelia en 1958:

> Eran los días de la reconciliación, del abrazo entre moros y
> cristianos. Bajan los primeros de la Casbah a encontrarse ami-
> gablemente con los segundos.

Es interesante la forma de la pareja *moros e cristianos*. En la
mayoría de los casos citados, de sentido tanto literal como figurado,
se mencionan primero los moros, lo cual no deja de ser sorprendente. Esto es así hasta en algún texto legal [25] y en francés (*En paenisme
n'en la crestiente*), y este orden se impone todavía en *Don Quijote*
y en *Actualidad Española*. Las únicas excepciones que he notado en
prosa son algunos casos de la *HR: tam christianis quam sarracenis*
(945.7; también 945.8, 945.20), de la *Silense: apud christianos et bar-
baros* (140), y uno en la *PCG*, en una sección donde los cronistas
traducían la *HR* (563.b.9: la carta del Cid a Ramón Berenguer). En
poesía sólo he notado éstos:

non vio tal riqueza nin cristiano nin moro (*PFG*, 278c)

donde cristianos y moros — hacen gran solemnidad (*Romances*, 186).

Franc e paien mervelius colps i rendent (*CR*, 1397).

Es natural que en el verso se prefiriese el ritmo del orden *moros
e cristianos*, y es obvio que cuando la pareja ocupa el segundo hemistiquio (lo que hace en más de la mitad de los ejemplos), es más
fácil rimar *-ano(s)* que *-oro(s)*. En las crónicas vernáculas predo-

---

[25] En un diploma de Doña Urraca del año 1125: *Facimus uobis burguensi-
bus Sancti Facundi tam presentibus quam futuris in predicta uilla morantibus
clericis et laicis mauris et christianis...* (*Becerro gótico del monasterio de
Sahagún*, fol. 238r; A.H.N., Códices 989B). (Pero ¿había moros entonces dentro
de la villa de Sahagún?) Ejemplo del uso vernáculo: *Et deuen se aiudar sobre
todos los omnes del mundo, assi moros quomodo christianos* (tratado de Ca-
breros entre León y Castilla, 1206; citado por J. GONZÁLEZ, *El Reino de Castilla
en la época de Alfonso VIII* [Madrid, 1960], p. 369).

mina *moros... cristianos;* únicamente la *HR* pone con regularidad primero los cristianos. Sobre esta cuestión podemos rastrear el pensamiento de dos autores latinos al narrar la «Peregrinación del Rey Luis de Francia», tema de poema perdido según Menéndez Pidal, cuya suposición podemos fortalecer un poco. De la llegada del rey a Toledo decía Lucas de Tuy en 1236:

> Sed cum reversi a Sancto Iacobo Imperator et rex Ludovicus, venirent Toletum, atque omnes reges barbarorum, et christianorum principes occurrerunt Imperatori manus eius osculantes.

Parece que aquí tenemos que ver con una traducción de *reyes tan bien de moros como de cristianos;* y vienen en primer lugar los *moros/barbarorum.* Rodrigo de Toledo en 1243, más correcto, rehace primorosamente el pasaje:

> Cumque eum usque ad Sanctum Iacobum produxisset, inde rediens, Toleti curiam celebravit, tam Christianorum, quam Arabum eius imperio subiectorum [26].

Esta pareja tenía larga tradición en el lenguaje jurídico. En los diplomas de fecha temprana encuentro: *in omnibus locis, sive in Christianis sive in paganis* (Muñoz, pág. 52; 986); *tam de christianis, quam de agarenis* (Muñoz, pág. 66; 1020), que continúa hasta fecha tardía con la autoridad del *F. Viejo* (p. ej., II, 1, i; II, 3, ii; *Fórmulas,* III, pág. 478). Fácilmente se aprecia que los que redactaban las leyes en la España de los siglos de la Reconquista tuviesen —por razones de buen sentido práctico— que asegurar que sus estipulaciones se aplicasen no sólo a cristianos, sino también a moros, así como a judíos, dejando constancia clara de ello. Hay ejemplo interesante del uso literal de la pareja en una situación concreta. Conde García Aznar, mozárabe aragonés, defiende en 1057 sus antiguas libertades:

> Et quia non solum ego set [*sic*] et pater meus e abus meus ex omnes reges liber et absque fiscalia fuerunt tam de christianis quam etiam de paganis [27].

---

[26] Cita ambos pasajes MENÉNDEZ PIDAL, «Relatos poéticos en crónicas medievales», *RFE*, X (1923), pp. 353 y 360. La utilidad del estudio de las parejas para la interpretación textual queda bien demostrada por H. SALVADOR MARTÍNEZ en su libro *El «Poema de Almería» y la épica románica* (Madrid, 1975) cuando en la p. 262 comenta el conocido verso *qui domuit Mauros, comites domuit quoque nostros* (v. 222): «De tal manera que el sentido del verso sería 'que domó a (los condes) *moros y cristianos'*, es decir, a todos los que se enfrentaron con él.»

[27] MENÉNDEZ PIDAL, *La España del Cid* (ed. 1956), I, p. 90, n. 2.

Parece, pues, que el origen de la pareja *moros e cristianos* hay que buscarlo en la situación de los reinos peninsulares, de razas mixtas, en los años después de 711; y que la fórmula legal la imitaron tanto el habla corriente como los poetas, con orden de términos inverso debido a la preferencia rítmica y a las exigencias de la rima [28].

Pero es posible que el origen de esta pareja hecha a base de raza y de religión haya de buscarse aún más atrás. En la época del *Forum Judicum* (654) original la distinción que importaba era la existente entre godo y romano, como consta en muchas secciones del código. Las declaraciones que comienzan *Quicumque amodo ex nobis vel cunctis Hispaniae populis* aparecen traducidas en el siglo XIII en la forma *todo ome de los godos, et del poblo de Espanna* (Prefacio, ix). Tal mención de *godo o romano* (p. ej., *Fuero Juzgo*, IX, 2, viii) era totalmente anacrónica para el siglo XIII, pero son muy resistentes los hábitos de la fraseología legal [29]. Encontró Menéndez Pidal una frase parecida todavía en uso en los diplomas de Santillana del Mar en 1034 y 1057:

> Si quis tamen ego Gundisaluo ... aut gens de genere meo, uel gotorum aut romanorum omnium qui hunc factum nostrum inrumpere uoluerit ... (*Orígenes del español*, 105.4).

Por una parte continuó, pues, el *Fuero Juzgo* en manos de todos los notarios; por otra, continuó la misma mentalidad, la misma manera de pensar; y de ahí que se actualizara la pareja fosilizada *gotorum aut romanorum* bajo la forma *cristianos e moros* cuando se trataba nuevamente de leyes aplicables a dos razas y a dos religiones en la Península. También pasó lo mismo en el país vecino, aunque con tradición más tenue. Hemos visto ya algún ejemplo de *Franc e paien* de la épica francesa; al encontrarnos con ejemplos como

> Ne ponz d'aur cuit d'Arraibe ne de cristau

del poema *Girart de Roussillon* (v. 928), bien podríamos pensar en una imitación (excepcional, pero nada imposible) de la fraseología española. Pero no es así. En el *Chronicon* de Réginon de Prum (si-

---

[28] Una aliteración agradable apoyaba los mismos hábitos mentales al crear en galés la pareja *byd a bedydd*, 'el mundo y los bautizados', esto es, 'los paganos y los cristianos', 'todos'. Obsérvese que aquí también se pone primero a los paganos, por el mismo motivo estructural.

[29] A. Fernández-Guerra y Orbe observa, con respecto a la fraseología del *Fuero de Avilés* (ed. Madrid, 1865, p. 35), que la sociedad de Asturias desde Pelayo hasta el siglo XIII «no presume de heredera de la romana sino de la gótica; llama *gothus* al hombre libre, y *populus romanus* a la gente pechera».

glo ix), en la descripción de un incidente del año 776, leemos *videntis multis, tam christianis quam paganis* (*MGH.SS.*, I, pág. 558b); hay algún ejemplo anterior [30]. Si la tradición de esta fraseología en España remonta a los visigodos, en Francia remonta a los francos, cuyos documentos tempranos incluyen frases como las siguientes:

> iubemus ut omnis pagensis vestros, tam Francos, Romanos vel reliqua natione de gentibus ... (Rozière, I, pág. 3).

> tam Franci, Romani, Burgundiones vel reliquas nationes... (Rozière, I, pág. 8).

> Quod si aliquis illorum, Christianus vel Iudaeus... (Rozière, I, pág. 44).

En resumen: en la pareja *moros e cristianos* y sus variantes coinciden diversas necesidades: la exactitud de los notarios, la expresividad de los hablantes, la conveniencia rítmica y para la rima de los poetas. En todos, el hábito de deshacer y concretizar la abstracción de «todos» o de «nadie» era profundamente arraigado [31]. Se refiere la pareja a 'los hombres que visten así y los otros hombres que visten como eso', 'los hombres que comen de esta manera y los hombres que —polo opuesto— comen de esa manera', siendo ellos los dos únicos tipos de hombres conocidos.

3) *Por el sexo*

> Exien lo ver   mugieres e varones,
> burgeses e burgesas   por las finiestras son (*PMC*, 16b-17).

Existe el peligro de percibir en estos versos y en otros parecidos una nota pintoresca, un motivo estético, sobre todo en la presencia de las mujeres [32]. Se trata más bien del uso algo mecánico de pare-

---

[30] En el año 742 escribía San Bonifacio («apóstol de los alemanes») al papa Zacarías: *effundebant propria manu sanguinem hominum, sive paganorum sive christianorum* (*Epistolae Merowingici et Karolini Aevi*, I, p. 300); siempre con los *paganos* en primer lugar.

[31] Observemos de pasada que según los términos de nuestro estudio parecen tener mayor eficacia que *todos* el inglés *everybody* (*every-body*, 'cada cuerpo') y el alemán *jedermann*, 'cada hombre'. En español *mundo* es cultismo; *todo el mundo* aparece primero en Berceo, gramaticalizado ya en Juan Ruiz (Corominas).

[32] Por ejemplo, J. CASALDUERO, *Estudios de literatura española* (Madrid, 1962), pp. 41-42.

jas formulaicas que expresan sencillamente 'todos'. La pareja vuelve
a encontrarse en el *PMC:*

> que non i fincas ninguno,   mugier nin varon (2709)

y es frecuentísima en otros textos (p. ej., *SD*, 538d, 731a; *Milg.*, 460a,
541d, 891a; *Alex.* 'O', 1376a; *Apol.*, 305d; *PCG*, 523.a.33). Como variantes hay *omne nin fembra* (*Apol.*, 77c), *mugeres nin maridos* (*PFG*,
95c), *uezinos e uezinas* (*SD*, 643d), etc.; vuelven a encontrarse las
burgeses e burgesas del *PMC* en *Apol.*, 202c. Es pareja del segundo
hemistiquio en los más casos, con variantes para diversas rimas.
Continuó la tradición hasta el *Lazarillo* a lo menos:

> que casi ánima viuiente en el lugar no quedó sin ella, marido y
> mujer e hijos e hijas, moços y moças (Tratado V).

Es corriente la pareja en la épica francesa: *femmes et hommes*
(*Aiol*, 5391; *Guillaume*, 2172), *ne mul ne mule* (*CR*, 480, 757). Abunda
en el latín medieval de la península: *filij atque filie* (*HR*, 964.19),
*multitudo magna ciuitatis Cesarauguste tam uirorum quam mulie-
rum* (*HR*, 930.22), frase ésta cuyo contexto se parece mucho al de
los vv. 16[b]-17 del *PMC; regum et reginarum* (*CAI*, 39), *equorum et
equarum* (*CAI*, 39, 88), etc. Algunas veces el sentido es más literal:
occiderunt omnes Sarracenos captivos, tam viros quam mulieres
(*CAI*, 96; también 36, 119). En el *PMC* se observa el paso de la pareja de su uso literal,

> nin cativos nin cativas   no quiso traer en su compaña (517)

(imitado por el *Rodrigo: captivos e captivas*, 478) al empleo de
moros e moras como fórmula corriente de primer hemistiquio (465,
534, 541, 619, 679, 852, 856). Los cronistas no se decidieron a conservar esta pareja como necesaria concretización, o descartarla como
adorno poético: la *PCG*, al prosificar los versos aludidos del *PMC*,
conserva *moros e moras* en cinco casos, pero lo reduce a *moros* en
otros dos.

Los poetas vernáculos y escritores del latín literario de los siglos XII y XIII conocieron esta pareja en el lenguaje jurídico. Aparece
en el *Fuero Juzgo* la pareja *tam in viris quam in uxoribus*, traducida
E assi lo dezimos de los barones cuemo de las muieres (IV, 2, xvii).
Esto trata de la propiedad de los esposos, y la distinción que hace
la pareja es necesaria y literal. En otros casos no existe tal necesidad. 'Alguno, el que sea' se expresa por *vir aut mulier* con cierta

frecuencia (p. ej., *Chartes de Silos*, pág. 25; 1076), y en contextos como *sive sit propinquus an extraneus, vir aut mulier* (*Cartulario de S. Vicente de Oviedo*, pág. 252; 1161). Más allá de todo está la máxima autoridad de la Biblia: *Et partitus est universae multitudini Israel, tam viros quam mulieres* (II Reyes 6, 19).

4) *Por el rango*

En lo militar, con frecuencia se sustituía la pareja *grandes e chicos* por *cavalleros e peones*, concretización de 'todos':

> ¡Dios, que bien pago   a todos sus vassallos
> a los peones   e a los encavalgados! (*PMC*, 806-7).

> A cavalleros e a peones   fechos los ha ricos (*PMC*, 848)

Esto estaba en otros textos épicos, a juzgar por las prosificaciones (*PCG*: 373.b.33, *Bernardo del Carpio*; 505.b.38, *Sancho II*). Aparece una vez en Berceo (*non fincará en ella peón nin cavallero, SM,* 287d), mucho en el *PFG* en la forma *peones e caveros* (52a, 62c, etc.), fórmula de ambos hemistiquios, una vez en el *Alex.* 'O' (178d), en el *Apol.* (247d), en el *Libro de las batallas* aljamiado (79), en los romances, etc. La pareja existía también en la épica francesa (*a ceval et a pie;* p. ej., *Aïol*, 8664; *Raoul*, 1707). Se emplea mucho en los textos latinos de España, con carácter claramente formulaico, *milites et pedites*, hasta cinco veces en la *HR* (927.31, etc.), en la *CAI* (16, 20, 41), etc. A veces se le añadía un tercer término: *cum clxxxvii millibus equitum et peditum funditorumque* (*Silense*, 132; también 15, 75, 76). En algunos fueros el concepto de 'todos' se expresaba mediante esta pareja formulaica, pareja no necesaria —por así decirlo— en su contexto: *cavallero o peon* (*F. Lorca*, pág. 58), *tan bien cavalleros como peones* (*F. Zorita*, pág. 288), *generosi aut pedones* (*F. Miranda de Ebro*, líneas 111, 115, 323). Pero en otros casos importaba mucho la distinción, pues se aplicaban diferentes castigos según los diversos rangos:

> Et illo cavaliero vel illo pedone quid dominus mandaverit ire in mandaderia, vadat talem viam ut possit ire et revertere in una dia ... et si noluerit ire, si fuerit cavallero pectet III denarios, et si fuerit pedone pectet tres miasas (*Documentos*, pág. 52; 1125).

Dentro de la retórica quedaba, pues, un dejo de realidad social y legal. Esta realidad social se reflejaba en la literatura al dividirse el botín:

> Sos cavalleros   i an arribança,
> a cada uno dellos   caen c. marchos de plata
> e a los peones   la meatad sin falla (*PMC*, 512-14),

y la pareja no resultaba ociosa cuando se describía dos formas de luchar:

> de pie e de cavallo   mucho era areziado (*PMC*, 1291).

El origen de esta pareja, como en otros casos, era doble. En la tradición literaria aparecía la fórmula en Salustio, *equitum atque peditum* (*Yugurta*, VII.2). En la tradición jurídica las mismas palabras aparecían en los diplomas que se concedían a los legionarios veteranos: en dativo, *equitibus et peditibus, qui militant in alis...* (*Corpus Inscriptionum Latinarum*, VII, 1193; año 103 de Cristo. Véase también todo el tomo XVI.)

En lo civil, la pareja inclusiva correspondiente expresaba 'todos los nobles' o bien 'ningún noble':

> que non prendan fuerça   de conde nin de ifançon (*PMC*, 3479)

(también *PMC*, 2964). Había muchísimas variantes: *reyes e potestades* (*PFG*, 134a), *nin reina nin condessa* (*SME*, 308b), *duques y condes* (*Romances*, 93, 96); en francés, *cuntes e dux* (*CR*, 2650; también, variando, 14, 378, 1850, 3947); en latín medieval *comitum et ducum* (*CAI*, 38), *potestates et duces* (*CAI*, 68), etc. El autor de la *HR* se dedicó con ahínco a variar la pareja: *nullus comes uel princeps, nullus miles* (936.20), *nullus autem illorum comitum seu militum* (937.16), *potestates et principes* (954.7), etc. El origen de esto cabe suponer que está en el uso necesario de tales fórmulas en el discurso directo, por cortesía y para exactitud:

> a uos lo digo, todos los que aqui estades, condes et ricos omnes et infançones et caualleros ... (*PCG*, 617.b.15),

o bien en los preliminares de los documentos reales en que se dirigía el monarca por nombre a todos los estados de su reino. En este caso lo que fue realidad social pasó a ser retórica en los textos literarios, y lo que había sido enumeración multimembre se redujo a pareja, concretamente a pareja que llena exactamente el hemistiquio poético. Sin embargo, también la retórica tiene raíces profundas. Según cita de M. Wilmotte[33], *Castra ducum et comitum* aparece dos veces en un poema atribuido a Angilberto (época de Carlomagno), y esto remonta a *comitibus et ducibus* del Panegírico IX, obra de un retórico galo del año de Cristo 313.

5) *Otras parejas de «personas»*

Los modelos analizados eran susceptibles de variación por autores que no querían repetir, que temían cansar al público, o que buscaban rimas, siempre dentro del sistema formulario. Al adaptar la pareja épica —como al adaptar el epíteto épico *a lo divino*— decía Berceo *legos e coronados* (*SM*, 421c; *Milg.*, 495a), *coronados e legos* (*Milg.*, 24b), *de legos e de clérigos* (*SM*, 204d), *conviento e concejo* (*Milg.*, 424a). Se hacía eco en lo religioso de los rangos en lo seglar: *priores nin abbades* (*Milg.*, 10d), *obispos nin abades* (*Milg.*, 614c), a lo que corresponden en francés *evesques e abez* (*CR*, 2955) y en latín *episcopi et abbates* (*CAI*, 69; *Silense*, 101, 106). El primer tipo tiene antecedente en los diplomas, p. ej., *nec clericus nec laicus* (*Cart. S. Pedro de Arlanza*, pág. 243; siglo XIII), *aliqua secularis vel ecclesiastica persona* (*Chartes de Silos*, pág. 37; 1116).

Se podía categorizar a las personas por su salud: *los febles e los sanos* (*SM*, 41c), *nin enfermos nin sanos* (*Alex.* 'O', 379c); por su estado de ánimo: *Asi el loco como el sage* (*SME*, 247); por su virtud: *justos e pecadores* (*PMC*, 3728; *San Ildefonso*, 327a). A *virgen o viuda* de muchos textos legales corresponde *pulcele[e] e oixurs* (*CR*, 821), *ne a muller ne a dame* (*CR*, 1960) y varias parejas del *LBA*, p. ej., 1694c. Otras posibilidades son, en el dominio jurídico, *posteri et presentes*, *libre o siervo*. En casos especiales lo jurídico, p. ej., *Quisquis autem homo... tam de propinquis nostris quam de extraneis* (*Cart. Eslonza*, pág. 12; 1099), o *sive sit propinquus an extraneus* (*Cart. S. Vicente de Oviedo*, pág. 252; 1161) se imita en lo literario, *quam plures tam propinqui quam extranei* (922.26) de la *HR*, y en el romancero:

> y también al extranjero — como al propio natural (166).

Por dos lados literarios, clásico y bíblico, aprendían los notarios y autores medievales este sistema. En Salustio encontraban frases como

---

[33] *L'Epopée française: Origine et élaboration* (París, 1939), p. 109.

cuncti armati inermesque (*Yugurta*, XCIV.5), o con pareja doble, *iuxta boni malique, strenui et imbelles* (*Yugurta*, LXVII.2); en la Biblia, frases como *doctus pariter et indoctus* (I Crónicas 25, 8).

6) *Parejas con «por»*

Hay un tipo de pareja inclusiva que parece ser únicamente español. En la épica reconstruida *SIL*, para subrayar que la infamia del traidor ha de ser eterna, se dice:

> los nascidos e por nascer   traidor por ende le diran (116).

Si esta frase figuraba en el texto primitivo, es el primer indicio de su existencia. Luego se encuentra en el *Alex.* 'O':

> por tal pasaron, por casar y casadas (1082c),

en el *PFG* (p. ej., 703d), en el *Poema de Alfonso XI* (1436), y en los romances:

> que nacidos y por nacer — de ello tengan que contar (19)
>
> y me forzarían mis damas — casadas y por casar (19)
>
> mátame mis palomillas — criadas y por criar (30ª)

Son frases de Berceo las que nos ponen en la pista de su origen:

> Tu gouiernas las uestias por domar e domadas (*SD*, 452a).
>
> Y metieron las villas menudas e granadas,
> las qe por poblar eran tan bien com las pobladas (*SM*, 464ab)

(con frases parecidas en *SM*, 477a; *Signos*, 9c). El tono de esto nos está indicando con toda claridad un origen en el lenguaje jurídico, por ejemplo en diplomas de este tenor:

> in terras ... tam domitum quam ecia brau [*sic*], tam scandalica-
> tum quam ecia pro scandalicare [34].

Esto, a su vez, será versión latina de un hábito lingüístico vernáculo, pues nada en el latín antiguo autoriza tal manera de expresarse. La

---

[34] *Colección de documentos de la Catedral de Oviedo* (Oviedo, 1962), p. 266; 1087.

tradición de estas parejas, aunque escasamente representada en la literatura, era bastante fuerte como para que Cervantes se burlara de ella, haciendo que Sancho diga de Dulcinea:

> ¡Viva el Dador, que es moza de chapa, hecha y derecha y de pelo en pecho, y que puede sacar la barba del lodo a cualquier caballero andante, o por andar ...! (I.25).

Hay en el *Quijote* varios casos más, irónicos todos.

7) *Una pareja especial: «cartas y mensajeros»*

Es llamativo el comienzo del romance:

> Con cartas y mensajeros — el rey al Carpio envió (13a).

¿Por qué hace falta mencionar los dos? A primera vista podríamos tener que ver con una frase más que sirva de relleno. Antes bien, sin embargo, se trata de otro tipo de pareja inclusiva que destruye la vaguedad e impersonalidad de las *cartas* haciéndonos ver también el hombre que las lleva, el hombre que camina de prisa. Aparece primero esta pareja en Berceo:

> andidieron las cartas e las messajerías (*SM*, 409b),

y en su forma fija está ya en el *PFG:*

> Enbio por la tierra a grand priessa troteros,
> unos en pos de otros, cartas y mensajeros (196ab).

Parece probable, sin embargo, un origen anterior en el lenguaje épico. El verso de romance arriba citado bien puede ser verso de la épica de *Bernardo del Carpio*. En el *SIL* se alude a *con mensajeros e cartas* (31), y en la *PCG* hay una frase famosa que atestigua probablemente la existencia de un verso parecido en la épica de *Sancho II: Estonçes dixo el Çid: «donna Vrraca, mandadero et carta non deue mal prender»* (507.a.18), verso que imitó luego el *Rodrigo* (528) y el *Poema de Alfonso XI* [35]. Vale apuntar que en la *PCG*

---

[35] La frase en el poema es adición al texto de la *Gran Crónica de Alfonso XI*, que aquí dice: *Señor, bien sabedes que mensajeros ningunos no han por que reçebir daño;* citado por D. Catalán en *Un cronista anónimo del siglo XIV* (La Laguna, s. f.), con más ejemplos del cliché acerca de la inviolabilidad de los embajadores.

13

el cronista usaba la pareja como unidad, con verbo en singular. Hay eco tardío en el *Rimado,* donde el decreto oficial del rey es *su carta mensajera* (606a).

Aquí creo que podemos trazar una línea clara desde la literatura latina medieval. En la *HR* se dice: *rogauit ... per nuntium et per litteras suas* (929.6) y *per portarium suum et per litteras* (937.10). (En la *CAI,* otro tipo de pareja: *voces et praeconia regia,* 12, y muy parecido en 127.) La *HR* imitaba probablemente una fórmula de la curia romana, como la que figura en una carta incluida textualmente en la *Historia Compostellana: Quas literas sicut nuntiis vestris deferentibus accepimus ...* (*ES,* XX, pág. 30), cuyo primer ejemplo parece ser el que encuentro en la narración de los tratos entre el papa Adriano (772-795) y el rey Desiderio de los lombardos:

> Unde saepius atque saepius ipse fortissimus praesul tam per obsecratorias litteras quamque per missos eidem Desiderio direxit [36].

La tradición está también en otros escritos latinos bien conocidos en España: en la famosa *Vita Karoli* de Einhard (*cum ad eum vel litteras vel legatos mitteret, MGH.SS.,* II, pág. 451) y en la *Descriptio* del viaje de Carlomagno a Tierra Santa (*legati cum litteris missi sunt;* alrededor de 1080) [37]. De cualquier fuente latina de éstas podía proceder el uso vernáculo. Se trata en este caso de una pareja literaria, de un recurso retórico. Pero luego pasa lo inesperado: la retórica se convierte tardíamente en realidad, al mandarse al vasallo alrededor de 1400 que prometa

> que yra a su llamamiento o enplasamiento que le fuere fecho por sus cartas o por sus porteros (*Fórmulas,* III, pág. 501).

Es decir, que valía tanto la carta escrita del rey como la palabra oral del portero, como llamamiento oficial, y que nadie protestara diciendo que había llegado solamente uno de los dos.

b) LUGAR

1) *«Yermo e poblado»*

La pareja inclusiva que expresa el concepto de 'en todas partes, donde sea' (o en negativo, 'en ninguna parte') es por excelencia *en*

---

[36] *Liber Pontificalis,* ed. L. Duchesne (París, 1886), p. 492.
[37] G. RAUSCHEN (ed.), *Die Legende Karls der Grossen* (Leipzig, 1890), p. 104.

yermo o en poblado, esto es, 'en los dos únicos tipos de terreno que hay'. El Cid dice que sus reclutas podrán unirse a su tropa 'en cualquier parte':

> ca en yermo o en poblado   poder nos han alcançar (390),

y la frase figura entre los versos reconstruidos por Bello y Pidal para suplir el folio perdido al comienzo del poema (*convusco iremos, Cid,   por yermos e por poblados*). Los cronistas tanto de la *PCG* como de la *CVR* no imitan estas frases en su prosa, pero las adoptan en otra parte (*PCG:* 372.a.46, *Bernardo del Carpio;* 520.a.28, *Alfonso VI,* en una sección derivada de Lucas de Tuy, que copia a su vez el latín de Pelayo: *per omnem terram Hispaniae, tam habitabilem, quam inhabitabilem, ES, XIV,* pág. 473). En poesía vernácula después del *PMC* esta pareja se usó bastante poco. Jura el héroe en el *Rodrigo* que

> nin me vea con ella   en yermo nin en poblado (440).

La frase figura una sola vez en Berceo (*SM,* 388d), aunque alguna que otra vez la tuviera presente:

> Qui por saluar las almas dexaron los poblados,
> Visquieron por los yermos mesquinos e lazrados (*SD,* 60bc).

Aparece dos veces en el *Apolonio* (39c, 49d), para luego olvidarse por completo. Es, pues, pareja de marcado sabor jurídico que gustaba a los poetas de formación notarial o curial (Per Abad y ¿Berceo?); por imitación del *PMC* se usa en algún texto posterior, sin llegar a establecerse, contraste notable con las demás parejas. En efecto, esta pareja abunda en los textos legales de todo tipo. Son ejemplos: *terras ... tam in culto quam in leuco* (*Libro de regla,* pág. 3; 870; se glosa *leuco* 'terreno sin cultivo'); *sive in eremo, quam in cultum, vel in desertis locis* (Muñoz, pág. 52; 986); *cum suos solares, tam populatos quam etiam et yermos* (*Becerro gótico de Cardeña,* página 198; 1070); *terras domitas uel indomitas* (*Cart. Eslonza,* pág. 89; 1104). Bien se ve que en su origen estas frases habrán expresado una doble realidad, pues en algunos casos había que tratar de diverso modo los diversos tipos de terreno; pero pronto las parejas vinieron a ser meramente formulaicas, con aliteración y rima, casi cantables: *ad montes, ad fontes, ad pascuis, pratibus, domitumque etiam et indomitum* (*Cart. Eslonza,* pág. 46; 928). Otra cosa era el crimen cometido en el campo y en la ciudad, castigable de muy diferentes modos:

> Unusquisque vestrum, sive infanzon sive villanus, qui voltam habuerit intus villam, habeant unum forum; extra villam habeat el infançon suum honorem (*Cart. S. Pedro de Arlanza*, pág. 244; siglo XIII).

En el *F. Viejo* se distingue del mismo modo al castigar la violación: *si fuer el fecho en yermo* ... *e si el fecho fuer en logar poblado* (II, 2, ii), aunque en otras partes del código se dice *quier sea en poblado, quier en yermo* como fórmula, 'sea donde fuera' (I, 2, ii, etc.). Muy vieja es esta pareja. En el imperio franco se pronunciaba la excomunión con ella: *Sintque maledicti in civitate, maledicti in agro* (Rozière, II, pág. 681). Mucho más atrás fue fórmula del derecho romano, incrustándose *agrum oppidumque* en el latín arcaico de una inscripción de Hispania:

> L. Aemilius L. f. inpeirator decreiuit, utei quei Hastensium seruei in turri Lascutana habitarent, leiberei essent, agrum oppidumque, quod ea tempestate posedisent, item possidere habereque iousit, dum poplus senatusque Romanus uellet [38].

2) «Castillo e ciudat»

Esta es pareja inclusiva que expresa 'todos los lugares habitados, tanto militares como civiles'. Que yo sepa, no figura en los textos épicos españoles, pero sí en los franceses (p.ej., *CR*, 2611: *chastels e ... citez*), y en algún poema de cuaderna vía (*nin villa nin castiello*, *PFG*, 19b; *José*, B.167c; *Rimado*, 243b, 502b, etc.). Su aparición en el *PFG* casi nos autoriza a suponer un antecedente en un texto épico, ahora perdido. La pareja es muy frecuente en el latín medieval de la Península, en la forma *castella et civitates* (*Silense*, 142, 146, 172, etc.; *CAI*, 13, 16, 51, 83, etc.; *HR, Najerense, Toledano*, a veces *oppida et villas* (*CAI*, 7) u otras variantes. La autoridad, como en otros casos, era grande por dos lados: por los historiadores latinos Einhard, Amiano Marcelino (siglo IV) y otros, la pareja remonta a Salustio (*castella et oppida; Yugurta*, LIV.6); por otro, la pareja

---

[38] La inscripción es de Cádiz, año 189 antes de Cristo; citado por L. R. PALMER, *The Latin Language* (Londres, 1954, con ediciones posteriores y traducción española), p. 348.

remonta a la Biblia: *Et superveniens castellis et civitatibus improvisus, succendebat eos* (II Macabeos 8, 6).

A veces las parejas nos sugieren posibles relaciones entre los textos medievales. La pareja del v. 5 de la *CR*, en la magnífica tirada que da comienzo al poema en su versión de Oxford,

> Mur ne citét n'i est remés a fraindre

bien puede tener eco en el *Poema de Almería:*

> Ismaelitarum gentes domuit, nec earum
> oppida vel turres potuere resistere fortes (212-13)

La mención de *torres* en esta variante de la pareja clásica puede reflejarse luego en *nin castiellos nin torres* (*Signos*, 12c), *nin torre nin cabaña* (*PFG*, 137b), *en torre nin en çerca* (*PFG*, 300b); y estos ejemplos nos autorizan para describir como formulaico el hemistiquio *nin camara abierta nin torre* del *PMC* (2286). Como se trata en el *Poema* de que el Infante de Carrión *non vio alli dos alçasse*, podemos colocar esto a su vez en relación con versos de *Florence de Rome* (estudiado como fuente del *PMC* en el capítulo 6):

> Ne en mer ne en terre n'en chastel n'en cité
> Ne puet il pas garir... (2651-2)

Aparecen de vez en cuando otras parejas que expresan 'en todos los sitios'. *Por tierras e por mares* es pareja de formación naturalísima (*Milg.*, 585b; quizás imitada en *Apol.*, 381d, y *José*, A.2cd, etc.). En la *CR* se notan *les deserz e les tertres* (805), *li pui e li val* (814), *les vals e les munz* (856), correspondiendo esta última pareja a una fórmula casi constante en los diplomas de España y de Francia, *in montibus vel in campis, montibus et vallibus* (con frase hecha que persiste en las lenguas modernas, *par monts par vaux*, en inglés *up hill and down dale*).

3) «*Exidas e entradas*»

Merece mención otra pareja inclusiva que tiene interés especial en el *PMC:*

> ganaron Peña Cadiella   las exidas e las entradas (1163)

> que guardassen el alcaçar   e las otras torres altas
> e todas las puertas   e las exidas e las entradas (1571-2)

Dice Menéndez Pidal (*Vocabulario* del *Poema*) que esto «significa todos los términos de un terreno» y que «la frase parece reflejo de la que se empleaba corrientemente en los documentos notariales para indicar la totalidad de una tierra». Es cierto, desde luego, y podemos agregar que esta pareja tiene que ser asociada con otras dentro del mismo sistema de inclusividad. A los ejemplos de *con exida e con entrada, cum exitibus et ingressibus*, etcétera, citados por Pidal de los diplomas de los siglos XI a XIII, podemos añadir otros mucho más antiguos: *cum exs[it]u et regresso* en un diploma franco (Rozière, I, pág. 161), y en España *exitum vel ressitum* del año 870 (*Libro de regla*, pág. 3). Es pareja de marcado carácter legal, cuya presencia en el *PMC* es fuerte indicio de la profesión de su autor, como he dicho en otra parte; no vuelve a aparecer en la literatura vernácula excepto en Berceo, *Siquier a la exida, siquier a la entrada* (*Milg.*, 80a), verso que aunque no es reflejo literal de la pareja diplomática nos indica que Berceo la tenía presente. Esta pareja parece no tener antecedentes bíblicos ni clásicos; pero quizá sea adaptación de la pareja de verbos *egredi et ingredi*, tópico de las narraciones de asedios (véase pág. 102), de clara procedencia bíblica.

Recordando probablemente el *PMC*, los cronistas, al traducir el poema latino del arzobispo Rodrigo sobre la conquista de Toledo, pusieron en lugar de su frase sencilla *aditumque recludens* la fórmula en su forma entera: *uedol et cerrol las entradas et las salidas* (*PCG*, 539.a.23)[39].

4) «Della e della part»

En esta pareja se expresa, sobre todo en las descripciones de batallas, 'por este lado y por el otro', esto es, 'por todos lados, todo alrededor', con supresión parcial de uno de los términos. Ocurre la frase en *PMC*, 771, 1965, 2079, 3139; *Roncesvalles*, 71; *Alex.*'O', 125c, 888b, 974c, 1057a; *LBA*, 1117c; y *PCG*, 496.b.37. En el *Libro de las batallas* (91, dos veces) aparece, quizá como adaptación de la fórmula épica, *peleaba ... a man derecha i a man içkiyerda*. Hay ecos en la prosa de los diplomas (Menéndez Pidal, *Vocabulario*, s.v. *della*). Creo que es pareja de origen literario, remontando a través de *huc et illuc* del latín medieval (*Silense*, 4, 9; *CAI*, 118, 129), a veces en el

[39] Estudia las fechas de las versiones latinas y romances de *exidas e entradas* D. G. PATTISON, «The Date of the *CMC*: A Linguistic Approach», *MLR*, LXII (1967), pp. 443-450.

verso (*hinc indeque, Waltharius,* 185), con claros modelos en la literatura clásica.

c) TIEMPO

1) «*Noche e día*»

Pareja consagrada en lo temporal, sin duda más o menos universal, es *noche e día, de día e de noche,* etcétera, 'todo el tiempo, sin cesar', o en construcciones negativas, 'nunca, en ningún momento'. Apenas hace falta buscarle origen, pero está en la tradición retórica latina por lo menos desde Salustio, *die noctuque* (*Yugurta,* LXX, 1). En sentido general encontramos la pareja en *PMC,* 562, 659, 681, 1547, 2002, 2536; en *SIL,* 191, en los poemas de clerecía, en las crónicas, etc. Es frecuente en el latín literario medieval dentro y fuera de España (*nocte dieque,* etc.), y tan fuerte era la tradición que aparece a veces en los diplomas indicando 'en cualquier momento':

> et una vice in molino de Rotaniello dominico die, quando die quando nocte, in quindecim dies (*Cart. S. Millán,* p. 265; 1086)

La pareja es relativamente poco frecuente en las *chansons de geste* francesas.

Llaman la atención dos aplicaciones especiales de esta pareja. Se usa mucho *noche e día* en las oraciones o al suplicar el auxilio divino, p. ej., en *PMC,* 222, 824, 2045, y en los poemas de clerecía hasta el *Rimado,* en el *Silense* (133, 192), hasta en los diplomas como nota elegante: *otrosi todos los clerigos que de noche e de dia ruegan a Dios por vos* (*F. Lorca,* pág. 1; 1271). También se usaba mucho la pareja al describir viajes, para dar la idea del caminar sin descanso y de llevar mucha prisa. El mejor ejemplo de esto es el viaje a Corpes y su resultado en el *PMC,* apareciendo *de dia e de noch* y sus variantes en los vv. 2690, 2839, 2842, 2921, 3700; esta tradición continuó en el *Rodrigo* (601, 643), en los romances (53, 74), y en las obras de clerecía. El modelo bien pudo ser un pasaje de la *Silense,* en que se describe la vuelta del ejército castellano después del desastre de Zamora: *sed noctibus diebusque laborando, omnes in patriam turmatim rapiuntur* (121).

Aunque esta pareja era sin duda un elemento del habla cotidiana, no podía llegar a ser fórmula poética sin adaptarse a condiciones métricas. El simple *noche e dia* no forma hemistiquio en el verso épico ni de cuaderna vía, así que había que extenderlo: *de dia e de noch* (*PMC*, 659), *el dia e la noche* (681), etc., o bien llenando el hemistiquio con *andar* (2839, 2842, 3700). De los trece casos en el *PMC*, cinco forman el primer hemistiquio, ocho el segundo; en nueve casos el orden es *dia-noche*. En otros textos el orden *noche-dia* es mucho más común, y el uso en el segundo hemistiquio. Partiendo de los textos épicos, la *PCG* acepta la frase en gran variedad de formas.

2) *Otras parejas temporales*

La costumbre de variar el cliché dio lugar a algunas frases pintorescas, siempre en el sentido de 'todo el tiempo' o 'nunca'. La más frecuente es *ivierno e verano*, de tono al parecer no épico (una vez en francés, *ne yver ne esté; Berte aus grans piés*, 1109), pero muy usada por Berceo (*Milg.*, 503c; *SM*, 172d; *SD*, 47a, 191d, 356d)[40], en el *Alex.* *'O'* (1124c, 1957d), *Apol., José, SME*, etc. En casi todos estos casos es fórmula de segundo hemistiquio con rima fácil en *-ano*. Existía el cliché mucho antes de Berceo (no en la épica, como hemos comprobado), puesto que en un diploma del año 1044 se dice *in hieme quomodo in estate* (*Chartes de Silos*, pág. 10). Otra variante es *en paz o en guerra*, esto es, 'siempre', en el *PMC* (1525), en la *PCG tan bien pora corte commo pora guerra* (615.a.28), según la pauta dada por Salustio, *neque bello neque pace* (*Yugurta*, XIX, 7). Otra es *çerca o tarde* (*PMC*, 76), *nin tarde nin ayna* (*SO*, 104d). Entró por fin el cliché temporal en la sarta de fórmulas del derecho medieval **tardío**:

> en dia feriado o non feriado e tiempo eso mesmo, asentados o leuantados, en yermo o en poblado, de noche e de dia.
>
> (*Fórmulas*, III, p. 479)

d) LA PROPIEDAD

En otra parte (pág. 271) apuntamos la pareja *cuerpo e aver* 'la vida y la propiedad', frase legal en la que se amenaza con la muerte y la incautación de bienes. Dentro del concepto de «propiedad» exis-

---

[40] Para el uso de la frase por Berceo, véase el libro citado de ARTILES, pp. 229-231.

tían otras parejas, algo variadas ya en el *PMC: los averes e las casas* (45), *casas y heredades* (301, 1246), *heredades e casas e palaçios* (115), *aver e tierra* (2495), *honores e tierras* (887), *tierra e onor* (3413). Estos son eco bastante exacto de la estipulación de muchos de los fueros, p.ej., *uadat pro traditore et amitat casas et omnia que habuerit* (*F. Miranda de Ebro*, línea 298). La pareja está en *SIL, los palacios e las casas* (217), pero falta en los demás textos vernáculos. En la épica francesa es frecuente esta pareja, p.ej., en la *CR, teres e fiez* (76), *mes honurs e mes fieus* (315), *feus e honors e teres* (3399), y lo es también en la *CAI: castella et honores* (23, 74), *villas et terras* (71), etc. La pareja tiene origen en el lenguaje del derecho, y su uso excepcional en el *PMC* es otro indicio de la formación e interés profesional del autor de éste.

La pareja inclusiva que más comúnmente expresa el concepto de la riqueza es *oro e plata*, 'dinero, todo el dinero'. Se emplea algunas veces en el *PMC* en sentido literal:

en oro y en plata   tres mill marcos les di [y]o (3204)

como en la cuenta exacta del pago que hicieron los judíos a Martín Antolínez, tanto en oro, tanto en plata (184-6). Las descripciones de los metales preciosos empleados en los adornos pueden también hacer distinciones literales (1970, 3088). Pero en todos estos casos se nota que la frase se encaja perfectamente en el hemistiquio, y que los términos siguen el mismo orden: *oro-plata*, pues al usarse la pareja en el segundo hemistiquio se necesitaba más la rima en *á-a* que la rima en *ó-o*. En otros muchos casos —nueve en total— en el *PMC* la pareja tiene forma de cliché y el sentido es muy general [41]. La pareja es de uso frecuente en muchos textos medievales y del Siglo de Oro, y en francés. En el latín medieval aparece en la *Silense* y en Pelayo, y hasta cinco veces en la *HR* al describir regalos o botín (927.8, etc.); también en la *CAI, Liber Sancti Jacobi, Najerense*, etc.

---

[41] En los versos (hasta doce) reconstruidos por Bello, Milá y Menéndez Pidal para suplir el comienzo perdido del *PMC*, falta un hemistiquio que Pidal deja en blanco, pues la *Crónica de Castilla* y *Crónica particular del Cid* no ofrecen sugerencias que permitieran completar el verso:

> *convusco despenderemos   las mulas e los cavallos*
> *e los averes e los paños*
> *siempre vos serviremos   como leales amigos e vasallos...*

El hemistiquio que falta —primer hemistiquio— es sin duda *el oro e la plata*, pareja aquí naturalísima, y tanto, que los cronistas la habrán omitido al hacer su prosificación.

Se varía elegantemente el tema en el *Poema de Almería* (31-32, 49).
En la tradición latina se extiende la pareja añadiendo otros términos, formando el tópico del botín. Así escribe Sampiro una expedición del reinado de Ramiro II (931-950):

> Unde nostri multa attulerunt spolia, aurum et argentum videlicet,
> et vestes pretiosas. (*ES*, XIV, p. 453)

Siguen la *Silense: cum inmenso auri et argenti sericorumque ornamentorum pondere* (155), y la *CAI: acceperunt ab eo argentum et aurum, multa varia et pretiosa munera et equos multos* (54), con ejemplos de mayor elaboración aun (93, 104). Prefiere la *PCG* el tópico de tres términos (355.b.39, 523.b.46, 556.a.38, 564.a.40), y hasta convierte la simple pareja del *PMC*, *entre oro e plata   fallaron tres mill marcos* en ... *que y fallaron, en oro et en plata et en armas et en cauallos* (598.a.34).

Esta fraseología se encuentra algunas veces en los diplomas, por ejemplo:

> et aliquid ibi attulerit de sua substancia, totum quod ibi aduxerit,
> sive aurum, sive argentum, sive caballos, sive mulos, sibe asinos
>
> (Muñoz, p. 232)

y remonta a las fórmulas del derecho del imperio franco, p.ej., *omnem rem inexquisita, tam aurum quam argento vel reliquas fabricaturas* (Rozière, I, pág. 161). Pero es mucho más antigua en su origen. Unas palabras famosas del *Lazarillo* nos ponen sobre una de las pistas: el ciego dice al muchacho: «*Yo oro ni plata no te puedo dar; mas auisos, para viuir, muchos te mostraré.*» Esto es adaptación cínica de las palabras de San Pedro (Actos, 3, 6): *Argentum et aurum non est mihi; quod autem habeo, hoc tibi do...* Por esto podemos afirmar que una pareja, por «natural» y universal que parezca, tiene digna tradición literaria gracias a su alto origen bíblico, en contexto conocidísimo. Por otra parte había tradición en la literatura clásica, lo menos desde Salustio (como tantas veces ocurre): *cum auro et argento multo Romam legatos mittit* (*Yugurta*, XIII, 6); y más atrás todavía en el Antiguo Testamento, p. ej., en II Crónicas 1, 15, I Macabeos 6, 1. Si aparece la pareja en los textos cuneiformes de las antiquísimas civilizaciones del Oriente Medio, no me extrañará.

e) LA ELABORACION

Como hemos visto, la pareja sencilla se puede variar, extenderse a tres términos o más, doblarse, etc. Pero hay numerosísimos ejemplos de una elaboración extrema en que se van amontonando las parejas. Por una parte en los textos legales había que insistir, había que mencionarlo todo para que no quedaran excepciones ni escapatorias. En el imperio franco, por ejemplo:

> Peregrinis et egenis vel egentibus, plebibus et clero, monachis et virginibus, viduis et orphanis, comitibus et regibus, servis et liberis, coniungibus et continentibus, mediocribus et maximis, Iudeis et gentilibus, vos unum omnia perdiscat effectum.

> (Rozière, I, p. 932)

La versión romance del *Fuero Juzgo* se apasiona al prohibir la ayuda a los judíos, extendiendo mucho lo que se decía sobre esto en el latín original:

> Por ende establecemos en esta ley, que ningun omne de ninguna religion, nin de ninguna orden, nin de ninguna dignidad, nin de nuestra corte, nin de pequennos, nin de grandes, nin ningund omne de ninguna parte, nin de ningun linage, nin de principes, nin de poderosos, non se esforcen nin asmen en so corazon de mamparar los judios. (XII, 2, vx)

No se trataba sencillamente de la elaboración que se podía permitir una comisión de juristas al redactar un código nacional. Era costumbre elaborar en los diplomas individuales, en los que se trataba de una necesidad bien concreta:

> donamus... omnem decimam de omnibus rebus quae nobis exiebunt de omnibus navibus tam parvis quam magnis, nostris sive alienis, ... tam de praediis quam de captivis [42].

Esta práctica invadió el campo literario al copiarse documentos legales en textos literarios, por ejemplo, el de Pelayo:

> ut omnes potestates nobiles, & ignobiles, divites, et pauperes, qui erant in suo Regno, non auderent unus in alterum litem movere.

> (*ES*, XIV, p. 473)

---

[42] Donación de Ramón Berenguer y María (hija del Cid) a la iglesia de S. Adriano, en E. DE BALUZE, *Marca Hispanica* (París, 1688), col. 1229.

o al narrarse los grandiosos momentos de la historia, en este caso
la unanimidad de poblaciones enteras que se lanzaban a la Primera
Cruzada:

> alii ab aliis animati, duces, comites, potentes, nobiles ac ignobiles,
> divites et pauperes, liberi ac servi, episcopi, clerici, monachi,
> senes et iuvenes, etiam pueri et puellae, omnes uno animo...
> undique concurrunt [43].

Llegados a este punto, vemos que no basta la explicación de que tal
elaboración nació en los códigos legales por necesidad de cubrirlo
todo y no dejar escapatorias. Si tal hubiera sido su función, ¿por
qué en los códigos se expresa esta necesidad práctica tan a menudo
en la forma de parejas? Estamos más bien en presencia de una lengua que quiere impresionar, atemorizar y persuadir. La función es
la del rito religioso, la lengua se parece mucho a la del rito religioso.
He aquí una retórica de las más graves y altisonantes, creación de
hombres que tenían el instinto del aspecto estético de la lengua, de
su música, de su enorme fuerza al enunciarse públicamente. Estamos ya bastante lejos de la pareja básica que concretiza una abstracción difícil, de la pareja como expresión de una mentalidad
especial a quien le gustaba y convenía la simple polarización de
extremos.

En general, la técnica de los poetas épicos medievales, rápida y
dinámica, apenas dejaba lugar para tales elaboraciones. En español
no hay ninguna; en francés se notan de vez en cuando, p. ej.:

> Que n'i adeist ne beste ne lion,
> Ne n'i adeist esquier ne garçun (*CR*, 2436-7)

> Terre ne erbe ne te puet atenir,
> Ne Diex ne home ne t'en puet garantir,
> Ne tout li saint qi Dieu doivent servir (*Raoul*, 3027-19)

En los poemas de clerecía estas elaboraciones son bastante frecuentes, aunque de miras modestas. Se aprecia cómo los poetas unían
los hemistiquios formulaicos para formar versos enteros, y hasta
versos sucesivos, en parte para llenar una estrofa que había llegado
a un punto satisfactorio en el sentido sin completarse en la métrica:

---

[43] Sigebert de Gembloux, *Chronica* (s. a. 1096), compuesta entre 1100 y 1106;
en *MGH.SS.*, VI, p. 367.

Ouieron un acuerdo mayores e menores,
los padres e los fijos, uasallos e señores *(SD,* 745ab)

Nin viejo nin mancebo nin mugier maridada
non sufrió tal lacerio nin murió tan lançdada *(Duelo,* 14ab)

Quantos qe son en mundo, justos e peccadores,
coronados e legos, reys e emperadores,
allí corremos todos, vassallos e sennores *(Milg.,* 24a-c)

forçar muchas mujeres casadas e esposas,
vírgenes e solteras, viudas e religiosas *(LBA,* 231cd)

Juan Ruiz demuestra en su prosa cómo sabía proceder desde un amontonar semiautomático de parejas hasta una declaración más personal e importante para el lector de su *Libro:*

E assí este mi libro, a todo omne o mujer, al cuerdo e al non cuerdo, al que entendiere el bien e escogiere salvación e obrare bien amando a Dios, otrossí al que quisiere el amor loco...

Parece que aquí Juan Ruiz, después de escribir *al cuerdo e al non cuerdo,* iba a poner mecánicamente *al justo e al pecador;* pero pensó un poco y redactó el concepto en términos más personales [44].

Hasta en la prosa medieval tardía persistía el hábito de la elaboración. En un tratado científico, donde había lógicamente que extender la noción de 'todos', la expresión inevitablemente se organizaba por parejas inclusivas:

La antigua e primera lengua latina era a todos común e una, asý a ninnos commo a honbres e mugeres, e asý a aldeanos commo a çibdadanos.
Ansý que aquel segundo modo de fablar, todos los más doctos afirman ser uno a todos, rústicos e nobles e mugeres e niños [45].

En el estilo del púlpito era ya consagrado:

---

[44] A veces se cometieron verdaderos disparates con el automatismo de las parejas. Hay ejemplo posible en la nota 25 (Sahagún). Otro es: *Et ego dominus Aldefonsus, rex et imperator Castelle, et uxor mea, regina et imperatrix, monemus omnes successori nostri regni, ita magnos sicut minores, quod...* siendo inconcebible que entre ellos hubiese alguno *minor* (F. *Miranda de Ebro,* línea 345). Ejemplo vernáculo: *Y fueron todos cativos: todos, vivos y muertos (José,* B.169b), donde parece que la necesidad de la rima impuso el disparate.

[45] Texto publicado por E. J. WEBBER, «A Spanish Linguistic Treatise of the 15th Century», *RPh,* XVI (1962-1963), pp. 35 y 37.

> Porque te digo más: que asý en el viejo como en el moço, asý
> en el clérigo como el lego, e el cavallero como el escudero, en el
> onbre de pie como en el rapaz, asý en el onbre como en
> la muger, honestidad es hermana de verguença... (*El Corba-*
> *cho,* I.8)

Perdió la tradición su sencillez algo infantil cuando llegaron con el
humanismo nuevos modelos, especialmente ciceronianos. Se elabo-
ra, cómo no, la noción de 'todos', pero con estilo muy diferente:

> Llorávanlos los padres que los engendraron, y las madres que
> los parieron; llorávanlos las damas a quien servían, y los cava-
> lleros con quien se acompañavan [46].

Casi tuvo Cervantes la última palabra sobre este tema. Siendo estas
parejas tan típicas del legalismo medieval, no podían faltar en boca
de Don Quijote:

> Y yo se lo daré a entender a pie o a caballo, armado o desar-
> mado, de noche o de día, o como más gusto le diere. (I.24)

Sancho había absorbido suficiente cantidad de estas fórmulas para
que saliesen a borbotones de él, como rasgo extraordinario de caracterización y parodia disparatada de siglos de tradición. En diversas ocasiones usa *cosas y casos, dones ni donas, ínsulas ni ínsalas,*
cazas ni cazos, cuentas ni cuentos, ramos y remos, casa y cama, y
termina llamando a su amigo Tomás Cecial con altisonancia caba-
lleresca *escudero fiel y legal, moliente y corriente.* Henos con esto
de nuevo en el dominio de la fraseología popular, de la pareja cotidiana.

Sin embargo, no acabó la parodia cervantina con el hábito de
muchos siglos. Desde un *estado latente* profundamente encubierto,
salieron en las páginas de *Blanco y Negro* del 16 de abril de 1966
(pág. 70) tanto parejas medievales como imitaciones modernas:

> En la Feria de Sevilla cabe el rico y el pobre, el chico y el
> grande, el andaluz y el finlandés, el sabio y el titiritero, el par-
> lanchín y el silencioso.

En la misma revista del 16 de marzo de 1968 (pág. 77) viene lo siguiente:

---

[46] *El Abencerraje,* ed. F. López Estrada (Madrid, 1957), p. 320.

Ancianos y niños, ricos y pobres, sanos y enfermos, como se puede apreciar en estas fotos, son obligados a abandonar el país.

Esta es una nota poco frecuente en el estilo periodístico, que da gusto a los ojos del medievalista; hasta puede sugerirnos que la técnica de las parejas tiene no sólo pasado, sino también porvenir.

f) LA ELABORACION: UN CASO ESPECIAL

Ocupan lugar aparte los desafíos, las maldiciones y los juramentos. En éstos era muy importante el detalle concreto y no podía faltar la elaboración retórica si con estas palabras tan públicas se quería impresionar y convencer. En la literatura son notables los juramentos de algunos romances carolingios (165, 177) y las maldiciones de otros (173, 185a), y sobre todo la *Jura de Santa Gadea.* Esta es creación literaria de los años por 1200, según Horrent, pero de haber ocurrido históricamente en 1072 la *Jura,* es indudable que las fórmulas empleadas habrían sido casi las de las crónicas y romances, como consta por la terminología del *F. Viejo* (III, 2, ix). Especie de desafío y maldición unidos es lo que lanza Diego Ordóñez contra los zamoranos:

Yo os rieto, los zamoranos, — por traidores fementidos:
rieto a todos los muertos — y con ellos a los vivos;
rieto hombres y mujeres, — los por nacer y nacidos;
rieto a todos los grandes, — a los grandes y a los chicos,
a las carnes y pescados — a las aguas de los ríos (47).

En este caso es muy probable que el romance represente fielmente versos de la épica perdida de *Sancho II.* Aquí se reconocen las parejas inclusivas que concretizan el concepto de 'todo', pero también se notan detalles con cuya mención se pretendía hacer que 'todos' los zamoranos sintiesen su culpabilidad en todos los aspectos de su vida diaria. Se trata de la mentalidad medieval: si no se mencionaban uno a uno los objetos o aspectos, la maldición podía no surtir efecto. Esto no era ningún artificio literario, sino una representación de prácticas que según Pidal eran «corrientes en la realidad arcaica». Cita Pidal un pasaje del *Fuero de Sahagún* del año 1110 en el que se maldice la comida del hombre que no obedezca el fuero [47];

---

[47] *Romancero hispánico,* I (Madrid, 1953), p. 269.

pero como en parte esta maldición o anatema se expresa por parejas, merece citarse más a la larga:

> Et si aliquis homo propinquus, vel extraneus, vel quale genus fuerit, tam de regia potestate, quam de populorum universitate, quisquis fuerit... ...Sint excommunicati, et anathematizati, sint maledicti in manducando, et bibendo, sint maledicti in lecto, et extra lectum, in domo et extra domum, sint maledicti in via, et in agro, sint maledicti vigilando, etiam dormiendo...

> (Muñoz, p. 308)

Este tipo de maldición comprensiva era internacional. Ejemplos ricamente poéticos provienen de la Inglaterra anglosajona, y ejemplos larguísimos del imperio franco (Rozière, II, 681, 683-4). Estos dependen de unos modelos formulaicos para la excomunión, comunes a todos los países en la temprana Edad Media, pero que fueron adaptados luego para diversos fines, incluso literarios, como en los ejemplos arriba citados. Más allá de este origen en la curia romana, señala Lapesa origen ulterior en Deuteronomio, 28, 16-19, de cuyo texto cita la traducción española medieval [48]. Algo parecido, pero ya en decadencia, era el anatema usado por la Inquisición en el siglo XVI contra los moriscos. Esto no lo parodió Cervantes *(Con la iglesia hemos dado, Sancho)*; pero la maldición ritual y formulaica aparece en toda su extensión y con intención humorística en *Tristram Shandy*, y luego en el poema inglés de R. H. Barham, *The Jackdaw of Rheims*. Ahora no maldecimos ni anatematizamos, pero los redactores de códigos legales y de reglamentos de compañías ferroviarias siguen componiendo sus escritos prohibitorios, muy detallados, cubriendo todas las necesidades posibles. Pero ya no se compone según el sistema de parejas. Falta ahora la retórica, falta la poesía; y con ellas, para el gusto del medievalista, falta también la eficacia y la convicción.

3. CONCLUSIONES

Hacer el catálogo completo de las parejas del español y del latín medieval hispánico sería un trabajo de muchos años, y de poco valor. Yo he tratado de establecer modelos, de entrever un sistema general, y de analizar la mentalidad subyacente. Al comentar mis

---

[48] *De la Edad Media a nuestros días* (Madrid, 1967), p. 35.

citas he pretendido descubrir, para las parejas sinónimas y semi-sinónimas, hasta qué punto se expresaba una doble realidad, o en qué medida tenemos que ver con duplicaciones más bien huecas, desprovistas de contenido semántico. En general ha sido posible postular un origen «real» en el caso de las parejas sinónimas en las esferas social y jurídica, y en algunos casos, p. ej., *por sus cartas o por sus porteros*, está claro que perduró un sentido real desdoblable, a pesar de existir desde hacía mucho tiempo el cliché *carta y mensajero*. (¿No habrá en los archivos algún proceso en que se hubiera de resolver este punto delante de tribunal?) Las parejas inclusivas tuvieron su origen en la necesidad «real» de resumir, de abarcar toda una serie de puntos intermedios, de concretizar polarizando, como hábito psicológico y como medio de comunicación. En algún caso hemos podido documentar una lenta evolución, con adaptaciones, evolución no exenta de vueltas anacrónicas y arcaizantes, p. ej., en la historia de *moros e cristianos*. Siempre los documentos literarios nos muestran una capacidad para la libre invención, para la variación acondicionada por las exigencias métricas, para la adaptación a nuevas situaciones (*priores nin abbades*).

En el tiempo se avanza siempre desde el origen «real» hacia lo formulaico. Son diversas las causas de esto. La que empezó como pareja casual, de dos términos bien distintos percibidos como tales, viene a ser por comodidad simple signo lingüístico, pareja unida de referencias afines y asociadas, frase plenamente lexicalizada. A ello contribuye el placer, tanto del hablante como del artista literario, de los ritmos, equilibrios y aliteraciones. En la poesía, pero también en el lenguaje jurídico (lo hemos comprobado repetidas veces), tienen enorme importancia estructural y estética las parejas; y su presencia en el verso y en las leyes da a las parejas más autoridad y uso generalizado. En el tiempo, la decadencia de las parejas está señalada por su uso como mero relleno de verso o al amontonarse en la prosa sin propósito, digno blanco para la parodia cervantina.

Es muy notable el uso tan constante de las parejas en el lenguaje jurídico de todos los tiempos, con el mismo empleo a dos niveles, «real» y formulaico, con la misma evolución y adaptación lentas. Creo que a pesar de existir muchos estudios de este lenguaje para la historia del léxico y de la diplomática, en algunos aspectos todavía está por investigar: orígenes, desarrollo, contenido estético, estructuras... Es un lenguaje influido desde luego por las hablas corrientes y las tradiciones literarias y religiosas, pero también es una ingente masa lingüística que se mueve *motu proprio*. Su influencia en el latín literario fue grande, p. ej., en la *HR*, y su influencia en las nacientes literaturas vernáculas incalculable, como hemos visto ya, y como volveremos a ver, en el *PMC* entre otros muchos textos. Este lenguaje jurídico tenía como una retórica propia tanto latina como vernácula, de mucha autoridad, culta por definición, pero accesible a muchos; y no había que ir a las escuelas para aprenderla.

Al considerar las parejas como elemento de un gran sistema binario, y éste como parte de la retórica «de escuela», creo que los propugnadores de la tradición culta de Europa se han definido demasiado en ciertos aspectos. Desde los estudios de Faral y de Curtius (para no decir de Bédier) es obligatorio para los no pidalistas atender a la influencia culta en el nacimiento de la épica en lengua romance; para España, la cuestión ha vuelto a estar de actualidad gracias a Faulhaber. Gran parte de lo que digo en este libro tiene la misma tendencia. Ahora bien: en este asunto de las parejas creo aconsejable hacer un *distingo*. Es cierto que la tradición de las parejas en la retórica y literatura cultas es larga y fuerte. Ahí está la autoridad de Salustio, cuyas parejas inclusivas hemos citado repetidas veces. El es maestro también —quizás inventor— de la pareja sinónima y semi-sinónima como recurso retórico: *clarus atque magnus (Cat.* LIII.1), *moneo hortorque (Yug.* XXX.25), etc. Estas parejas salustianas muchas veces tienen aliteración: *pudet atque paenitet (Yug.* XXXI.10), *magna atque mirabilia (Yug.* LXIII.1), *portenta atque prodigia (Cat.* XXIX.2), *flexa atque fragilis (Cat.* II.3). Salustio era conocidísimo como modelo en los siglos XII y XIII [49], quedando postergados otros modelos posibles de prosa histórica latina como Livio (mucho más parco en retórica); desde Salustio pasa la tradición a través de los prosistas clásicos tardíos (p. ej., los panegiristas, Amiano Marcelino), por Boecio e Isidoro, por los escritores de la corte carolingia (Einhard, etc.), a los del siglo XII, así como a las escuelas con sus cursos de latín y de retórica. Según Curtius en su trabajo citado, la pareja sinónima figura en la teoría retórica de la Edad Media *(Ad Herennium* e imitaciones, y *artes poetriae)* bajo el nombre de *amplificatio* o *expolitio* o *interpretatio*, una vez *variatio* [50], siendo la técnica la de *eandem rem dicere, sed commutate*, y se ejemplifica en la práctica con citas de los autores; éstos incluyen, para el sistema binario en general, hexámetros bimembres de Virgilio y otros. Pasa Curtius luego a estudiar la relación directa entre

---

[49] A lo dicho arriba vale agregar lo que dice F. RICO en «Las letras latinas del siglo XII en Galicia, León y Castilla», *Abaco*, II (1969), p. 80, con indicaciones bibliográficas en nota.

[50] Para más detalles sobre la terminología, véase el estudio citado de S. Pellegrini, en su libro de 1964, pp. 136-137.

esta enseñanza y estos ejemplos con binomios de la *Chanson de Roland*, varios de ellos citados ya en el presente capítulo. Con respecto a la *CR*, está de acuerdo con Curtius M. de Riquer, y con reservas E. von Richthofen [51]; también S. Pellegrini, que añade muchos datos utilísimos sobre la tradición en general, sobre la bibliografía, y que da una lista completa de las parejas sinónimas del poema francés [52]. Hay que reconocer, pues, el origen de muchas parejas sinónimas, sobre todo del tipo que he llamado «literario», en la tradición literaria y en la enseñanza retórica. Lo resume muy bien Pellegrini: «Certo dall'humus mediolatino germoglia la lussureggiante vegetazione di gruppi sinonimici che dilaga fin dai primordi nelle nuove letterature volgari, la tedesca inclusa.»

Mi *distingo* es éste: en la composición de los siglos XII y XIII figuraba como elemento no despreciable la pareja «social» y la pareja «legal» (recuérdense los muchos ejemplos de la *HR, CR, PMC*), no enseñadas por la retórica; y figuraba también como elemento la pareja «religiosa», que tampoco se enseñaba, aunque sí se aprendía por otras vías (litúrgicas, etc.). Añádanse a éstas las parejas sinónimas aprendidas en la Biblia, p. ej., *robustus et sanus, dives et felix* (Job 21, 23), *viri fortissimi et potentes* (I Crónicas 5, 24). Si pensamos en un verso como *E Oliver li proz e li curteis (CR*, 576), encontramos en la Biblia frases como *virum prudentem et scientissimum* (II Crónicas 2, 13). La Biblia no se usaba como libro de texto en el *curriculum* medieval, ni se estudiaba como modelo estilístico, pero su influencia precisamente en este aspecto de las parejas es incalculable. A todo esto hemos de agregar el peso de las parejas inclusivas, de carácter en un principio menos literario, que no se catalogaban como sistema en los libros de retórica, pero que eran ampliamente conocidas en la triple tradición de Salustio, de la Biblia y del derecho. Estas parejas inclusivas forman parte del mismo sistema que las parejas sinónimas, y en las estructuras tanto de la prosa como del verso siguen las mismas pautas. Todo esto es un aspecto de lo que yo llamaría una «retórica común» de los siglos XII y XIII, retórica no especialmente culta, accesible por muy diversos modos a

[51] M. DE RIQUER, *Los cantares de gesta franceses* (Madrid, 1952), p. 106; E. VON RICHTHOFEN, *Estudios épicos medievales* (Madrid, 1954), pp. 241-242, que prefiere ver una gran boga de la pareja en el latín medieval, y creer por tanto que la influencia de Virgilio fue más bien indirecta.

[52] Pellegrini incluye en su lista de parejas sinónimas, p. ej., *ne mul ne mule* (*CR*, 480), *teres e fiez* (70), que para mí son «inclusivas»; omite, sin embargo, p. ej., *Franc e paien* (1397), *chastels e... citez* (2611). Sobre categorías es natural que haya diferencia de opiniones. La riqueza de la *CR* en parejas estrictamente sinónimas o semisinónimas es mayor que la del *PMC*, como sería de esperar dado su carácter más altamente literario.

muchos. He aquí la razón de mi *distingo*. Definir de esta manera la cuestión me parece ayudar a resolver otro problema, pues según demuestra Faulhaber[53], «Nothing was found to indicate the teaching of rhetoric in Spain at either the elementary or the university level before the beginning of the fifteenth century» (aunque desde luego el individuo habrá tenido acceso a tratados retóricos de diversos tipos, o puede haber estudiado en Francia, etc.).

Quizás otro aspecto del *distingo* nos lo sugiera el hecho de que sin ayuda del modelo retórico, el hablante moderno de muchos idiomas sigue expresándose por parejas: *good and bad, grandes y chicos, old and young, ganz und gar, neither fish nor fowl, par monts par vaux, casa y cama, bed and board*. Se notan no sólo parejas semánticamente útiles, sino también ritmos y aliteraciones que son el goce estético del discurso; y se ve cómo creaciones al parecer infantiles, p. ej., *ni fu ni fa*, se lexicalizan. Con esta observación se fortalece mi concepto de una «retórica común» de los siglos medievales, con la peculiaridad de que entonces, aunque no únicamente entonces[54], el hábito constante del hablante invadió en gran escala la composición literaria. Es interesante para este aspecto leer dos comentarios en sentidos totalmente opuestos sobre el estilo de D. Juan Manuel: para Menéndez y Pelayo, tan natural es su estilo que «está libre de todo amaneramiento retórico», mientras para otros, la práctica de la *interpretatio* es importante y significativa[55].

Si se acepta mi *distingo* y el concepto de una «retórica común», en nada disminuye la importancia de la retórica; pero es una retórica que en este aspecto codifica y sistematiza lo que ya existe como práctica muy general, que los escritores aprendían casi sin esfuerzo sin tener que ser enseñados en las escuelas a través de libros de texto, ejemplos virgilianos ni definiciones (*interpretatio*, etc.). Esto no excluye la posibilidad, en muchos casos la probabilidad, de que los autores tuviesen delante de sí modelos y fuentes precisas para aquellas parejas que tienen correspondencia o ascendencia claras.

Creo que hasta ahora no se ha concedido la debida importancia a la pareja en su función estructural, mecánica, en la composición

---

[53] C. FAULHABER, *Latin Rhetorical Theory in Thirteenth and Fourteenth Century Castile* (Berkeley-Los Angeles-Londres, 1972), p. 140.
[54] Tiene algo que decir Pellegrini (como alusión, no como tema de estudio) sobre la renovación de estas prácticas por Petrarca, su presencia en la prosa de Cervantes y otros; la pareja «è ancora frequente nei drammi del Calderón e di Tirso de Molina».
[55] J. P. ENGLAND, «*Exemplo* 51 of *El Conde Lucanor*: The Problem of Authorship», *BHS*, LI (1974), pp. 16-27 (p. 23), con referencia a dos estudios importantes de la retórica en D. Juan Manuel.

así latina como vernácula. Es más difícil analizar en este sentido la prosa, pero se ve que la pareja sirve a menudo para lograr efectos rítmicos, equilibrios, a veces de aliteración y de rima. Nunca se han estimado bastante las extraordinarias cualidades artísticas de tres obras latinas del siglo XII hispánico: la *Silense*, repleta de ecos de Salustio, de Einhard, etc.; la *HR*, que se viene considerando como tosca y pobre en su latín, pero que usa acertadamente tantas parejas de origen literario y jurídico, con gran riqueza expresiva; y sobre todo la *CAI*, donde se plasma y adapta magistralmente la frase bíblica al alto servicio del espíritu de la Reconquista. En lengua vernácula es de importancia primordial la *PCG* y demás obras alfonsíes. Por una parte, hemos visto cómo la *PCG* adopta muchas parejas de sus fuentes épicas y del *PFG*, hasta creando parejas en lugares donde —que sepamos— no existía pareja en la fuente que prosifica; la sencilla brevedad comunicadora no formaba parte del propósito del Rey Sabio. Por otra parte, oigamos a Menéndez Pidal:

> El Rey Sabio busca la precisión y propiedad de la nueva lengua literaria, fijándose especialmente en las parejas de sinónimas *(razones dobladas)* tan abundantes en la lengua escrita. El *PFG* prodiga parejas como *alegre e pagado, sañudo e irado,* mientras en las *Partidas* se establece precisa diferencia entre las voces que el uso común identifica: *saña* 'encendimiento de sangre' súbito y pasajero, *ira* mala voluntad que arraiga en el corazón; *temor* diferente de *miedo, merced* diferente de *gracia,* y así multitud de distinciones. En consecuencia, la prosa alfonsí usa poco la pareja y procura que sea de términos claramente diversos: *onras e plazeres, anviso et acuçioso, conortar e esforçar.* No obstante, la pareja indiferenciada continúa con gran arraigo como un natural encarecimiento expresivo, sobre todo en la poesía... [56].

Realmente, no hay problema: Alfonso X escribe en las *Partidas,* obra muy cuidada de inmediatos fines prácticos, un estilo muy distinto del que emplea en la *PCG* y en otros libros de vuelo ambicioso y fuentes nobles (ejemplos ilustres son, en la *PCG,* los magníficos capítulos sobre Dido y Eneas, del *Loor de España* y *Duelo de los godos*). Después de Alfonso X se desarrollan otros estilos. El *Zifar* es muy rico en parejas, muy bien analizadas por Walker. Este estudioso percibe en el *Zifar* al par del gusto por la pareja un notable

---

[56] R. MENÉNDEZ PIDAL (ed. D. Catalán), «De Alfonso a los dos Juanes (Auge y culminación del didactismo, 1252-1370)», en *Studia... Lapesa,* I (Madrid, 1972), pp. 63-83 (pp. 70-71). Dice Catalán que D. Ramón escribió esto en 1940, como sección de su inédita *Historia de la lengua.*

esfuerzo por variarlas, evitando el cliché para buscar la originalidad
y el tono personal, siempre dentro del sistema establecido. Más interesante aún es el descubrimiento por Walker de diversas parejas,
tanto inclusivas como sinónimas, que aparecen en el *Zifar* como
calcos del árabe, calcos nada sorprendentes dentro de otros aspectos
de la influencia árabe que documenta Walker en este texto [57]. Según
Walker, esta influencia árabe sobre las parejas aparece también en
Calila, Poridat de las poridades y otras obras de este tipo, así que
la fuerte tradición latina y romance se vio enriquecida, desde mediados del siglo XIII, por la influencia semítica. Sobre la prosa posterior al *Zifar* sólo cabe dar algunos indicios someros. De D. Juan
Manuel hemos hablado ya. En alguna obra como *Sumas de historia
troyana* de «Leomarte» falta casi por completo la pareja, así como
en el *Libro de los gatos* y otros escritos del siglo XIV; tiene uso moderado en el *Amadís* y en el *Libro de las batallas* aljamiado, y continúa
la tradición medieval con cierta fuerza en *El Corbacho* y *La Celestina*,
aunque ya para entonces habían llegado otros muchos modelos de
prosa renacentista, clásicos e italianos, con que ir formando estilos
nuevos. La importancia de la pareja sinónima en uno de estos estilos,
el pastoril, es grande en los siglos XVI y XVII, pero su estudio nos
llevaría muy fuera de camino. En Cervantes sólo esto vale de por
sí una investigación, pues si por una parte parodia Cervantes lo medieval, por otra se abandona del todo a los encantos místicos del
binomio, clave de la divina prosa (*Dichosa edad y siglos dichosos...*) [58].

En la poesía es obvia la importancia estructural de la pareja,
apreciable tanto por su enorme variedad como por la estadística [59].
Como hemos visto repetidas veces, la pareja llena el hemistiquio,
y al usarse en el segundo hemistiquio, con variación de elementos
o con inversión de términos, sirve para la asonancia o rima fáciles,
hasta el punto en que estrofas enteras se pueden construir por
parejas. Ayudan sobre todo al mal poeta, pero también al bueno
(como Berceo) cuya inspiración llega a un bache momentáneo. El
estudio de la pareja aminora la distinción entre los mal llamados
mesteres de juglaría y de clerecía, pues muchas de las parejas se
usan en común. Además, aunque las parejas pertenecen al sistema

---

57 En su libro citado, pp. 210-211.
58 Véase, sobre todo, el citado libro de Rosenblat, pp. 116 y ss. Rosenblat
toma como lema el reproche que sobre esto hizo Avellaneda a Cervantes (*huyendo de ofender a nadie ni de hacer ostentación de sinónimos voluntarios...*).
59 Dice Artiles, en su libro citado (p. 111), que en Berceo: «Prescindiendo de
las binas de adjetivos, que estudiaremos aparte, hemos registrado más de
mil expresiones bimembres, más de cuatrocientas sólo en los *Milagros*.» Añadiendo las parejas de adjetivos se aumentan mucho estas cifras.

formulaico general, este estudio en nada robustece los argumentos de neotradicionalistas ni menos de oralistas. Indudablemente son utilísimas las parejas —hemistiquios hechos— para el verso que se improvisa o que se aprende y presenta memorizando, pero no son menos útiles para el que compone con la pluma en la mano y con sus fuentes y modelos en la mesa delante de sus ojos: en este sentido importante, no se diferencian Per Abad y Berceo [60]. También, dejando aparte lo que nos han enseñado Curtius, Pellegrini y otros sobre la tradición retórica culta, los propios datos detallados que hemos presentado nos muestran que en muchos casos detrás de la pareja del *PMC* está la misma pareja clásica o bíblica o jurídica o francesa, a veces parejas de las cuatro tradiciones. Hasta si se acepta mi noción de una «retórica común» no aprendida en las escuelas, ello no sirve en lo más mínimo para apoyar la teoría de los oralistas, ni al presentarse ésta con la inteligencia y buena documentación de un Rychner o un Bernhard [61].

En el *PMC*, como texto clave, queda por resolver la cuestión de «realidad o retórica». Hemos dado ya algunas indicaciones, por ejemplo al decir que en los vv. 16b-17 hay más convención y fórmula que intención pintoresca. Así será en otros muchos versos al poderse demostrar la existencia de la pareja en la «retórica común» de la época. Pero no siempre. Para De Chasca las dos parejas del verso

[60] Para fines del siglo XIII la épica francesa se copiaba en hermosos manuscritos para la biblioteca particular de la casa noble o burguesa; según consta por indicaciones textuales, el ms. se podía retirar de la biblioteca para que de él leyera en alta voz uno que entretenía una reunión de gente de casa. De ahí —punto muy instructivo para los «oralistas»— que, «toutes les formules du style oral que nous venons d'y relever ont bien été composées pour figurer dans un livre» —M. Thyssens, «Le style oral et les ateliers des copistes», en *Mélanges... Delbouille*, II (Gembloux, 1964), pp. 659-675.

[61] J. RYCHNER, *La Chanson de geste: Essai sur l'art épique des jongleurs* (Ginebra, 1955), esp. pp. 141-148. El estudio de E. Bernhard, mencionado en la nota 4 de este capítulo, merece atención aparte. Empieza estudiando el pensamiento medieval acerca de la *res*, *materia* y *forma*, y pasa a examinar «L'ensemble des règles et procédés stylistiques» por los que se desarrolla la *forma* en la obra literaria, con excelentes definiciones de los términos de la retórica: *expolitio, amplificatio per congeriem, interpretatio*, etc. Discute la aplicación por Curtius de estos procedimientos y términos a ejemplos de la *CR*, concluyendo que «il n'est pas légitime de classer les réduplications synonymiques sous la catégorie de *l'expolitio*», y que con estas parejas sinónimas «il s'agit avant tout d'un phénomène rhythmique indépendant de toute tradition rhétorique». Para Bernhard, «ne pourrait-on pas tout aussi bien conclure d'un emploi immédiat de la parole à l'influence d'une tradition vulgaire, voire orale?... Somme toute, la technique des variants et reprises de la *CR* ne doit rien à *l'expolitio*, du moins pour le fond». Es ésta la mejor defensa que conozco de la posible oralidad de un aspecto de la épica; reconozco su importancia sin dejarme convencer. Quizá mi noción de una «retórica común» representa un término medio en que nos podamos poner de acuerdo.

e me ayude e me acorre   de noch e de dia (222)

sirven para aumentar la afectividad del pensamiento, de la oración.
Estoy plenamente de acuerdo. El verso tiene estructura equilibrada,
es melodioso, como totalidad y como serie de partes nos gusta y nos
comunica lo que quería decir su autor. Aquí la pareja formulaica,
la retórica, en nada desdice de la nobleza del poema, y pedir que no
se emplearan tales fórmulas sería pedir que se escribiera el poema
como prosa meramente utilitaria. Decir retórica, pues, no es decir
palabrería, adornos, oquedad. Muchas veces la pareja, aun teniendo
detrás de sí una tradición multisecular, sigue llena de vitalidad y
plenitud de significado. Interés especial tiene el *PMC* al tomar su
autor parejas inclusivas del dominio jurídico —*exidas e entradas,
yermo e poblado,* las parejas que expresan 'toda la propiedad'—,
pues éstas creo que las debió a su propio interés profesional. Están
a tono con muchos otros aspectos del poema, estudiados en el capítulo 3, y su carácter jurídico queda patente no sólo en su origen,
sino también en el uso casi nulo que de ellos hicieron los autores
después. Otras parejas del *PMC* o se deben a modelos franceses
o tienen correspondencia en el francés, dato importante para los
materiales y puntos de vista que analizamos en el capítulo 6. Teniendo en cuenta mi *distingo,* pero también teniendo en cuenta los
muchos materiales y rasgos estilísticos que adoptó Per Abad del
latín clásico y medieval y de la épica francesa, parece lógico concluir que de ellos también tomó gran cantidad de sus parejas. Ya
habían actuado así los poetas franceses acudiendo al latín medieval, más, creo, a sus textos literarios que a la retórica de escuela.
Buen ejemplo es el siguiente, en que se mezclan las parejas sinónimas e inclusivas:

> In hac igitur eadem basilica debita cum reverentia in lacrimis et
> suspiriis nobilium et ignobilium, in planctu generaliter cleri et
> populi, in lamentatione viduarum orphanorum et pupillorum, in
> eiulatu et fletu omnium piissimus pater et consolator cunctorum
> est sepultus.

Se describe el entierro de Carlomagno *(Vita Sancti Karoli,* después
de 1165; III, 16. En Rauschen, obra citada, p. 89). De esta fuente
latina se tomaron las parejas para un poema vernáculo:

Plorent i dames, pucelles et moilliers,
Et clerc et lai, sergent et chevaliers.

(Couronnement Louis, versión D)[62].

Casos concretos como éste seguramente los hay en el *PMC.* Más que ir buscando fuentes, sin embargo, se trata en forma positiva de apreciar la magnitud de la tarea de Per Abad al lanzarse a componer el primer poema épico de grandes vuelos en nueva lengua, pues no podían faltar las parejas que tanto abundaban como elementos estructurales imprescindibles en la épica francesa. De existir tradición de poesía oral como quieren algunos le habrá aprovechado poco en este aspecto, pues, como acabamos de ver, las parejas son de origen culto en su mayor parte. Estudiar cómo llevó a cabo el cometido será materia para ese *arte poético* que he mencionado en otra parte. Pero el resultado no es dudoso. En esta tarea como en otras no desfalleció su brío ni decayeron su maestría e instinto técnicos. Los versos con parejas le salen armoniosos, llenos de fuerza y también —milagro de poeta aprendiz— naturalísimos.

En todo el siglo XIII, en los demás textos épicos que por diversos modos conocemos y en todos los poemas de clerecía, continuó la moda de las parejas. Vino luego la declinación: parejas algo automáticas en el *Rodrigo,* parejas amontonadas en el *José* y otras obras tardías de cuaderna vía, parejas abundantes pero muy cansadas en el *Rimado.* Sigue Juan Ruiz pensando por sistemas de parejas y oposiciones, pero logra renovar la tradición ya decadente de unos modos nuevos y personales. En el arte mayor del siglo xv se aprecian como en todos los aspectos unas nuevas fuentes de inspiración y nuevas formas de verso; ya era otra la mentalidad, y también, ya eran otras las estructuras, no cabiendo en ellas los moldes formulaicos de escuelas anteriores. Sólo en el romancero perduró la pareja épica consagrada, pero en forma ocasional nada más; en general, su movimiento rápido no se acomodaba con el carácter pausado y ponderado de la pareja. Pero está todavía lejos de extinguirse la tradición; en nuestras citas de los periodistas y en las referencias al hablante moderno, sin nota de arcaísmo consciente, vemos que sigue con vida.

62 Citado (sin referirse especialmente a las parejas) por A. Viscardi, *La leggenda liturgica di San Carlo Magno* (Bari, 1971), p. 109.

Procedencia: *Proceedings of the Leeds Philosophical and Literary Society,* Literary & Historical Section, XII, Part V (1967), pp. 129-90. Empecé a trabajar sobre este tema en una ponencia para el congreso de la Association of Hispanists (Oxford, 1957). El Dr. John Morris reunió mucho material nuevo para su tesis de la Universidad de Leeds, *Medieval Spanish Epic Style* (1961, inédita), y publicamos después conjuntamente el trabajo que forma la base de este capítulo. Al traducir he abreviado algo, modificando alguna opinión y añadiendo bibliografía reciente. Conste aquí mi agradecimiento al Dr. Morris por concederme amablemente el permiso para republicar este trabajo.

Aunque se ha dicho mucho (a veces de manera poco considerada) que el *PMC* es una obra «realista», tal descripción es válida si logramos concretar con cuidado nuestro pensamiento. Nos convence el *Poema* de que su personaje central es un ser de carne y hueso, hombre de familia y abogado así como un gran guerrero, quien actúa por motivos creíbles. El *Poema* le muestra rodeado de camaradas y antagonistas redondeados, individualizados. Se mueve la acción en un ámbito geográfico exacto, y casi se exime de la intervención sobrenatural empalagosa. Los hombres comen y beben, dan de comer a los caballos, reciben noticias de su patria, y calculan el botín según la moneda de la época. El sombrero de Félez Muñoz, nuevo y limpio, con su realismo cotidiano llega a ser casi anti-épico. Como se ha notado muchas veces, todo esto contrasta fuertemente con el heroísmo más elevado y más puro de los personajes y acciones de la *Chanson de Roland*. Sin embargo, no hemos de pedir demasiado al realismo del *Poema*, pues no es el de *La lozana andaluza* o del *Lazarillo*, ni menos el de Galdós o de Cela. Se exagera mucho el número de los ejércitos enemigos, poco se dice de la ambientación urbana o rural, muy poco se dice de la hora del día o del tiempo que hace, nada (salvo lo que se refiere a la barba del Cid) del aspecto de las personas.

Hay otro género de «realismo» en el *Poema* y en otros muchos textos medievales, más fundamental, que parece no haber recibido atención por parte de los estudiosos [1]. Es éste un realismo de lenguaje, de un sistema entero de fraseología —fraseología no inventada por el poeta, pero que él seguramente seleccionó y amoldó—

---

[1] Poco es lo que se ha escrito sobre este aspecto de los textos hispánicos medievales y los de otros países. J. Casalduero tiene un párrafo muy útil sobre el hecho de que «Las acciones humanas se apoyan en partes del cuerpo para hacer bien claro lo que quieren expresar» (esto es, en el *PMC*), pero no va muy lejos en su análisis (*Estudios de Literatura Española*, 1ª edición, Madrid, 1962, pp. 32-3). No he podido ver: MARÍA LACETERA SANTINI, «Tropos con palabras que indican partes del cuerpo en un romanceamiento bíblico del siglo XIII», en *Annali del Corso di Lingue e Letterature Straniere della Università di Bari*, X (1968). Se relaciona con mi tema el trabajo de J. R. CHATHAM, «Gestures, facial expressions and signals in the *PMC*», *REH*, VI (1972), pp. 455-71.

que se basa en el uso detallado y extenso de la potencialidad simbólica del cuerpo humano en cuanto a ademanes y posturas. En algunos casos —como cuando se menciona la *mano* con connotaciones de poder, posesión o protección— el poeta utiliza una fuerza simbólica que ha sido universal; en otros casos —como cuando utiliza la *boca* como símbolo— el poeta utiliza más bien conceptos conocidamente medievales, probablemente de origen germánico; y más allá de éstos —por ejemplo al emplear la frase *besar la mano que* 'pedir que'— el poeta se refiere a una costumbre social propia de una sociedad y de un período. No se le escapará la significación de tal fraseología al *lector* del siglo xx, pero ella significará más a los especialistas que sean capaces de presenciar imaginativamente una representación del *Poema,* de ver al juglar ante *un público que le escucha,* juglar que une en su persona todas estas frases «físicas» y que aumenta su expresividad al cambiar de ademán y de postura, al representar con mímica la acción. Por esta razón es inexacto creer que estas frases «físicas», como *meter en mano, aver a ojo,* sean figuradas o metafóricas; para nosotros lo son sin duda, pero para el juglar y su público tenían un significado inmediato y real. Para nosotros, *llorar de los ojos* es una tautología rara, es gramaticalmente defectuoso, es imposible en el uso moderno; a lo mejor lo clasificamos como una frase intensificadora, un pleonasmo afectivo. Pero en la representación de la épica tal frase servía para hacer más concreta y visible la noción abstracta de la tristeza, ayudaba a la comunicación entre juglar y oyentes, servía para provocar —como una especie de acotación incluida en el texto— un ademán por el actor[2]. Cuando el poeta hace que el Cid les recuerde a los Infantes que

en braços tenedes mis fijas   tan blancas commo el sol! (2333)

emplea los *brazos* con su doble valor simbólico de protección y del abrazo amoroso para expresar la noción del 'matrimonio', para reducir una noción abstracta a términos exactos, concretos y plenamente visibles, para aumentar la fuerza emotiva de su discurso.

Se beneficia la comunicación lingüística —sistema de signos, de

---

[2] «A todo lector del *Poema,* sobre todo si es lector en voz alta, le habrá ocurrido lo mismo que a mí: la lectura 'exige' una constante dramatización... No debemos ni un momento olvidar que la recitación juglaresca debía ser una semirrepresentación, y así no me parece exagerado decir que la épica medieval está a medio camino entre ser narrativa y ser dramática... Indudablemente, la mímica del juglar subrayaba, exageraba y caricaturizaba el contenido del texto» (DÁMASO ALONSO, *Ensayos sobre poesía española,* Madrid, 1944, p. 70).

imágenes fónicas— al escoger significantes lo más concretos (tangibles, visibles o capaces para ser representados visualmente) que puedan ser. En momentos de crisis nacional, no publicamos eslogans que empleen abstracciones como «Ayuda» o «Socorred»; decimos más bien «Arrima el hombro» o «Manos a la obra». El cuerpo humano nos suministra una colección de significados básica y universal, con la ventaja de que al referirnos a él, enriquecemos nuestro discurso con ademanes que indican, rechazan, subrayan, muestran el placer, etc. La frase épica *dar la mano que* 'prometer que' es un mejor signo lingüístico que *prometer*, si bien detrás de éste, en alguna fase temprana del latín, podemos sin duda entrever un * MANUM PROMITTERE físico (esto es, 'tender la mano' en señal de acuerdo). Esto tiene especial importancia por lo que se refiere al juglar y a su público en la representación oral. Siendo tal público bastante poco culto, había que asegurar su comprensión inmediata, pues no existía la posibilidad de volver la página ni de resolver las dificultades consultando un diccionario. Por una parte había que emplear narraciones tradicionales ya en parte conocidas por el público; por otra, había que narrar de acuerdo con unas formas tradicionales, con descripciones convencionales de batallas, viajes, encuentros, oraciones, etc., y con un empleo constante de fórmulas consagradas. Sobre todo, había que contarlo todo en lenguaje concreto. Como faltaban las decoraciones, los objetos y otros actores, el juglar concretizaba empleando muchas frases 'físicas' que se referían a las partes de su propio cuerpo.

El lenguaje épico sobresale en este respecto, si bien se encuentra esta fraseología en otros muchos tipos de textos y abunda en el lenguaje del derecho, según se verá. Sería improcedente pretender que en esto se singulariza España, pero la fraseología física sí parece haber tenido allí bastante importancia, sobre todo en contraste con Francia, por razones que se expresarán luego. En cuanto a períodos, parece que los textos medievales tempranos tienen mayor riqueza en esta fraseología que los posteriores. En su evolución, la lengua parece tener comienzos físicos y concretos y desarrollar después una mayor abstracción, a tono con el avance de la cultura y de la facilidad verbal[3]. Se dice que hay salvajes que son incapaces de conversar salvo en presencia del objeto de que hablan[4]. El va-

---

[3] Hay algunas lenguas más abstractas que otras. Véase V. BRONDEL, *Le Français, langue abstraite* (Copenhague, 1936); W. J. ENTWISTLE, *Aspects of Language* (Londres, 1953), pp. 10, 85 y 276; E. PARTRIDGE, *The World of Words* (3ª ed., Londres, 1954), pp. 67-8.

[4] ENTWISTLE, *ob. cit.*, 10; PARTRIDGE, *ob. cit.*, pp. 67-8.

lioso libro de L. R. Palmer, *The Latin Language* (Londres, 1954, con ediciones posteriores y traducción española) tiene una sección en que se nos explica cómo, en una sociedad rural, muchas palabras abstractas partieron de comienzos concretos: *delirium* tiene su base en *lira*, 'surco', y *delirare* significaba 'dejar de seguir el surco'; *praevaricari* es un término legal con base en *varus*, 'patizambo, curvo, torcido'; se refiere *stipulari* al partir simbólico de una paja (*stipula*) en el momento de hacer un contrato. Estudiaremos luego la cuestión de la consciencia de estos elementos y orígenes que pueda haber retenido el hablante.

Las nuevas sociedades de la Europa medieval, criándose en las ruinas de las provincias romanas, recibieron una potente mezcla de colonos germánicos relativamente incultos, cuya lengua conservaba, en el pleno vigor de su barbarismo, un impresionante acervo de frases concretas y físicas. Algunas de éstas tenían que ver con los ritos religiosos y muchas con las acciones y conceptos jurídicos, en sociedades donde hasta hacía poco era desconocida la escritura y en las que cada hombre actuaba como abogado propio. Eran éstas sociedades, además, en las que tenía que hacerse visiblemente la justicia, como lo demuestra la práctica tan extensa de mutilar simbólicamente al criminal como señal pública y permanente de la naturaleza precisa de su crimen [5]. Sobre todo esto nos ilustra el libro —al parecer, poco conocido hoy— de E. Chassan, *Essai sur la symbolique du droit* (París, 1847). Escribe Chassan la historia del simbolismo jurídico de todas las edades, pero se refiere especialmente a la Edad Media francesa. Estudia el modo de que este simbolismo llama al ojo y a la imaginación [6], la poesía que parece brotar naturalmente del simbolismo [7], y el hecho de que los códigos legales de las sociedades primitivas se expresaran lógicamente en verso, im-

---

[5] Por ejemplo, una ley de Guillermo el Conquistador: *Interdicimus etiam ne quis occidatur vel suspendatur pro aliqua culpa, sed evernantur oculi et abscindantur pedes, vel testiculae, vel manus; ita quod truncus remaneat vivus in signum proditionis et nequitiae suas* (citado por Chassan, en su obra mencionada abajo). Para un caso épico español, el castigo de Fernando Laínez, asesino del Infante García, véase *PCG*, 472.b.17.

[6] «Des représentations figurées, des images sensibles, une pantomime animée, servent de communication entre les hommes et expriment à leurs yeux toutes les vérités, les vérités religieuses aussi bien que les préceptes de la morale, qui sont le droit des hommes primitifs. Ces signes physiques, destinés à parler aux yeux, à enchanter l'imagination, à suppléer à l'insuffisance de la langue, constituent une écriture pour ainsi dire hiéroglyphique» (p. vi).

[7] «La poésie n'est donc pas le produit de l'art. Elle est née d'elle-même, car les premiers hommes pensent avec des images. Les mots, dont ils se servent, ne sont pas, comme aujourd'hui, des signes purement abstraits, uniquement destinés à l'entendement. Ces mots s'adressent à l'imagination plus encore qu'à l'intelligence» (p. viii).

presionante y apto para aprender de memoria, a veces ayudado por ritmo y aliteración. Para Chassan, los primeros siglos de la Edad Media son un retorno parcial a una fase primitiva, primitivismo moderado por recuerdos de Roma y por el cristianismo, pero todavía «un nouvel âge poétique, qui répand son coloris sur les moeurs, sur les usages, dans le langage et dans le droit» (p. xix). Buen ejemplo, entre los muchos que nos da Chassan, es el adjetivo que se aplica al proscrito, *Vogelfrei*, en latín *permissus avibus*, glosado por Chassan: «pour signifier qu'il ne peut plus prétendre à la protection des hommes, ni vivre sous leur toît, qu'il est condamné à errer loin de la société de ses semblables, dans la profondeur des bois, où il mourra privé de sépulture, abandonné comme une proie aux oiseaux du ciel» (p. li). Vale la pena citar esto por extenso para demostrar la riqueza de significados que encuentra Chassan en la frase sencilla, así como el tono ligeramente poético que él emplea en su glosa. Tal es la contribución germánica a la pompa y poesía del derecho medieval.

Es discutible la influencia en España de este modo de pensar germánico, pero parece claro que en los conceptos y lenguaje jurídicos era considerable. Tal es la conclusión de E. de Hinojosa en *El elemento germánico en el derecho español* (Madrid, 1915). Sobre el simbolismo obligatorio del negocio en tierras dice Hinojosa que «La transmisión de la propiedad de bienes inmuebles se verifica en León, Castilla y Portugal bajo formas propias del derecho germánico. Previo pago del precio de venta, el vendedor entrega al comprador objetos que simbolizan la cosa vendida: un puñado de tierra, si se trata de fundos; una rama, si de árboles. Se consuma la tradición con la entrada solemne del adquiriente en el fundo, a fin de hacer también visible para terceros la toma efectiva de posesión» (p. 24). Los notarios dejan constancia escrita de este tomar físico de posesión:

> E luego el dicho fulano tomo por la mano derecha al dicho fulano e metiole dentro en la posesion del dicho molino, e el dicho fulano dixo que asy rescebia la posesion del dicho molino [8].

Los objetos de propiedad mueble eran tocados por la mano del nuevo dueño, mientras los terrenos pasaban al nuevo dueño cuando éste

---

[8] *Fórmulas*, III, p. 501. En el *Rodrigo* (166, y análogo en 196) Sancho Abarca toma al arzobispo Miro por la mano al cederle una propiedad real en Val de Palencia.

15

ponía el pie sobre ellos [9] o sencillamente pasaba el ojo sobre ellos (véase más abajo). Si los terrenos quedaban remotos tanto del comprador como del vendedor, hacía falta imaginar y registrar los actos físicos:

> E todo lo do e dono e entrego e apodero por esta carta a vos el dicho fulano atan bien e atan conplidamente como sy vos e yo estodiesemos en todo ello presentes de pies e lo viesemos con los ojos [10].

Son parecidas los fórmulas con que los súbditos se representan en actitud sumisa al dirigir instancias al monarca:

> Supplico, et si ante vestra presentia fuissem, genua flexa ad terra prostrata ad pedes vestros suggerere mihi ancilla vestra opportebat ut...
> Domne, supplicamus misericordiam vestram, quasi omnes nos ad gloriosissimos pedes vestros prostrati iacerimus, ut... [11].

Estudiaremos otros aspectos generales después de exponer detalladamente la fraseología física. Los hechos y citas presentados arriba habrán servido para poner al lector en conocimiento de ciertos hábitos de la mentalidad medieval y de su expresión literaria.

En lo que sigue, nuestro propósito es facilitar la comprensión del *Poema de mio Cid* y añadir algo a lo que se ha escrito sobre su estilo. Por tanto, se citan en primer lugar en la mayor parte de las secciones versos del *Poema*, y se pasa después a citar frases (si las hay) de las otras epopeyas, el *Rodrigo, Roncesvalles e Infantes de Lara*, mencionándose el desarrollo de este aspecto del lenguaje épico en los romances. Se estudia después el tratamiento de esta fraseología física en la prosificación de las crónicas, con la finalidad de determinar si esta fraseología resultaba aceptable o era excluida por los cronistas debido a su carácter poético o arcaico. Por fin, un

---

⁹ Chassan (p. 119), con nota sobre la frase *plein pied* «pour signifier la plénitude du droit de propriété», frase a la que corresponde la latina *pleno pede* («id est, juro pleno et certo» - Du Cange). A continuación Chassan deriva *possidere, possessio* del mismo uso simbólico en el derecho romano: < *PES-SITIO, de la costumbre de poner el pie en un terreno en señal de posesión. Pero la mejor autoridad de Ernout & Meillet (*Dictionnaire Etymologique de la langue latine*, París, 1939) rechaza esto. Ellos creen que el primer elemento es *potis (posse)* y el segundo *sedeo, sido*; reconocen, sin embargo, que *possidere* se dijo al principio solamente de las propiedades.

¹⁰ *Fórmulas*, III, p. 477. Se cita algo muy parecido de un documento de 1297 en una nota al v. 2137 del *PMC*, ed. de Clásicos Castellanos (Menéndez Pidal).

¹¹ E. DE ROZIERE, *Recueil des formules usitées dans l'Empire des Francs du Vᵉ au Xᵉ siècle*, 3 tomos (París, 1859-71), pp. 517, 740.

estudio de estas frases en el mester de clerecía demostrará la influencia que en éste ejercía el género épico. Algo se aprenderá en los textos latinos que reflejan los usos vernáculos (p. ej., la *Historia Roderici*), y mucho se aprenderá —máxime sobre el origen de esta fraseología— en los textos legales. Se hacen constantemente comparaciones con la épica francesa.

MANO

El movimiento de la mano o de las manos es un auxilio tan eficaz en el discurso que varios pueblos parecen reforzar automáticamente sus palabras con el lenguaje del ademán. Además, la mano puede tener objetos que son en sí simbólicos —cetro, bandera, espada— y puede colocarse sobre los objetos en señal de posesión, o sobre los libros sagrados al prestar juramento. En todo tiempo es la parte del cuerpo que más se emplea para la creación figurada [12]. Su potencialidad para la formación de palabras compuestas es grande en muchos idiomas; en el latín y sus derivados, * MAN-(UM) DARE 'mettre en mains' > MANDARE > *mandar* (Ernout & Meillet), interpretado en fecha temprana 'in manus dare' (y en inglés, *command, countermand, demand, remand, mandate*); MANCIPIUM > *mancebo*, basándose la palabra latina en el término legal MANCEPS 'celui qui prend en main', con glosa en un sentido '*manceps* dicitur quod manu capiatur'; *emancipar; manumitir; manso* < MANSUS, que reemplazó a MANSUETUS, participio de MANSUESCERE < *MANU SUESCERE 'domesticarse, amansarse' (Corominas); *mamparar* [13], *mampostería* [14], *mantener; mancomunar; manipular; manufactura; manlevar* (esp. ant.); *maniatado, manirroto, manivacío; maniobra; manifiesto; a mansalva*; y otros. Los compuestos más impresionantes se encuentran, como es de esperar dada

---

[12] Son abundantes los ejemplos que dan los diccionarios. Nuestra impresión es que el francés, el español y el italiano tienen un buen surtido de estas frases, pero el inglés y el alemán lo tienen aún mayor. Sigue muy vivo el hábito de formar nuevas frases figuradas con el *hand* (mano). En el típico *show*, el presentador acude a la frase *Give him a big hand* al pedir aplausos para un acto o cantante, frase que horroriza a los casticistas pero que es invención vigorosa y (según el punto de vista de este ensayo) loable, pues reduce el abstracto y culto *applaud* a términos concretos.

[13] Lo registra Corominas con interrogación: «formado con el prefijo *man-* (< ¿mano?)» + *parar*. Después se confundió con *amparar* < *ANTEPARARE, del latín vulgar.

[14] Véase Corominas, s.v. *mano*. El sentido de ésta y de palabras relacionadas con ella tienen origen bastante oscuro.

su facilidad para la composición, en el alemán: *handfest*, 'fuerte'; *Handgeld*, 'arras'; *Handgemenge*, 'pelea (cuerpo a cuerpo)'; *handgreiflich*, 'evidente'; *Handreichung*, 'socorro'; *Handschuh*, 'guante'; *Handstreich*, 'ataque por sorpresa, sorpresa' (compárese el *coup de main* francés); *im handumdrehen*, 'en un santiamén', etc. El latín vulgar y el español tienen muchas formaciones sobre MANUS con prefijo (*antemano, desmán*) y sufijo: *manada*, antes 'puñado', ahora 'hato'; *manojo*, 'puñado'; *manija; maniota; manotada; manivela*, del francés *manivelle* < MANUALIS; *manejar*, del italiano *maneggiare; manosear;* y muy remoto de su origen físico, *manera* < MANUARIA (véase Corominas). Esto es solamente una parte de la riqueza simbólica y figurada de la *mano* en un idioma.

En la Edad Media, la tradición latina se vio reforzada por muchos conceptos germánicos relacionados con los movimientos rituales de la mano. Tiene muchas de estas frases con MANUS Du Cange, y en el libro de Chassan es muy extenso el capítulo sobre los valores simbólicos de la *main* en la Francia medieval. He aquí clasificados algunos de estos valores simbólicos que se utilizaron en España:

1. 'PODER'

a) EN GENERAL

En todos los tiempos el valor simbólico básico de la mano es el de 'poder', pues en la mano que da un golpe o maneja una espada se hace más patente la fuerza física del hombre. Así la mano representa la 'fuerza física':

> Yehuda tiene por nomb(e)re, muy arreziado de manos (*José*, B.20b)

> Nin los pobres escapan, nin los ricos han manos (*Rimado*, 554d: esto es, 'nadie escapa a la muerte... ni los ricos siquiera tienen fuerzas contra ella').

Con frecuencia la mano simboliza el 'esfuerzo personal':

> quando con las sus manos lidio con el bestion (*PFG*, 420d)

> que muchos buenos fechos fizieron por sus manos (*PFG*, 461d)

O bien la mano representa un poder de tipo más abstracto:

afelo en vuestras manos,   mandatlo justiciar (*SIL*, 510)

quantas cossas comenzares   arrematar las con tu mano (*Rodrigo*, 596)

Tiene el *Rodrigo* una frase interesante en la que dice el Rey que el Cid ha de encargarse del país:

Quelos cinco Reys despanna   quiero que anden por tu mano (775)

b) TOMAR, DETENER, CAPTURAR

Diversos usos simbólicos parecen originarse en la frase literal *meter mano a*, 'tomar, asir' (un arma), que aparece en el *PMC* cuando un caballero es desarzonado y tiene que cambiar de arma:

la lança a quebrada,   al espada metio mano (746; también 500, 1722, 2387, 3642)

Es una frase típicamente épica, que se encuentra a veces en los romances (p. ej., núm. 14) en la forma *poner/echar mano a*, en las prosificaciones (p. ej., *PCG*, 529.a.15, 626.b.10) y en francés, donde es una de las pocas frases con *main* que se han notado:

Quant le vit Guenes, mist la main a l'espee (*CR*, 443)

La frase no aparece en las descripciones de batallas en el verso de clerecía, pero se encuentra allí al describir a uno que se ahoga:

Ouo en hun madero chico las manos ha echar (*Apol.*, 112b)

y figuradamente en el sentido de 'obtener, encontrar':

non echaremos mano en cosa tan preciosa,
qe tan bien nos acorra en ora periglosa (*Milg.*, 497cd)

Desde ahí es un paso breve hasta el sentido de 'capturar, detener' una persona:

por este tal engaño coger lo as en mano (*PFG*, 590c)

En aquell traydor falso mano querien echar (*Apol.*, 386b)

Luego que el conde San Diaz entrare por el palaçio, echad todos las manos en el et prendetle (*PCG*, *Bernardo del Carpio*, 350.b.30)

La noción de 'capturar' (en una batalla) también se expresa de este modo. Un prisionero está

in manu Roderici captum (*HR*, 947.2, etc.)

mientras el acto de captura se expresa a veces en los textos vernáculos como *tomar a manos* ('hacer prisionero', en glosa de Menéndez Pidal, pero quizá más expresivo que esto; compárese el inglés *to catch someone red-handed* y el francés *prendre quelqu'un la main dans le sac*, en español *coger a uno con las manos en la masa*):

por a mio Çid e a los sos   a manos los tomar (*PMC*, 701)

asi viene esforçado   que el conde a manos sele cuido tomar (*PMC*, 972)

En la forma *prender a manos* esto es aceptado por los cronistas (*PCG*, 441.a.18, 441.a.37) y ocurre una vez en el verso de clerecía (*PFG*, 253d). Una variante del *Rodrigo*,

e prisso al conde don garci ferrnandez   con su mano (701)

parece significar que la captura fue efectuada por el caudillo en persona. La noción de 'hacer violencia a' se expresa en varios textos legales mediante referencias a la mano:

Todo sennor que tovier a Coria, no meta mano en ninguno omne de Coria que y morar (*F. Coria*, II, 139; pág. 4a)

Quicumque violenter manus in capillos iniecerit alienos, pectet quinque aureos (*F. Cuenca*, XII, 4; pág. 336b)

Hay también frases que corresponden al moderno *alzar la mano contra:*

Nin Absalon fisiera la guerra tan en vano,
E contra David, su padre, non tendiera la mano (*Rimado*, 539cd)

c) ENTREGAR

La noción de 'entregar (una persona)' se expresa a menudo por *meter... en las manos*, tanto en la literatura:

> Muerto o presso meter vos lohe   en vuestra mano (*Rodrigo*, 858)

> rogamus et obsecramus ut ille tradat te in manus nostras et in potestate nostra (*HR*, 943.1; también 937.20, 938.8, 938.29, 939.12; véase también 962.29)

como en los textos legales:

> deve levar una soga a la goliella, e meterse en sus manos, e puede facer de el lo que quisier el señor (*F. Viejo*, I, 2, ii; pág. 7)

> meter el dannador en mano del querelloso (*F. Zorita*, 228; pág. 138)

Berceo emplea la frase *meter algo por mano* (*Milg.*, 653b) para significar 'dar algo a uno como garantía'.

d) PONER EN LIBERTAD, ESCAPAR

Si la mano se pone sobre una cosa o persona para indicar posesión o poder, el levantar la mano indica el abandono de tal posesión o poder. La noción abstracta de 'poner en libertad' se hace más concreta añadiendo la mención de la mano:

> ut... de manu Roderici et de eius imperio eosdem liberarent (*HR*, 957.25)

> miserunt legatos Domino suo Regi Aragonensi, ut veniret, et liberaret eos de manibus Regis Legionis (*CAI*, 24)

Del mismo modo se expresa la idea de 'escapar':

> De presso o de muerto   non vos saldra dela mano (*Rodrigo*, 544; también 920, 953)

> que todo el resto del mundo   no le escape de su mano (*Romances*, 189)

> Pero si de tu mano non puedo escapar (*Apol.*, 379a)

'Poner en libertad' aparece a menudo como *dar de mano*, frase que se originó en un movimiento ritual de la mano y que recuerda el proceso que produjo en latín *emancipare* y *manumittere*:

> a vos   e dos fijos dalgo
> quitar vos he los cuerpos   e darvos e de mano (*PMC*, 1035-5b; también 1040)

Esta frase la estudia por extenso Menéndez Pidal *(Vocabulario*, s.v. *mano)*, con ejemplos del *Alexandre*, 577d, y *Calila*, 185. Se extendió pronto al sentido de 'soltar un líquido, derramarlo' (citas del *F. Castrogeriz* de hacia 1150 y de *José*, A.18), y pasó después, en el Siglo de Oro, a 'dejar, abandonar' (véase *Autoridades*, III, 12a). La frase del *PMC* resultaba aceptable para los cronistas al prosificarlo, pero solamente con la adición del verbo abstracto *soltar:*

> et soltaruos e et daruos e de mano que uos uayades *(PCG*, 534.a.12)

La transición entre 'poner en libertad' y 'derramar' se ilustra, quizás, en esta ley sobre las posesiones materiales:

> Las cosas que son dadas luego de mano, en ninguna manera non las deve demandar aquel que las dio *(F. Juzgo*, V, 6, ii; pág. 83)

La Academia ha admitido *dar de mano* en el nuevo sentido de 'cesar en el trabajo' (J. Casares, *Novedades en el Diccionario Académico*, 1963, pág. 32).

2. 'PROTECCION'

La mano simbólicamente defiende, abriga y protege a los que están a cargo de uno, idea sencilla y universal que no ha de preocuparnos mucho. Al abandonar el Cid la corte, pone a sus tres cavalleros bajo la protección real:

> Estos mis tres cavalleros   en vuestra mano son (3487)

y después los cavalleros le recuerdan al rey que

> En vuestra mano   nos metio nuestro señor (3579)

La *PCG* acepta esto *(Sancho II*, 500.a.38), pero en otro lugar, al prosificar el primero de los versos del *PMC* arriba citados, la crónica prefiere añadir a modo de explicación un término abstracto:

> pues yo, sennor, dexouos estos tres caualleros en la uuestra mano et en la uuestra acomienda *(PCG*, 623.b.33)

Los otros ejemplos épicos son:

> Dadme cuenta de los mios fijos   que en vuestras manos ove
> [metido (*SIL*, 63)[15].
>
> Mi cuerpo & mj poder   metolo en vuestras manos (*Rodrigo*, 270)
>
> de nunca desampararme   ni dejar de vuestra mano (*Romances*, 49)

Este último nos recuerda la frase *dejado de la mano de Dios*.

3. 'POSESION'

Según lo dicho arriba, la mano se emplea a menudo como símbolo de posesión y de los derechos sobre la propiedad, siendo numerosos los ejemplos literarios (*PMC*, 117, 189, 505, 869, 1733; *Rodrigo*, 143; *Alex.*, 5c; *HR*, 926.25, etc.). Es menos frecuente en francés (*Trestute Espaigne ici es mains vos rent - CR*, 2832). Es un símbolo que se originó en el derecho, donde era muy antiguo. Se puede remontar en el tiempo, pasando por ejemplos medievales:

> Et in manu Felici Abbatis cum omnia suprataxata tradimus (doc. de 780; Muñoz, pág. 11)

> de corpore ejus fiat justitia, et tota illius hereditas veniat ad manum regis (doc. de 1187; Muñoz, pág. 244)

y por otros de la Francia medieval, documentados por Chassan y Du Cange, hasta la fraseología del derecho romano sobre la propiedad *(in manu esse, manus iniectio*, etc.; véase Ernout & Meillet, s.v. *manus)*. Chassan empieza su estudio del papel que desempeña la mano en los tratos mencionando las frases *manuum consertio* e *injiciam manus* (dos veces en Ovidio), viendo en estos usos clásicos el origen de los franceses: «Pendant le Moyen Age, la tradition de la propriété est consacrée par le symbole de la main. Pour l'acquisition comme pour la vente, la main est indispensable, car ces deux actes sont toujours suivis, l'un d'une *main mise* sur la chose par l'acquéreur, l'autre d'une *main levée* de la part du vendeur. Quand un sergent faisait une saisie, il posait la main sur la chose qu'il voulait saisir... Les hommes qui n'avaient pas le droit d'acquérir,

---

[15] Se prosifica este verso en la *Crónica de 1344* en la forma *¿que fue de los mios fijos que vos yo dexe en encomienda?*, totalmente abstracto. El verso es relacionado por Pidal (*Vocabulario*, s.v. mano) con el v. 2228 del *PMC: metiogelas en mano*, el cual hemos preferido considerar, con otras frases, como parte del lenguaje especial de las bodas.

d'aliéner, de mettre leur main sur une chose, étaient appelés hommes de *main morte*... Et comme les gens d'une infime condition sont sans pouvoir, presque toujours sans propriété, on les nomma des hommes de *basse main*...» (págs. 113-15). Chassan añade frases citadas por Du Cange: *duos milites mediae manus, inferioris et infimae manus homo*. El concepto de *mortmain*, de origen normando-francés, es importante en el derecho inglés.

La mano del donante se menciona frecuentemente para hacer la donación más personal y visible. Puede tratarse de bienes:

> de bonis que de manum suam accepit (*Cart. S. Vicente de Oviedo;* doc. de 1071, pág. 76)

o bien del ejercicio del poder al cederlo a otro:

> obispo fizo de su mano   el buen Campeador (*PMC*, 1332)

Con esto podemos comparar la autoridad otorgada al obispo *per manum regis Heinrichi* (siglo XI: *MGH.SS.*, XI, pág. 612), y el uso regular de tal fraseología en la ordenación estrictamente religiosa:

> mandoli tomar ordenes, diogelas con su mano (*SD*, 42c)

También al confirmarse un diploma hacía falta mencionar la mano del confirmante para lograr la plena convicción, en las frases *mea manu roboravi, mea manu signum feci*. Esto en parte se refiere a la mano que tiene la pluma, en parte a la autoridad del confirmante. Esto es el motivo de varias referencias literarias, por ejemplo

> & dexoles buenos preuillejos   Et buenos fueros con su mano (*Rodrigo*, 63; también 75)

4. 'MANO' EN LAS BODAS DEL *PMC*

Merecen comentario especial los pasajes del *PMC* donde aparece el símbolo de la mano en las bodas, con connotaciones de poder, protección y posesión. Las bodas son ricas universalmente en el simbolismo de la unión, la constancia, la fertilidad, etc. Aquí tenemos que ver con la novia como posesión que entrega su padre (en inglés, *he gives her away)* y que adquiere el marido, para ser *poseída* por éste después en sentido técnico. En las sociedades primitivas la novia era en efecto comprada por el marido, quien pagaba un precio en dinero o en ganado al padre de ella; en otras sociedades más avanzadas, el padre puede pagar una dote al marido. En ambos casos están presentes consideraciones de dinero o de bienes raíces, y en las capitulaciones matrimoniales de los poderosos de antaño, y de los adinerados hoy, figuran mucho los detalles relativos a la propiedad. Dice Hinojosa que: «Los esponsales eran un contrato celebrado entre el padre, o el que hacía sus veces, y el que aspiraba a la mano de la doncella, por virtud del cual el esposo adquiría el derecho a que le fuera entregada la esposa»[16]. Se llamaba esta ceremonia la *traditio in manum*, puesto que se parecía al traslado de propiedades por los movimientos reales o simbólicos de la mano. Según Hinojosa, el *PMC* refleja perfectamente la costumbre arcaica por la que pasaba la novia mediante la *mano* de su padre directamente a las del marido, en una ceremonia totalmente civil; solamente en el siglo XIII impuso la Iglesia su voluntad haciendo que la novia pasara de manos de su padre a las del sacerdote. En el *PMC* se complica la situación al negarse el héroe a entregar personalmente a sus hijas, pasando este deber al rey; y el rey, no pudiendo ir a Valencia para la ceremonia, pasa a su vez el deber a Alvar Fáñez. Siempre, al mencionarse las bodas en el poema, aparece el símbolo de la mano, con diversos valores simbólicos que podemos clasificar en cuatro grupos (para un análisis complementario, véase Menéndez Pidal, *Vocabulario*, s.v. *mano*). Hay primero las frases *casar/dar con la(s) mano(s)*, que se refieren a la entrega de las novias, siendo la mano del donante:

> que aun con mis manos   case estas mis fijas (282b)

> non gelas dare yo con mi mano   nin dend non se alabaran (2134)

Segundo, en la frase *prender por/con las manos*, se ve la mano que transfiere el poder sobre las jóvenes de un «propietario» a otro:

> D'aqui las prendo por mis manos   don Elvira e doña Sol
> e dolas por veladas   a los ifantes de Carrion (2097-8)

> prendellas con vuestras manos   e daldas a los ifantes (2136)

Tercero, Alvar Fáñez dice dos veces que actúa en representación del rey:

---

[16] E. DE HINOJOSA, «El derecho en el *PMC*», *Homenaje a Menéndez Pelayo*, I (Madrid, 1899), p. 574.

> Por mano del Rey Alfonsso   —que a mi lo ovo mandado—
> dovos estas dueñas...   (2231-2)

> Hyo les di mis primas   por mandado del rey Alfonsso (3438) [17]

donde la mano simboliza la autoridad. Cuarto, se usa frecuentemente la frase *(meter) en las manos*, en la que las manos son símbolos de poder y protección, como en la sección 2 (arriba):

> entre yo y ellas   en vuestra merçed somos nos,
> afellas en vuestra mano   don Elvira e doña Sol (2087-8)

(también 2101, 2203, 2222, 2228, 3407). Por fin, parece que en la ceremonia de las bodas y en sus preliminares se retenía literalmente las manos y se conducían las personas asidas a manos de otras:

> El rey a los ifantes   a las manos les tomo,
> metiolos en poder   de mio Çid el Campeador (2121-2)

La importancia de la mano en los tratos de propiedades y en las bodas ocasionó la creación de la palabra *manero* < *MAN(U) - ARIU 'representante', que se aplica a Alvar Fáñez cuando representa al rey en las bodas (2133). La analizan Hinojosa y Menéndez Pidal [18].

5. 'MANO' EN EL USO FEUDAL

En la Europa feudal, el acto central del homenaje lo realizaba el vasallo arrodillado al colocar sus manos entre las de su señor, simbolizando el vasallo su dependencia y sumisión, y el señor su protección y poder más amplio. Como esto tenía que ver con el feudo (tierras), este acto revestía aspectos del trato de propiedades, y de ahí se crearon multitud de frases que empleaban el simbolismo de la mano (véase Du Cange). Se creó esta fraseología en los reinos de España donde quedaba asentado el feudalismo [19]. También en Cas-

---

[17] El verso es así en el ms. Algunos editores (entre ellos, yo en 1972) lo aceptaron; dos ponen *mando*. Cree Pidal, con apoyo del v. 2231, que en el original debió estar *mano;* puede ser, en cuyo caso diríamos que cuando se hizo el ms. existente del poema —mediados del siglo XIV— ya no se percibía o aceptaba el simbolismo de la mano en este aspecto, procediendo por tanto el copista a cambiar (consciente o inconscientemente) *mano* en *mandado*.

[18] Hinojosa, «El derecho...», p. 573; Pidal, *Vocabulario*, s.v. *mano*.

[19] La mano figura mucho en el estudio de E. Rodón Binué, *El lenguaje del feudalismo en el siglo XI en Cataluña* (Barcelona, 1947): «En la terminología de los documentos que estudiamos, prestar homenaje a un señor es

tilla y en las regiones occidentales de la Península, exentas del feudalismo estricto, se adoptó en parte la manifestación exterior y el lenguaje del feudalismo. En un texto legal tardío se muestra cómo el poseedor de un castillo renovaba su lealtad al monarca:

> e vi commo fulano que y estaua presente fiso pleito e omenaje por el dicho alcaçar a nuestro sennor el Rey *en mano de* fulano cauallero vna e dos e tres veses en esta manera... (*Fórmulas,* III, pág. 500)

Esta fórmula se usa una vez en un texto literario en su forma precisa:

> pleito e omenaje en mi mano faredes (*PFG,* 643b)

y aparece de vez en cuando, como *jurar en las manos,* al prestar solemnemente juramento, p. ej., *Alex.,* 379b, y *Rodrigo,* 714, y en un fragmento de otro poema sobre las mocedades del Cid que Bello, y luego Milá [20], reconstruyeron a base de la *Crónica particular:*

> E dio la esposa a su madre, e juró luego en sus manos,
> Que non se viese con ella, en yermo nin en poblado,
> Fasta que venciese cinco lides de campo.

También se encuentra esta frase en varios pasajes de la *PCG,* donde se prosifican fuentes épicas (p. ej., *Condesa Traidora,* 428.a.21; *Sancho II,* 497.b.46 y 516.b.18), pero no en textos posteriores. Su equivalente en francés es *jointes ses mains,* como símbolo de sumisión ante el señor:

> Qu'il devendrat jointes ses mains tis hom (*CR,* 223)

y Chassan menciona la fórmula *prêter serment entre les mains de quelqu'un* como viva todavía en sus tiempos (pág. 118). La misma frase se venía usando desde hacía mucho tiempo para indicar la su-

---

affidere seniorem o *se commendare manibus eius*» (p. viii); «La razón del homenaje es el feudo, es decir, un hombre libre se declara vasallo de un señor cuando recibía de él la encomienda de un feudo; así, pues, la expresión *per manu (alicuius),* literalmente 'por mano de...', equivale en realidad a 'por encomienda (en feudo) de...'; y *prehendere* o *accipere per manum* es 'recibir en infeudación'; *tenere* o *retinere per manum* = 'tener en feudo', y *dare* o *commendare per manum* = 'dar en infeudación'» (pp. 172-3).

[20] A. BELLO, *Obras completas,* II (Santiago, 1881), pp. 80-4; MILÁ, *De la poesía heroico-popular castellana* (Barcelona, 1959), p. 348 y nota. Observa Milá que el pasaje corresponde a los vv. 420-1 del *Rodrigo* (= vv. 440-1 en la edición de *Reliquias,* y en la de Deyermond).

misión a Dios; la mención de las manos sirve para introducir una oración y sugerir un ademán:

> Cuntre le ciel ambesdous ses mains juintes,
> Si priet Deu que pareïs li dunget (*CR*, 2015-16)[21]

En el uso de Castilla el acto simbólico de sumisión se cifraba en el beso que ponía el vasallo en la mano del señor, no sólo al formar o romper el vínculo entre los dos, sino también en muchas ocasiones menores, por ejemplo, al pedir el vasallo un don o un favor, y después de recibirlo. Unas cincuenta veces se besa la mano en estas circunstancias en el *PMC*. Es una idea tan fundamental que en varios textos se expresa el concepto de 'los vasallos de uno' por «los que le besan la mano», frase que se aleja figuradamente ya un paso de la realidad:

> con trezientos caualleros   quel bessauan la mano (*Rodrigo*, 871; también 998, 1000, 1107, etc.)

> Por onde era el pueblo en duelo ssobegano
> Que senyor non fincaua a quien besasen la mano (*Apol.*, 622cd)

Se estudia la significación social de este besar la mano en Menéndez Pidal, *Vocabulario*, s.v. *besar*. La costumbre dio lugar a muchas frases, p. ej.:

> Desi por mi besalde la mano   e firme gelo rogad
> por mi mugier e mis fijas   quenlas dexe sacar (*PMC*, 1275-6)

> Mas besso vuestras manos   Et pido vos vndon.
> Quelos primeros golpes   yo con mjs manos los tome (*Rodrigo*, 866-7)

> rogans, tuas osculando manus, ut... (*HR*, 936.10)

las cuales, como observa Menéndez Pidal, se desarrollaron hasta el punto de expresarse como *besar la mano que* con supresión de los vínculos gramaticales normales *e firme gelo rogad, et pido vos vndon, rogans*. Este *besar la mano que* se emplea bastante en el *PMC*:

---

[21] Esta frase aparece también en contextos no religiosos, p. ej., en un poema del trovador A. de Maruelh: *Domna, mas jointas vos soplei / prendes m'al vostre servidor* (citado por E. Asensio, *Poética y realidad en el cancionero peninsular de la Edad Media* [2ª ed., Madrid, 1970], p. 62). Para un análisis general de estos temas, véase A. B. MYRICK, «Feudal Terminology in Medieval Religious Poetry», *RR*, XI (1920), pp. 2-25.

Çid, beso vuestra mano   en don que la yo aya (179; también 879, 1322, 1338, 2904, 2948, 3039, 3574)

pero aparece en otros dos textos solamente [22]:

beso Bernald del Carpio al rey Marsil las manos
que dies la delantera a pueblos castellanos (*PFG*, 142bc)

Besandole piedes y manos que lo quisiese far (*José*, B.69a)

Tampoco resultaba aceptable a los cronistas, p. ej., en *PCG*, 371.a.38, donde se añade el vínculo normal *et pidiol merced que*. En el *PMC* la frase es normal cuando un inferior le pide un favor a un señor; la otra expresión que se usa en tal situación es *pedir merçed que* (1885, 2031, etc.). Parece emplearse *rogar* entre personas de rango igual, o por un señor que habla con un inferior. Esta frase *besar la mano que* merece más atención de la que ha recibido: nació del uso social y emplea genialmente un símbolo físico. Viendo su cronología, puede ser erróneo decir que es el producto final de una evolución y que resulta de la supresión del vínculo normal (*et pido vos vndon*, etc.); antes bien, pertenece probablemente a la fase de la épica primitiva (*PMC*, y quizá *PFG* en el cantar que precedió a la versión de clerecía), y sólo resultaba comprensible para las generaciones posteriores si se le añadían los vínculos gramaticales normales, *pedir*, etc.

6. 'DAR LA MANO QUE'

Otra frase interesante,

«Rachel e Vidas: amos me dat las manos
que non me descubrades   a moros nin a christianos...» (*PMC*, 106-7)

utiliza el simbolismo de la mano con otra función, también fundamental: «un symbole d'alliance, d'amitié, de fraternité, de fidelité, de paix et d'hospitalité» (Chassan, p. 115). Esta frase procede de la

---

[22] Otro ejemplo que cita Pidal, *Vocabulario*, 396₃₄, es *besso las manos a vos / que me fagades algo (Rodrigo*, 944), pero en su propia edición del *Rodrigo* en *Reliquias* el verso correspondiente (982) es *et bessovos las manos, / et vos que me fagades algo*, lo cual apenas pertenece a la categoría de *besar la mano que*. La edición de Deyermond coincide aquí con la de Pidal.

costumbre universal de cerrar un trato con un apretón de manos. Este acto no es un gesto frívolo, sino un elemento esencial del trato, al que algunos códigos conceden una fuerza legal, así que un trato es válido si *se ve* que es cerrado de esta manera. Todo esto lo documentan Chassan, Hinojosa y Menéndez Pidal[23], pero aquí como antes, no se ha prestado la debida atención al mecanismo lingüístico. Somos conscientes de leer un texto que remonta a un período de activa creación lingüística, período que corresponde al que en latín produjo *(MANUM) PROMITTERE como frase física, de la que se deriva el abstracto romance *prometer* (palabra ésta que aparece sólo una vez en el *PMC:* 497). La frase *dar la mano que* no se encuentra en otros textos y parece no tener correspondencias en otros idiomas, así que aquí también tenemos una creación primitiva y muy expresiva. En el poeta parece haber sido tan fuerte el deseo de evitar los verbos abstractos, tan endebles, *prometer* y *jurar*, que en otras tres ocasiones vemos que esta idea se representa por *meter/dar la fe que*, lo cual, aunque no sea precisamente físico, es de todas formas menos abstracto que *prometer* y también puede haber sugerido un movimiento de la mano (*PMC*, 120, 163, 3425).

7. OTRAS FRASES CON 'MANO'

Hay otras frases en el *PMC* que para nosotros son tautológicas pero que tenían en la recitación épica la finalidad de recalcar el detalle físico, de ayudar al público a comprender visualmente la acción, y de reforzar la palabra con gestos. *Ferir con las manos* no es 'luchar con los puños', sino 'emplear un arma' (*PMC*, 1294, 1794; también *PFG*, 271a; *Alex.*, 1237a). No se emplea en los romances ni en las crónicas; en el *Rodrigo*, 1039, la frase quiere decir 'dar golpes' (en las puertas de una ciudad), igual que *dar con la mano* (1031). Hasta el verso latino relativamente culto insiste en mencionar la mano en las descripciones de luchas:

> et validis manibus horrendos incutit ictus,
> pugnat utraque manu, nec lancea quassa, nec ensis
> quassus erat, quocumque manum deducere vellet (Pagano, pág. 222; siglo XII)

---

[23] CHASSAN, p. 117; HINOJOSA, *Estudios sobre la historia del derecho español* (Madrid, 1903), p. 85; PIDAL, *Vocabulario*, 744₁.

De modo parecido, la espada del guerrero se representa narrativamente como «en la mano» *(PMC,* 471, 611, etc.), y se observa la misma frase algo tautológica en francés:

> Branches d'olives en voz mains porterez *(CR,* 72)

La *mano* visible representa a veces el golpe inferido con ella:

> Si no quiere oírlo de lengua   decírselo he por las manos *(Romances,* 177a)
>
> Todos auien buen cuer de traher las manos *(Alex.,* 1000b)

Otra frase del *PMC,* al parecer tautológica,

> D'aquesta riqueza   que el Criador nos a dado
> a vuestra guisa   prended con vuestra mano (811-12)

puede indicar 'tomad libremente'. Rigurosamente tautológica es *prender de la mano,* 'tocar' (donde la añadidura física hace más concreta la abstracción del verbo, como en *llorar de los ojos,* etc.):

> cinco sesos del cuerpo qe nos facen peccar,
> el veer, el oír, el oler, el gostar,
> el prender de las manos qe dizimos tastar *(Milg.,* 121bcd)
>
> Nin prendie de la mano, nin podia fablar nada *(SD,* 606c)

Aparece la mano simbólicamente en muchas frases que se relacionan con la actividad útil y el dar socorro:

> mientre el pan duraua nol cansaua la mano *(SD,* 47c)
>
> Tenie que non aurie qui ges tornasse mano *(Alex.,* 1860b)

y *meter mano en* significa 'hacer algo en el asunto, esforzarse por remediar':

> Padre, mercet te clamo a tos piedes yaciendo,
> que en esti lazerio vayas mano metiendo! *(SM,* 18cd; también *SM,* 413d; *Sac.,* 206d)

Por fin, cuando el autor del *PMC* nos dice que se alegra el Cid

> por que el conde don Remont   tan bien bolvie las manos (1059)

emplea una frase al parecer desconocida en otros textos. Menéndez
Pidal lo explica como 'mover con presteza, agitar'; el poeta nos hace
ver al Conde que come vigorosamente después de su huelga de hambre. La frase pertenecía quizás al dominio coloquial, y aquí se emplea
con mucha propiedad en una escena de comedia cruel.

En el español antiguo hay dos expresiones adverbiales con *mano*.
Man a mano 'en seguida' nos hace ver las manos que trabajan o
se emplean activamente (como en inglés: *to make money hand over
fist*). Es frecuente desde la *Razón de amor* (ed. Menéndez Pidal, página 124) hasta el *Rimado*, 471b. Muy expresivo también es *mano en
mejilla*, que glosa Cejador como 'muy pensativo y pesaroso', usado
por Berceo (*Duelo*, 34b, etc.), *LBA*, 179d, y *José*, B.233b.

B R A Z O

No es tan polivalente el brazo como la mano, pero el brazo o los
dos brazos juntos son capaces de hacer muchos movimientos en la
representación épica y tienen gran fuerza simbólica. Se abren los
brazos en el saludo que precede al *abrazo:*

> recibiolo el Çid   abiertos amos los braços: (*PMC*, 203; tam-
> bién 488)

Es una manifestación de cariño protegedor que se hace también en
los romances (p. ej., 164) y en el *PFG*, 660d. Los amantes desde luego
están *en brazos* (p. ej., *Romances*, 164); no sabemos si el verso del
PMC que aumenta la premonición de la tragedia de Corpes, y que
demuestra plenamente la maldad de los Infantes,

> Con sus mugieres en braços   demuestran les amor (2703)

ha de entenderse literalmente o si es más bien una de las frases
figuradas que discutiremos luego. Se mencionan emotivamente los
brazos cuando se trata del vínculo familiar:

> a las sus fijas   en braço' las prendia (*PMC*, 275; también
> *LRO*, 320)

En fecha temprana encontramos frases que nos recuerdan el *baby
in arms* inglés:

matavan a las madres, en braços a sus fijos (*PFG*, 95b; también 734d)

Gonzalo Gustios contempla una a una las cabezas de sus hijos, expresándose cada vez su acción como *tomo... en (sus) braços... (SIL,* 60, 98, etc.). Esta frecuente mención de los brazos con intención emotiva condujo a la creación de una frase muy llamativa. Al separarse de su familia en Cardeña, le dice el Cid al abad:

Dues fijas dexo niñas   e prendet las en los braços (255)

verso que glosa Menéndez Pidal, 'cuidadlas bien'. Pero ninguna interpretación moderna con la palabra abstracta *cuidar,* tan fría, puede hacer justicia al simbolismo y a la poesía de esta frase. Esta armoniza perfectamente con el sistema entero de las frases físicas en la representación épica, y nos revela un modo de emplear la lengua que para nosotros resulta arcaico y lamentablemente remoto. Hay más. Al insistir en los valores de amor, de calor y de protección que hemos mencionado, el poeta emplea *en braços* como símbolo con el que intenta destruir la abstracción 'matrimonio'; el poeta reduce la vaguedad y la concentra en un solo símbolo, símbolo que se puede expresar con ademanes en la representación épica. El símbolo se emplea tres veces en el *PMC* (cuatro, si incluimos el verso 2703) en momentos de gran emoción. En el primer caso —seguramente uno de los mejores versos de toda la poesía española— el Cid exime a los Infantes de su deber de luchar en la batalla que se prepara contra Búcar; les saluda como *yernos* y hace entender que como maridos de sus hijas, ellos son demasiado valiosos para poderse arriesgar en la batalla:

¡En braços tenedes mis fijas   tan blancas commo el sol! (2333)

Después, en Corpes, los Infantes justifican su traición diciendo que las hijas del Cid no merecían ser sus *barraganas,* ni mucho menos sus esposas legítimas:

pues nuestras parejas   non eran pora en braços (2761)

verso que repite Minaya, con intención, en la corte (3449). Esta manera de considerar a la esposa como *en braços* de su marido parece pertenecer al habla popular, pues no figura en ningún texto legal; también quedaba pronto arcaica, pues no la encontramos en textos posteriores, ni resultaba aceptable a los cronistas; así que ella nos lleva a una fase primitiva de la lengua.

Se menciona el brazo del guerrero que da golpes en la batalla:

> Reboluia bien el braço, daua golpes mortales (*Alex.*, 489a; también 986a)

y en especial residía en el brazo derecho del guerrero, el de la espada, una fuerza simbólica. En la épica francesa se podía prestar juramento mediante este símbolo de la virilidad y la lealtad:

> Dist Blancadrins: Par ceste meie destre
> E par la barbe ki al piz me ventelet (*CR*, 47-8)

En el *PMC* el símbolo del brazo derecho importa más como expresión de la relación entre el general y su teniente:

> ¡Cavalgad, Minaya,   vos sodes el mio diestro braço! (753)

que se repite en el v. 810; después, el Cid llama a Minaya *el mio braço mejor* (3063). La frase de *PMC* 753 se prosifica exactamente en la *PGC*, pero no se vuelve a encontrar en las crónicas, ni en los romances, ni en el verso de clerecía. Aunque es frase corriente en las lenguas modernas *(ser el brazo derecho de uno, to be someone's right-hand man)*, cabe suponer que el poeta español la tomó del francés, quizá concretamente de la *CR:*

> En quoi perdrat France dulce sun los,
> Charles li magnes le destre braz del cors! (1194-5; también 597)

Nos queda otra mención simbólica del brazo:

> con el Minaya Albar Fañez   que nos le parte de so braço
> (*PMC*, 1244)

Esta frase es desconocida en otros textos y resulta difícil explicarla. Pidal glosa *braço* aquí como 'lado, compañía'; se podría pensar en 'compañerismo militar' y formarse una imagen del brazo del héroe con su espada, protectora de todos sus hombres. De todos modos, se percibe la fuerza simbólica, pero se siente la insuficiencia de las lenguas modernas, abstractas, al enfrentarse éstas con las geniales referencias físicas de este tipo.

O J O

1. VER DE (etc.) LOS OJOS

Con frecuencia en nuestros textos parece que el sencillo *ver* no satisfacía el propósito del autor y tenía que hacerse más expresivo mediante una referencia tautológica a los ojos. En el español antiguo se empleaba una gama de preposiciones, por razones no muy claras.

a) VER DE LOS OJOS

Este es el tipo básico, que incluye *llorar de los ojos, prender de manos*, etc. Significa sencillamente 'ver':

> por quanto delos ojos vedes   non vos coja mas enel campo (*Rodrigo*, 975)

> Guadez le ben, ja ne.l verrai des oilz (*CR*, 316)

> Nec hanc conspicuimus corporeis oculis (*MGH.SS.*, IV, pág. 178)

A menudo se asocia el ver con el oír, y ambos con el entender; por esto se expresa a veces la noción de 'entender' en términos físicos:

> sed aspiciat oculis in ista scripta, et auribus suis audiat, et corde intelligat (*Muñoz*, p. 53; doc. de 986)

> Monio Tagitiz presentes fuit et sumus X cum ille fideiiusore qui testivigamus a diem placiti que oculos vidimus et aures audivimus et bene consius (*sic*) sumus in veritate (*Cart. S. Vicente de Oviedo*, p. 3; doc. de los siglos IX a XII).

b) VER CON LOS OJOS

Es frase que insiste en la significación 'ver de verdad', 'ver con los propios ojos':

> El selo vio con los ojos,   cuentan gelo delant (*PMC*, 1683)

> ¡muchos dias vos veamos   con los ojos de las caras! (*PMC*, 2186)

Hay frases parecidas en *Alex.*, 1458d; *Apol.*, 640c; *Rimado*, 152a; y en textos más recientes. Hay ejemplo en el documento legal citado arriba, p. 226, en el que se imagina al comprador de una propiedad que 'pone los ojos' en ella en señal de tomar posesión.

c) VER POR (EL) OJO, VER POR SUS OJOS

Son frecuentes estas frases, en el sentido de 'ver con los propios ojos':

> ¡afarto veran por los ojos   commo se gana el pan! (*PMC*, 1643)

(y en *Milg.*, 559c, muy frecuente en Berceo; *PFG*, 253a; *Alex.*, 355d, 790d; *Apol.*, 22d; *LBA*, 410a; *Rimado*, 234c, 699b). Algo similar es *parecer por ojo*, 'ser evidente':

> Bien parece por ojo qe Dios bien lo amava (*SM*, 243a; también *Milg.*, 607b)

Estas frases parecen no existir en los textos en prosa.

d) VER A OJO, VER A LOS OJOS

Se reservan estas frases para un momento concreto: cuando uno observa a los enemigos que se acercan; y por extensión, pero poco, en otros contextos. Nos comunican una viva actualidad:

> violo a ojo Ruy Velazquez, fuese para Cabeçon (*SIL*, 359, var.)
>
> Quando tus enemigos a tus oios uieres (*Alex.*, 55a)
>
> Kar a mes oilz vi .iiii.c. milie armez (*CR*, 682; también 1131)

La mayoría de estas frases con *ojo* parecen haber quedado arcaicas en el siglo xv (con excepción de *ver con los ojos*, aunque en épocas recientes el español le añade normalmente *propios*). No se encuentran en los romances ni en las crónicas, excepto la *Interpolación de la 3ª Crónica General* (de donde proviene el verso reconstruido de *SIL*). Pero los romances emplean expresivamente *ojo* como sujeto de *ver*:

> porque viesen los mis ojos   el daño que les venía (102a)
> los ojos que nos vieron ir   nunca nos verán en Francia (181)

uso que pudo originarse en el maravilloso verso del *PMC:*

Ojos velidos   catan a todas partes (1612)

Esto fue imitado posiblemente por el *Apolonio,* hablando de una mujer:

Cató ha todas partes con su ogo vellido (315b).

2. LLORAR DE LOS OJOS

El hombre medieval parece haber sido más lloroso que su descendiente moderno, o a lo menos los textos así lo representan. Para nosotros el llorar es afeminado, pero está claro que antaño la capacidad para afligirse, para manifestar el dolor y emocionar a las multitudes, era atributo del héroe épico, que en esto como en otros respectos tenía que sobresalir[24]. El poeta que narra el dolor (con menos frecuencia la alegría u otra emoción) tiene que subrayarlo y, de serle posible, añadir una referencia física para sugerir un ademán que actualice la escena para el público. De ahí la referencia de *llorar de los ojos,* para nosotros tautología, pero que es en el contexto de sus tiempos una bella frase intensificadora. En los textos tempranos se usa comúnmente como fórmula de siete sílabas, por lo general con participio de presente *(llorando de los ojos)* o en imperfecto *(lloraba-n);* de los nueve casos en el *PMC,* ocho son de este tipo, como lo son la mayoría de los ejemplos del verso de clerecía y todos los de la *PCG.* En los romances el artículo delante del posesivo provee las ocho sílabas necesarias *(llorando de los sus ojos),* comunicando, a fines del siglo xv, una ligera impresión de arcaísmo[25].

El carácter formulaico de la frase en la épica lo demuestra el hecho de que siete de los nueve casos del *PMC* están en el primer hemistiquio (vv. 18, 265, 277, 370, 374, 2023, 2863); en uno ocupa el

---

[24] L. Beszard, «Les larmes dans l'épopée, particulièrement dans l'épopée française jusqu'à la fin du XIIᵉ siècle», *ZRP,* XXVII (1903), pp. 385-413, 513-549, 641-673.

[25] Apunta Pidal que la frase siguió en uso hasta Castillejo y Juan de Rivera *(Nueve romances compuestos por...,* 1605). Dice también que *llorar de los ojos* «como forma rara reaparece en algunos romances de gusto francés» (Introducción a su ed. del *PMC* en Clásicos Castellanos), pero esto rebaja su importancia y extensión. La frase aparece en los siguientes romances no carolingios: núms. 5 (Rey Rodrigo), 11 (B. del Carpio), 67a (Pedro el Cruel), Apéndice 21 (fronterizo), y aparece con bastante frecuencia en los romances juglarescos y caballerescos del siglo xvi (donde, sin duda, la aprendió Castillejo), núms. 25, 53, Apéndice 26, 38, 41 y 42.

segundo hemistiquio (v. 1600) y en uno se extiende para llenar todo el verso (v. 1). En el *PMC* en tres ocasiones solamente se emplea *llorar* sin la adición *de los ojos;* en dos de éstas parece que se están empleando fórmulas de otro tipo, y en la tercera, el verbo significa 'lamentar' más que 'llorar' [26]. En los otros textos épicos aparece *llorar de los ojos* de vez en cuando, siempre en primer hemistiquio *(Rodrigo,* 158, 363; *SIL,* 51). En los romances es un cliché rutinario, y en la mayoría de los casos ocupa el primer hemistiquio. Esto se aplica también a los poemas de clerecía: es frecuentísimo en Berceo, otro ejemplo de su gran deuda a los juglares épicos, así como en los demás textos de clerecía (p. ej., *PFG,* 114b, 397c, 625a; *Alex.,* 1520c; *Apol.,* 121b, 334b, 591d; *SME,* 308a, 314a; *José* B. 299b). La frase llegó muy pronto a ser cliché, pues los poetas de clerecía se dedican también a buscar variantes, y tanto ellos como los poetas de romances construyen fraseología complicada para expresar la noción de 'llorar, dolerse' [27]. El cliché primitivo es aceptado por los cronistas, p. ej., en la *PCG* en sus versiones de *B. del Carpio* (372.a.8), *Infantes de Lara* (434.b.11, 442.a.27) y *Sancho II* (507.b.2, 516.b.16), pero suelen disminuir algo su uso. En su versión del *PMC* los cronistas reservan la frase para tres momentos de gran emoción: cuando se presentan Alvar Fañez y Martín Antolínez en Cardeña para llevar a las mujeres a Valencia (594.b.11); cuando el labrador encuentra a las hijas en Corpes (611.a.15); y cuando el Cid está muriendo (634.b.49). *Llorar de los ojos* vuelve a usarse en las narraciones no épicas, en momentos de emoción parecida, p. ej., al describir la muerte del padre de Alfonso X, Fernando el Santo (773.a.37).

Hasta los que se han esforzado por reducir al mínimum la influencia extranjera en la épica española han aceptado el origen francés de este elemento esencial de la dicción épica [28]. Es frecuente en

---

[26] En *PMC,* 856, la frase es *compeçaron de lorar,* casi formulaica, y para esto hay analogías (p. ej., en la épica, *SIL,* 168 y 310; en el verso de clerecía, *Milg.,* 517b; *SME,* 315a y 316a; *José,* B.271c). En *PMC,* 2632, la frase es *loran de coraçon,* considerado por Beszard como fórmula «meridional» conocido sólo en provenzal y español. Vuelve a usarse en *SME,* 310b y 315b. El tercer caso es *non le lorassen christianos* (PMC, 1295), donde parece que *llorar* significa 'lamentar' o 'llorar la pérdida de'. Dicen Ernout & Meillet; «*Plorare est* distingué de *lacrimare* dans Seneca, *Ep.,* 63: *lacrimandum est, non plorandum;* mais la langue populaire, à laquelle le mot semble surtout appartenir... employait sans doute *plorare* comme synonyme expressif de *lacrimare,* et c'est avec le sens de *pleurer* que le mot est passé dans les langues romances.»

[27] Para ejemplos, ver *Alex.,* 1280c; *Apol.,* 121b y 262cd; *Romances,* 7 y 109; pero la variante más frecuente en los romances es *con lágrimas de sus ojos,* cliché modesto que aparece hasta nueve veces.

[28] El origen francés es aceptado por MENÉNDEZ PIDAL, «Introducción a la edición del *PMC*» en Clásicos Castellanos; S. PELLEGRINI, «Epica francese e *Cantare del Cid*», *CN,* III (1943), pp. 231-238; C. V. AUBRUN, «La Métrique du *PMC* est

francés, a lo menos en los textos tempranos. *Pleurer des oilz* aparece
primero en la *Vie de Saint Alexis* (222), y ocho veces en la *CR* (773,
1446, 2415, 2943, 3629, 3645, 3712, 4001), pero también se emplea
plorer sólo 25 veces. En los textos épicos franceses de fecha posterior (como nota Pidal) es poco frecuente en la forma sencilla, pero
la noción de 'llorar, apenarse' se expresa con la misma elaboración
estilística que hemos observado en español[29]. Es probable, sí, que
en español se trate de una imitación francesa, un artículo de im-
portación literaria que tuviera la buena suerte de poderse encajar
en el sistema nativo de referencias físicas —*ver de los ojos, decir
de la boca*, etc.— con igual estructura, y tan útil como ellos en la
representación épica[30]. Más allá del *plorer des oilz* francés había
una larguísima tradición literaria:

> Tristior atque oculos lacrimis suffusa nitentes (*Eneida*, I.228)

> Ita lacrimans guttisque humectat grandibus ora (*Eneida*, XI.90)

> haec memorans terras oculorum fonte rigebat (*MGH.,AA.*, III,
> p. 103)

> fuere pro verbalis
> quas, heu! vidi derivari
> lacrymae ex oculis... (*PPLMA*, p. 232)[31]

3. LOS OJOS DE LA CARA

Otra frase curiosa insiste en que los ojos son *de* (¿o están *en?*)
la cara:

---

régulière», *BH*, XLIX (1947), pp. 332-372; E. R. CURTIUS, sección titulada «Epis-
che Formeln» de «Antike Rhetorik und vergleichende Literaturwissenschaft»,
CL, I (1949), pp. 17-28. Véase ahora nuestro capítulo 6.

[29] P. ej., *Tenrement a plore des biaus iex de son vis* (*Aïol*, 10360; también
Aoïl, 3902; *Guillaume*, 693 y 1329; *Raoul*, 7181 y 8337).

[30] El Dr. G. R. West, en su tesis inédita de la Universidad de Londres (1975),
*History as Celebration: Castilian and Hispano-Latin Epics and Histories, 1080-
1210 A.D.* (p. 473), apunta: «The tautological reference to the eyes prompted
Smith & Morris to include the expression *llorar de los ojos* among their other
physical phrases, but it is evidently a very different kind of expression from
the majority of those that they have studied. It has literary rather than legal
parallels, and is a narrative embellishment, not a symbolic reference. Classical
Latin contains similar expressions, e.g. *Aeneid* I.228» (que citamos a continuación).

[31] Véase ahora M. GARCI-GÓMEZ, *«Mio Cid»: Estudios de endocrítica* (Madrid, 1975), pp. 257-259. A veces en los siglos medievales tempranos, al dirigir
una instancia a la autoridad, se mencionaron las lágrimas (sin referencia a los
ojos): *et ideo lachrymabiliter preces unanimis supplicationis vestrae paternitati
mittimus, ut...* (Rozière, II, 614); *Quod flens et cum lacrimis aio...* (Rozière, II,
1131).

e aquel que gela diesse   sopiesse —vera palabra—
que perderie los averes   e mas los ojos de la cara
e aun demas   los cuerpos e las almas (*PMC*, 26-8; se repite
en parte, 45-6)

beso le la boca   e los ojos de la cara (*PMC*, 921)

¡Muchos días vos veamos   con los ojos de las caras! (*PMC*, 2186)

En otros textos literarios esto es poco frecuente. Ocurre una vez en
el romancero:

sácanle ambos los ojos   los ojos de la su faz (109)

con referencia al mismo castigo que en el *PMC*; es un romance eru-
dito, sobre el tema de Elena y Menelao, y parece aludir artificiosa-
mente al castigo arcaico en términos arcaicos *(faz)*. Ocurre una vez
en verso de clerecía:

ovieron sendos oios de las caras qebrados (*SM*, 273c)

y dos veces en la *PCG*, una al resumir la reputación de severo que
tuvo Alfonso **VI**:

Segund dize don Luchas de Thuy, este rey don Alffonso el sesto
mantouo sus regnos... de guisa que non osaua ninguno tomar
arma contra otro, nin boluer pelea, nin fazer mal ninguno por
los oios de la faz (520.a.15; observa Pidal que la *Tercera Crónica
General* dice *por los ojos de la cabeza*)

y otra al describir un incidente del asedio de Sevilla en 1248, cuando
un caballero

defendio al su escudero que por los oios de la cabeça non dixiese
que lo conosçia (752.b.39)

Se recuerda el castigo en *Don Quijote*, cuando Sancho

les respondió que su amo quedaba ocupado en cierta parte y en
cierta cosa que le era de mucha importancia, la cual él no podía
descubrir por los ojos que en la cara tenía (I.26)

En la épica francesa aparece la frase de vez en cuando, pero no con
referencia al castigo. Se dice del llorar:

Et pleura tenrement des iex del vis (*Aïol*, 3902; también 10360)

La dame l'oit, pleure des iex del chief (*Raoul*, 7181)

y como juramento:

Sire, che dist Aiols, par les iex de ma teste (*Aïol*, 6479; también *Aïol*, 6789; *Raoul*, 7540)

Los orígenes de esto han de buscarse naturalmente en el derecho. Los vv. 26-8 del *PMC* son una versión exacta de la amenaza, frecuente en los diplomas del siglo XI y menos frecuente en los posteriores, de cegar al que deshace lo dispuesto por un donante o en un convenio [32]. Los otros dos casos del *PMC* parecen ser una adaptación

---

[32] D. HINARD (*Le Poème du Cid*, París, 1858), en nota a los vv. 26-8 del *PMC*, dice: «Cette peine, *effosio oculorum*, existait anciennement chez les Goths, de même que chez les Vandales.» Cita la *Lex Wisigothorum*, II, i, 7: *effosionem perferat oculorum*; y IV, iii, 7: *aut si vitam reservare voluerit, omnem visionem oculorum ejus non moretur extinguere*. Dice Hinard que esto se aplicó en la práctica en los siglos VI y VII, pero que para el X estuvo en desuso, siendo resucitado por Fernando I y continuado por su hijo Alfonso VI. Pidal, en su *Vocabulario*, 772₃ estudia el asunto por extenso y da abundantes referencias. Pero más que resucitación de una costumbre en desuso, parece haber continuidad durante toda la Edad Media temprana, puesto que cita Pidal a Sampiro que registra el acto jurídico de cegar a unos príncipes rebeldes en 931, y hay ejemplo de la fórmula *in primis careat suis a fronte luminibus* en documento de García de León fechado en 923 (*Cart. Eslonza*, p. 6). En Castilla la continuidad del castigo después de la muerte de Fernando I la demuestra el diploma de Sancho II del año 1067, que citamos abajo. En cuanto al abandono de esta bárbara práctica, o bien de la amenaza de ella, dice Pidal (a quien sigue P. E. RUSSELL, «Some Problems of Diplomatic in the CMC and their Implications», *MLR*, XLVII [1952], 340) que ya quedaba arcaica cuando se compuso el *Poema* hacia 1140. Se encuentra la amenaza en diplomas de Doña Urraca y en los primeros años de Alfonso VII (p. ej., Escalona, 1116), pero luego la abandonó este rey. Lucas de Tuy y la *PCG* la recuerdan como típica de Alfonso VI. Sin embargo, apuntamos cuatro ejemplos tardíos que parecen no haber sido notados:

(1) *ab utriusque privetur luminibus* en diploma de 3 mayo 1135 («Alfonso VII confirma los antiguos fueros de Lara», *Cart. S. Pedro de Arlanza*, p. 180).

(2) *in vita sua careat lumen occulorum suorum* en el *F. Avilés* de 1155 (p. 133a). Dice lo mismo el *F. Oviedo* de 1145.

(3) *et in hoc seculo amittat proprias lucernas oculorum ex fronte* en el *F. Salamanca* hacia 1200 (p. 136).

(4) *Omnis latro quem acceperint homines de Villaviridi in furtu, extrahant oculos suos a capite sine ulla calumpnia, quicumque sit*, en «Fueros dados a Villaverde Mojina por Alfonso VIII y el Abad de Arlanza», *Cart. S. Pedro de Arlanza*, p. 243 (principios del siglo XIII).

Nos hemos referido siempre a un castigo o una amenaza de castigo. Pidal dice (*Vocabulario*, 772) que «El rey, en su carta a la ciudad de Burgos, amenaza con la pena de ceguera...; en efecto, ése era el castigo señalado ordinariamente, aunque no como pena, sino como maldición»; y Russell (art. cit., p. 340) dice que «Still sometimes included among them [esto es, las penas del otro mundo] in Alfonso VI's time was a hope that the defier of the royal will might be struck down by blindness». Pero la amenaza se hace constantemente contra

ligeramente figurada de la frase legal, adaptación hecha para momentos de especial solemnidad y hecha también para encajarse en el sistema estilístico del poeta con su insistencia en el detalle físico. Esta frase, a diferencia de otras que hemos estudiado, era propia del *PMC* y no formaba parte del lenguaje épico en su conjunto, y es poco frecuente en los textos no épicos; he aquí, quizás, un indicio del fuerte contenido legal del poema e interés profesional de su autor [33].

En cuanto al origen de la frase, parecía probable que la añadidura *de la cara* resultara necesaria debido a la diversidad de significados que tenía *ojo*, algunos derivados de la influencia semántica árabe y uno de ellos obsceno. Pero es poco probable que un poeta épico se dejara molestar por esto, y en todo caso dicha variedad de significados no se da en francés, donde vemos la misma añadidura *del vis*. La frase se explica mejor acudiendo al latín de los diplomas. A veces la amenaza del castigo es sencilla:

> in vita sua careat lumen occulorum suorum (*F. Avilés*, 43, p. 133a)

pero la forma usual incluye *a fronte:*

> primitus careat duobus luminibus a fronte (*Chartes de Silos*, doc. de 1067; p. 16)

> et ipse vivens careat a fronte amborum lucernis (*Chartes de Silos*, doc. de 1085; p. 28)

> careatque duobus fronte luminibus (*Cart. Eslonza*, doc. de 1099; p. 12)

Aquí la razón por la que se añade *a fronte* es que las palabras *lumina* y *lucernas* son poéticas, usadas para impresionar e infundir miedo; son palabras figuradas que sustituyen al normal *oculi*, y que resultarían ininteligibles sin tal añadidura. Cuando el autor del *PMC* adaptó la frase al español, no tenía a su alcance equivalentes metafóricos de *lumina* y *lucernas*, o a lo menos no se atrevía a ponerlos en una obra de tono popular; y viéndose restringido a la palabra normal *ojos*, añadió *de la cara* o por fidelidad al original, o por costumbre

---

el criminal en *esta* vida, según los diplomas al decir *vivens, vivens in corpore, in hoc seculo*. Pidal mismo menciona el incidente de 931 y el que se registra en *Cantiga* 177a (véase abajo). Es cierto que las frases con *careat* ('que carezca de') pueden acarrear solamente una maldición, un deseo piadoso, como dice Pidal; pero en otros casos hay amenaza evidente: el verdugo del rey cegará al criminal, como en el v. 27 del *PMC* y en el fuero de Villaverde, citado arriba.
[33] Véase el artículo citado de Russell, y el capítulo 3.

(de abogado que traduce la letra latina de un diploma para clientes no latinistas), o quizás imitando la frase en francés. Más tarde, los autores de los *Fueros del Reyno de Navarra* sí se permitieron emplear el equivalente vernáculo de *lumen:*

> si mientes... pierdas la luz de tus ojos (ed. D. A. Chavier, Pamplona, 1815; II, vii, 3; p. 49a)

Observamos además que la frase latina, *careat duobus luminibus a fronte,* emplea la *a* «de separación»; al criminal se le separarán los dos ojos quitándolos de su cara. En igual sentido hemos de interpretar la preposición *de* en el *PMC,* 27: 'que perdería su dinero, y además, los ojos, separándolos de su cabeza'[34]. Pero tal sentido para *de* no conviene a los otros dos casos del poema; en los vv. 921 y 2186, el verdadero sentido legal del 27 ha sido cambiado por el poeta, por descuido o conscientemente, pues en estos versos significa 'los ojos que pertenecen a su cabeza', y lo mismo se aplica a los ejemplos franceses que hemos citado. Quedamos, pues, en duda. Parece razonable decir que en el v. 27 la frase está traducida literalmente del latín, mientras en el 921 y 2186 está empleada para aumentar la solemnidad. En todos los casos la frase habrá sugerido un ademán en la representación del poema.

4. AVER A OJO

A ojo, frase adverbial, se usa con frecuencia en el *PMC* y en otros textos tempranos. Lo glosa Menéndez Pidal 'delante', y podría ser también 'a la vista', pero conviene recordar que es frase física más exacta que cualquier equivalente moderno que emplee *vista,* etc. En el *PMC* se emplea una vez *a ojo* más o menos aislado (2381) y una vez con *pararse* (40). En el verso de clerecía hay *ser a ojo (Signos,* 70c) y *asomar a ojo (SM,* 357a). Su forma más frecuente es *aver a ojo,* 'tener a la vista, tener cerca' (Pidal), como en

> Quando lo ovo a ojo   el buen rey don Alffonsso (*PMC,* 3024;
> también 298, 1517, 1614, 1838, 2016)

[34] En la misma categoría figuran el verso de *Romances,* 109, y un verso de una *Cantiga* de Alfonso X que cita Menéndez Pidal *(Vocabulario,* 773): *os ollos da cabeça ambos tirar-ll-os mandou* (nº 177a). Naturalmente cuando se emplea el verbo *sacar* o *tirar,* la explicación del *de* es evidente.

Es menos frecuente en los poemas de clerecía (p. ej., *PFG*, 320b; *SME*, 518a). Lo aceptaron los cronistas al prosificar las fuentes épicas (en la *PCG: SIL*, 441.a.20; *Cid*, 556.a.26 y 600.b.16). Hay otro caso de *aver a ojo* en un texto legal de 1297 que cita Pidal en nota al v. 2137 (ed. Clásicos Castellanos), y *tener a ojo* en Sem Tob (190b). Después de esto parece no vuelve a encontrarse, así que podemos concluir que pertenece a una época primitiva de la lengua. Es posible, teniendo presente diversos tiempos del verbo, que hubiera confusión entre *aver a ojo* y *ver a (los) ojos*. No hay nada rigurosamente comparable en francés, pero D. Hinard cita *a olh, a oill* en provenzal. Se trata probablemente de una creación nativa del español, a tenor de las otras frases físicas. El latín medieval empleaba muchas frases del tipo *ante oculis, coram vestris oculis* en el verso, y la *HR* una vez dice *coram oculis inimicorum suorum* (924.20), pero es poco probable que la frase vernácula tuviera origen culto. Al contrario, el *a ojo* vernáculo parece haber influido en los autores de textos latinos legales:

> sed si illi latronem aut raptores ad occulum non monstraverit (*F. Estella*, p. 11)

> Similiter quicumque ad oculum steterit et prelantibus in sucursum non veniret... (*F. Albarracín*, p. 833)

5.   OTRAS FRASES CON «OJO»

Fincar el ojo a/en es 'contemplar, fijar la vista en', en *PMC*, 2392 y 2859; *Alex.*, 504a y 1008a; *Apol.*, 164a y 631b. *Tener ojo a* es 'observar, contemplar', en *PCG*, 504.a.21, 597.a.6 y 601.a.8, y es 'vigilar', en Sem Tob, 666ab; *parar ojo a* es 'prestar atención a', en *Alex.*, 1541d. Algo diferente es el eufemismo *poner el ojo en* del *LBA*, 112c, 404c. Son interesantes *tender los ojos*, 'mirar con cuidado a', en el *Rodrigo*, 3, 111 y 434, y *extender los ojos*, 'mirar con cuidado, mirar a lo lejos', en *Milg.*, 442b y 598b. *Tornar los ojos sobre*, en SD, 192d, es 'dignarse mirar'. Hay por fin frases que significan 'desaparecer':

> Tollióseli de ojos, non vío nulla cosa (*Milg.*, 64b; también *Milg.*, 489d; *SD*, 244b, 685b y 725b)

> Exióm de los oios, nol pude mas ueer (*Alex.*, 1110b)

BOCA/LENGUA

La boca —algunas veces la lengua— tiene un lugar importante en el sistema de las referencias físicas. Chassan menciona varios usos simbólicos [35], y son numerosos en el español antiguo. Como la boca es el instrumento visible por el que revela el hombre sus pensamientos y su ser esencial, puede representar a la persona misma:

> bendíssolos a todos la sue boca preciosa (SM, 300b)

> Fablo contra est dicho la boca uerdadera (SD, 281a)

Y lo hace también a costa de producir una metáfora falta de lógica:

> la boca por qui esse tan sancta cantilena
> non mereció yazer en tan mala cadena (Milg., 277cd)

También aparece la boca como 'persona' en frases de aposición (igual que el cuerpo, véase más abajo):

> Lo que Caïfás disso, boca tan enconada (Duelo, 95a; también Duelo, 117d; Sac., 36c)

y en función adjetival, lo mismo que en la lengua moderna:

> e como vos dissiemos qe era bocarroto (Milg., 285b)

Pero los usos más pintorescos de este tipo son los en que se condena a un mentiroso:

> ¡Cala, alevoso, boca sin verdad! (PMC, 3362)

> ¡Calles, calles, la condesa boca mala sin verdad! (Romances, 171)

---

[35] «Bouche. Les Germains en avaient fait le symbole de l'autorité, le signe du pouvoir royal comme du pouvoir domestique. Le même mot (Mund, bouche) exprimait en même temps la tutelle, l'autorité civile et l'autorité politique; on disait des hommes de guerre, rangés sous le patronage d'un chef, qu'ils obéissaient à sa bouche...» Del Mund germánico se forman, según Chassan, en latín medieval mundium 'tutela'; mundoaldus, mundibardus, y los equivalentes franceses mainbour, mombour, 'gardien, garde'; mainbournie, mambournie, 'bail, tutelle». Cita una fórmula de Marculfe: Sub sermone tuitionis nostrae visi fuimus recepisse, et sub mundeburde vel defensione inclustris viri illius majoris domus nostrae, y una frase de la Ley Sálica en la que el forajido está extra sermonem regis, donde sermonem traduce evidentemente un Mund germánico en el sentido de 'autoridad regia' (Chassan, pp. 119-120).

Aparece la lengua en frases en que se condena la jactancia:

> ¡Lengua sin manos!   ¿cuemo osas fablar? (*PMC*, 3328)
>
> que es largo de lengua   mas en lo al non es tan pro (*PMC*, 2173)
>
> Su coraçon estrecho
> Y larga la su lengua (Sem Tob, 422cd)

Este simbolismo es la base sobre la que se construyen las frases que siguen.

1. DECIR DE LA BOCA

Esto no se puede interpretar sino como 'decir, hablar', pero es frase que insiste en el movimiento visible de la boca y que se encaja en el sistema de frases físicas. Ocurre cuatro veces en el *PMC*, sirviendo quizá para subrayar la solemnidad de las palabras que se anuncian (19, 1239, 1456, 2289). Se encuentra también en el *Rodrigo* (512, 541) y a veces en los romances (p. ej., 177, 193), pero en éstos es más frecuente al formar con *llorar* un cliché que ocupa un verso entero [36]:

> llorando de los sus ojos   de la su boca decía (67a)

Los romances en que se encuentra este cliché son juglarescos o novelescos, remotos, por tanto, de la épica. Entre épica y romance no se puede rastrear ninguna continuidad en las crónicas, pues éstas rechazan la frase, lo cual hace pensar que en la épica servía simplemente de relleno. Se han notado seis ejemplos en las poesías de clerecía (*Duelo*, 176b; *SD*, 293b; *Sac.*, 181c; *Apol.*, 484d; Sem Tob, 35c; *Rimado*, 1046b). En francés parece que no existía esta tautología, aunque hay algunos casos de interés:

> Einsi tres leide crëature,
> Qu'on ne porroit dire de bouche (citado por Littré)

---

[36] Nebrija en 1492 no vio en tal fraseología ni poesía ni razón histórica: «Pleonasmo es cuando en la oración se añade alguna palabra del todo superflua, como en aquel romance *Delos sus ojos llorando i dela su boca diziendo*, por que ninguno llora sino con los ojos ni habla sino con la boca, i, por esso *ojos i boca* son palabras del todo ociosas.» (*Gramática castellana*, IV, 7). Sigue Nebrija posiblemente a Quintiliano.

lo cual parece significar 'más fea... de la que se podría describir con palabras'; y

> de bele bouche començat a parler (*Guillaume*, 2033)

esto es, 'elocuentemente'. Con mayor frecuencia se encuentra en francés que *bouche* se empleaba como sujeto del verbo, a juzgar por los ejemplos reunidos por Littré. Pero la tautología *decir de la boca*, aunque fuese desconocida en francés, tenía analogías en el latín literario:

> Callidus orator post haec pronunciet ore (*MGH.SS.*, XXVI, 154.25)

> ore canens haec verba refert (*MGH.AA.*, III, 44.269)

> cum deus imperium sancto iam dixerat ore (*ibid.*, 123.209)

En categoría distinta figuran los casos de *decir... lengua* en que las preposiciones *de, por* y con menos frecuencia *con* expresan el instrumento por el que se comunica un mensaje. Son éstos menos tautológicos, pero apenas tolerables en el uso de las lenguas modernas:

> si no quiere oírlo de lengua,   decírselo he por las manos
> (*Romances*, 177a)
> Ca dezir de la lengua, de manos non labrar,
> Esso es flor sin frucho, prometer e non dar (*Sac.*, 181cd; también *Milg.*, 97a; *SD*, 681b)

Parece probable que estas frases tuviesen su origen en los textos legales, y más allá de ellos, en los gestos simbólicos que acompañaban la emisión de las leyes y los juramentos:

> Insequenter vero post ipso tris (*sic*) aloarii et duodecim conlaudantes iuraverunt, et de linguas eorum legibus dixerunt (Rozière, II, 588; con algo parecido en II, 597)

> Ninguno non tenga en su corazon, nin lo diga de la boca, ni lo amuestre del fecho, la engannosa ley de los judios (*F. Juzgo*, XII, 2, iv.; p. 178) [37]

---

[37] La versión latina es: *Nullus prorsus perfidiam et christianae religioni obviam sectam corde retineat, verbis promat, factis ostendat*, en lo cual vemos que el latín relativamente clásico de este texto no tiene más que el abstracto *verbis* para expresar la *boca* física del vernáculo.

Qui testigo (?) lo que otorgare, digalo con su voca; si no, non vala
(*F. Medinaceli*; Muñoz, p. 438)

Este contraste frecuente de *corazón* con *boca*, del pensamiento interior con la manifestación exterior, nos sugiere que detrás del lenguaje de la ley estaba la fraseología del Credo, la cual se repetía al
principio de los diplomas y que habrán conocido bien todos los
notarios:

quod corde credimus, hore proferimus et lingua professuri sumus
(*Chartes de Silos*, doc. de 931, p. 5)

2. DECIR POR LA BOCA (RETO Y RETRACTACION)

Al reconocer la derrota o retractar los insultos y las acusaciones,
se empleaba *decir por la boca*, de forma y significado inconfundibles. Aparece una sola vez en el *PMC*, al retar Martín Antolínez a
Diego González:

¡Al partir de la lid   por tu boca lo diras
que eres traidor   e mintist de quanto dicho has! (3370-1)

que la *PCG* prosifica exactamente:

rieptouos aqui por aleuosos, et daruos he uuestros eguales que
uos lo fagan dezir por las bocas (620.a.47)

En los otros dos retos del *PMC* la fraseología no es tan completa ni
exacta; en estos casos no se menciona la boca (3350, 3389), ni la menciona la *PCG* en los lugares correspondientes [38]. El resultado de los
retos son los duelos con que concluye el poema: el primero de los
Infantes derrotados confiesa *vençudo so* (3644), el segundo sale del
campo, y el tercero no puede hablar, teniendo que reconocer su derrota el padre (3691). Al prosificar dos de estos tres pasajes, la *PCG*
emplea términos parecidos, pero al informar del resultado del primer
duelo hace que el juez diga al victorioso:

[38] La *PCG*, sin embargo, emplea la boca de otro modo, con varias otras
referencias físicas, en las vigorosas injurias que se lanzan en la corte: *Calla,
Diego Gonçalez, que en la tu boca non puso Dios verdad ninguna, et eres grant
cauallero de cuerpo et couarde de coraçon* (620.b.48); *Boca en que Dios non
puso verdat. ¿commo osastes soltar la uuestra lengua pora fablar en la barba
del Çid?* (622.a.7).

> quedat, de aqui adelante nol firades, pues que el conosçio por
> su boca que era uençudo (626.b.23)

En estos ejemplos vemos que si el derrotado seguía pudiendo hablar, importaba no sólo escuchar su confesión, sino también *verlo*
reconocer su derrota y retractarse, por medio de aquella parte del
cuerpo que antes había pronunciado las palabras injuriosas. Aquí,
pues, *por* no es sólo el *por* moderno, es también *a través de*, como
consta claramente en un fuero que describe el procedimiento y las
palabras que han de usarse en el reto y en la retractación:

> paresse en concello et diga: «lo que dixe dixelo contra el con
> mal taliento, et no por tal que verdat sea, et menti por esta
> boca (*F. Avilés*, 15, p. 21; *F. Oviedo* es parecido)

y en casos graves se obligaba al que retractaba a que

> saque el dedo por los dientes

lo cual indica que al pronunciarse *por esta boca* se hacía un movimiento de la mano hacia la boca, y que luego se pasaba un dedo
sobre los dientes con una demostración visible al *desdecirse*.

3. DECIR CON/POR LA BOCA (CONFESION)

Varias declaraciones eclesiásticas, por ejemplo al referirse a la
necesidad de hacer oralmente la confesión, emplean frases parecidas:

> ca predico por su boca mucha mala sentencia (*PFG*, 7d)
>
> Confessóse el mismo con la su misma boca (*Milg.*, 734a)

4. DECIR POR UNA BOCA

Esta frase es frecuente en los poemas de clerecía; expresa 'al
unísono, con unanimidad':

> todos por una boca Deo Gratias dixeron (*PFG*, 282c; también
> *PFG*, 451b; *Duelo*, 23b; *Alex.*, 379ab; *Apol.*, 190a, 566a)

Está también en las crónicas, p. ej., *PCG*, 605.b.4. Es sin duda una
frase antigua y universal, a juzgar por la máxima legal, *Lex uno ore
omnes alloquitur.*

5. DECIR DE BOCA

Es en la lengua moderna *decir de palabra*, abstracto. Hay algunos ejemplos en nuestros textos:

> decírselo he de boca   aunque esté muy ocupado (*Romances*, 177)

> plaidier en la halle de Lille
> de buche et non par escript (citado por Littré)

6. SONRISAR DE BOCA

Los personajes del *PMC* sonríen así dos veces (hay muchas cuando sonríen simplemente): 1518, 1527.

7. OTRAS FRASES CON 'BOCA'

Se refiere una anécdota al origen del apellido de un caballero: a raíz de un acto noble en Las Navas (1212), dice el rey a D. Diego el Bueno:

> vuestro nombre malo con justa razon se llamara *bueno*, e assi yo mando que a boca de todos seais llamado *el Bueno* (nota al *F. Viejo*, I, 4, ii; p. 13)

La *CAI* tiene una frase que puede indicar un uso vernáculo no registrado: Ali, cercado en Aurelia, ha enviado mensajeros al emperador almorávide:

> et dixerunt ad Ali, et ad eos qui cum eo erant, ex ore regis Texufini et de caeteris, ut nullam spem expectarent (119)

No vamos a catalogar las formaciones más modernas, pero continúa el sistema en escala modesta: *a pedir de boca, no decir esta boca es mía*, etc.

DIENTES

Incluimos la curiosa frase con que se describe la humillación del Cid ante Alfonso en el momento de su reconciliación:

> los inojos e las manos   en tierra los finco,
> las yerbas del campo   a dientes las tomo (*PMC*, 2021-2)

Esto se ha de entender más figurada que literalmente, y ha de compararse con dos versos de la *CR:*

> Gesir adenz, a la tere sun vis (2025)
>
> Sur l'erbe verte s'en est culchét adenz (3097)

Sobre esto hay estudio detallado de D. McMillan [39]. Dos frases más tienen interés: *reír de los dientes*, 'reírse cruelmente', en *Alex.*, 453c, y *entre dientes*, 'de mala gana' ('a regañadientes'), en *SO*, 138b y 147a.

BARBA

El rico simbolismo de la barba en la Edad Media ha despertado tanto interés que nos queda poco que decir; véase en especial Menéndez Pidal, *Vocabulario*, s.v., y las *Adiciones*, pp. 1213-14. Aquí basta un resumen. La barba es el símbolo de la virilidad, del honor y de la autoridad; se jura por ella, la barba se deja crecer en señal del dolor y en el destierro; para colmo de humillación, se le agarra por la barba a un hombre al prenderlo, y se le tira de ella como insulto. Por tanto, las referencias a *prender por la barba* y *mesar la barba* son injurias de mayor cuantía. En el *PMC* la barba del héroe es rasgo épico constante. El Cid pone la mano en ella al hacer una declaración solemne, y es mencionada en muchas ocasiones que habrán indicado un ademán impresionante en la representación. Se forma con la barba un epíteto épico, y esto puede usarse como pronombre y como aposición del propio héroe (Pidal, *Vocabulario*, 577.5; a los ejemplos pronominales y aposicionales que se registran allí pueden agregarse los de *José*, B.36d, B.132c, B.175b, B.289c). En su mayor parte estos valores simbólicos continúan en los textos medievales, p. ej., el *Rodrigo*, los romances y las crónicas, pero figuran poco en los poemas de clerecía fuera del *Alexandre*, y apenas constan en los textos latinos fuera de España, por lo cual podemos conjeturar que el simbolismo de la barba era considerado como pagano y primitivo y era desaprobado por los autores eclesiásticos, quienes en los contextos religiosos y en el uso pronominal y aposi-

[39] «L'Humillation du Cid», *Coloquios de Roncesvalles*, Publicaciones de la Facultad de Filosofía y Letras, Serie II, núm. 14 (Zaragoza, 1956), pp. 253-261. Véase también G. J. BRAULT en *Romania*, LXXXV (1964), pp. 323-335.

cional le buscaban sustitutos respetables, igual que Berceo con *boca*. Las alusiones a la barba con valor simbólico continúan hasta una fecha tardía en España —en los romances del siglo XVI, por ejemplo—, pero parecen terminarse bastante temprano en Francia; el jurar por la barba es frecuente en la *CR*, pero poco frecuente en los poemas posteriores, mientras el poner la mano por la barba como preludio del discurso se encuentra tres veces en la *CR*, pero ninguna en los textos posteriores.

Esta riqueza de simbolismo va a tono con el uso social contemporáneo. Las frases que expresan el simbolismo son todavía literales en parte, y las frases completamente metafóricas son raras con referencia a la barba. Una de este tipo es

i bençio esta batalla   por o ondro su barba (*PMC*, 1011)

que glosa Pidal 'se honró con una acción gloriosa', y que ha dejado descendencia en un texto nada más (*Alex.*, 147b y 1681c). Otra que mencionamos con duda es *prender por la barba*, que algunas veces parece significar figuradamente 'deshonrar, maltratar', especialmente cuando se usa como amenaza (*Rodrigo*, 980, 1027; *Romances*, 55, 71, etc.).

O R E J A

Son pocas las frases relacionadas con la oreja. El sistema estudiado arriba nos permite predecir la existencia de un *oír por las orejas*, pero de esto hemos encontrado un ejemplo solamente (*SM*, 487b). Hay ejemplos latinos de una frase física que describe la llegada de una noticia:

et miserunt illis et illis ipsa intentione in auribus regis
(*Cart. S. Vicente de Oviedo*, doc. de 1078, p. 86)

Hoc autem dictum peruenit ad aures eius (*HR*, 933.6)

El Cid emplea una frase llamativa al incitar a Pedro Bermúdez:

a mi lo dizen,   a ti dan las orejadas (*PMC*, 3304)

que glosa Pidal 'te lo echan en cara a ti indirectamente, eso va contigo'. Es desconocida en otros textos; como analogías aducidas por Pidal hay *aurem vellere*, 'advertir', *orejeado* y *orejarse*. La frase puede ser coloquial, y aquí se usa acertadamente en una situación rica en humor; podría relacionarse quizás en su forma y sentido con *tomar el pelo.*

C A B E Z A

No hay frases con *cabeza* en la épica, y la cabeza había de servir poco para los ademanes; pero hay alguna frase de interés en otros textos. Con frecuencia, en los documentos latinos de los siglos x y xi se empleaba *caput* por 'persona', como cuando una mujer se hace sierva para pagar una deuda:

> et mitto capud meum in usu servile (Hinojosa, *Documentos;* doc. de 1062, p. 26)

Lo que las lenguas modernas sólo pueden expresar como 'pensar en, prestar atención a' se expresaba elegantemente como *tornar cabeça a:*

> A otras uanedades cabeça non tornaua (*SD,* 249d; también *SD,* 203c)

> El rey don Loys... pensol, et ouo de tornar y cabesça et pensso en prouarlo (*PCG,* 656.a.33)

En sentido eufemista y especializado esto se encuentra en el *Libro de los cien capítulos* (ed. A. Rey, 1960; XI.11):

> non deue ser mintroso nin mesturero nin mesclador, nin tornar cabeça a ninguna muger de casa.

Hay también, como en los casos de *boca* y *barba,* una especie de uso pronominal:

> ca yazian muy quedos las cabeças arteras (*SD,* 439d)

esto es, 'los muy astutos estaban bien escondidos'.

P I E

Se menciona frecuentemente el pie en los textos con el propósito de representar un acto o una relación entre personajes en términos concretos. La mención de personajes que besan el pie al rey reflejan el uso social contemporáneo, aunque en muchos casos esta mención no puede entenderse literalmente, pues indica más bien sólo una actitud sumisa (*Rodrigo*, 174). A veces se besan mano y pie (*PMC*, 879), y en una ocasión se distingue entre estos dos actos cuando el rey no exige una demostración de humildad excesiva (*PMC*, 2028). *Caer/echarse a los pies* de uno figura en el *PMC* (1319, 1594, 2025), en los romances, en los poemas de clerecía y en francés, y en las crónicas se conserva normalmente la mención de esto que hacía la poesía épica. En los textos latinos se usa mucho *cadere ante pedes*, mientras *sub pedibus* indica la actitud sumisa (frase menos figurada, al parecer, que el *sub pedibus* clásico que significa 'bajo el poder de uno': *Eneida*, VII.100, y Livio, 34.32).

A tono con *ver de los ojos*, etc., encontramos la tautología *andar de pies*, aunque aquí la adición *de pies* es más lógica, pues se puede *andar a caballo* y en otras maneras (*SD*, 547d, 582a y 601d; *Milg.*, 17a, 127b). En la *PCG* se dice *correr de pie* (594.b.10). Es interesante en la épica francesa *porter les piez* 'ir' (*CR*, 260; *Guillaume*, 2531), que quizá haya de asociarse con *suis pedibus transiit* del latín medieval y el clásico *pedem ferre, pedem effere*, etc. A veces se menciona algo parecido al describir una fuga a caballo:

> de pies de cavallo   los ques pudieron escapar (*PMC*, 1151)

> et non remanserunt ex eis nisi pauci, qui fugerunt pedibus equorum (*CAI*, 97)

Mencionamos arriba el acto simbólico de poner el pie en una propiedad al hacerse dueño de ella. Se registra ya en Cicerón una extensión figurada de este concepto (*si in fundo pedem posuisses*), y vuelve a aparecer en algunos textos medievales:

> Sed ille non est ausus venire neque mittere pedem in terram ejus (*CAI*, 24)

C U E R P O

Se utiliza el cuerpo en nuestros textos en una amplia gama de sentidos simbólicos y figurados que insisten en la presencia física del hombre, en los aspectos visibles y sólidos de su ser. Con frecuencia el significado es sencillamente 'hombre, persona'. En los contextos religiosos *cuerpo* es a menudo 'la vida de un hombre en este mundo', contrastándose en la misma oración con *alma*. En el lenguaje legal el cuerpo puede representar esos aspectos de un hombre sobre los que tiene el rey poder, esto es, al prender o torturar o matar a tal hombre. El cuerpo tiene sentidos figurados en el francés antiguo y el latín medieval —y desde luego los diccionarios modernos de muchas lenguas ofrecen muchos ejemplos—, pero el español antiguo parece haber tenido gran riqueza de ellos. La creación expresiva *perder el cuerpo*, en lo religioso 'morir' y en lo legal 'ser ejecutado', parece no tener analogías en otros idiomas [40]; ni tienen analogías las demás frases verbales del dominio de la ley que registramos abajo.

1. 'CUERPO': 'PERSONA, UNO MISMO' [41]

En muchos casos sólo es posible ver en *cuerpo* un sustituto de 'persona' o 'uno mismo'. Pero hasta en este simple uso hay cierto vigor e impresión de actualidad, por ejemplo, cuando termina Quevedo la primera parte del *Buscón*:

> dormimos aquella noche, madrugamos y dimos con nuestros cuerpos en Madrid.

Define Du Cange el uso latinomedieval: «*Corpus Regis*, Rex ipse, vulgo *la personne du Roy*», y registra Diez «*meum corpus = ego*». Este uso está presente en las máximas legales:

> Nihil facit error nominis cum de corpore constat

> Cohaeredes sunt quasi unum corpus

A menudo en la lengua vernácula el cuerpo sirve como pronombre, 'el que':

> Maldito sea el corpo qui tal cosa faze (*Alex.*, 2453a)

Este uso sencillo, pronominal, es más frecuente en francés y en provenzal que en español. En los ejemplos españoles es posible percibir

---

[40] La frase parece pertenecer a una época primitiva, y cayó en desuso en el siglo XIV. Está en el *LBA*, 885c, y en Don Juan Manuel (citado por Pidal, *Vocabulario*, 612₃₀).

[41] Sobre este sentido de *cuerpo* en los textos medievales, ver PIDAL, *Vocabulario*, 325₂₀; TOBLER, *Mélanges...*, 1905, pp. 39-40; F. DIEZ, *Grammatik der Romanischen Sprachen*, 5ª ed. (Bonn, 1882), III, pp. 809-810, con ejemplos franceses y provenzales.

cierta fuerza simbólica, aunque la traducción moderna tendría que
emplear la débil *persona:*

> que por saluar un cuerpo tanto pudo ffacer (*Apol.*, 551b).

El único motivo posible de este uso hemos de buscarlo en la necesidad, generalmente sentida, de dar una referencia más visual, tangible y concreta que aquella que permite el pronombre normal o
bien la palabra *persona,* más vaga y también culta. La misma necesidad explica la creación de *anybody, everybody* en inglés, así como
de *jedermann* (menos concreto) del alemán; y funciona todavía en
la forma coloquial del inglés moderno *bod < body* 'persona', p. ej.,
a bod I know, there were seven bods in the car, así como en el uso
(ahora respetable) *she's a nice little body.*

En la representación de la épica, parece que a veces hay insistencia en el aspecto visual al mencionarse el cuerpo; p. ej.:

> Alegros le tod el cuerpo,   sonrrisos de coraçon (*PMC*, 2184)

verso que glosa Pidal 'se alegró todo él', pero que vale algo más,
pues nos comunica una impresión del cuerpo entero del hombre
que se estremece de placer. Visuales son las referencias al cuerpo
cuando se describe cómo se viste uno:

> mando vos los cuerpos   ondrada mientre servir e vestir
> (*PMC*, 1871)
>
> Paien descendent pur lur cors aduber (*CR*, 3139)

o cuando se describe la totalidad de la presencia física de un individuo:

> Qui pudo ueer nunca cuerpo tan palançiano (*SD*, 485a)
>
> Non vi segunt mio ssesso cuerpo tan acabado (*Apol.*, 191d)

A veces se refiere al aspecto sensual de la vida, pero no con tono
condenatorio que nos haga pensar en una filosofía ascética de la
«carne»:

> Andamos por las tierras los corpos deleytando (*Alex.*, 119a)
>
> Cayerás por mal cuerpo tú en mortal pecado (*Apol.*, 409b)

El cuerpo puede representar la fuerza física de un hombre:

et dexara ell obispado por trabaiar mas su cuerpo en el servicio de Dios (*PCG, Rey Fernando,* 487.b.12)

o bien su capacidad para el trabajo:

Que el setenno anno vendieron los cuerpos,
Y fueron todos cativos... (*José,* B.169ab)

O su fuerza militar:

quanto es del mj cuerpo   non puede mas que otro omne
(*Rodrigo,* 847)
Ki de sun cors feïst tantes proëcces (*CR,* 1607)

Este concepto parece explicar la tautología francesa

Se en reguarde troevet le cors Rollant (*CR,* 613)

así como la frase que se emplea en el reto del *PMC:*

Riebtot el cuerpo   por malo e por traidor (3343; también 3442)

que tiene analogía encontrada por Pidal en el *Fuero de Navarra:*

si fidalgo alguno oviere a conbater sobre reptamiento de su cuerpo (*Vocabulario,* 325.6)

Con mayor brevedad apuntamos otros casos. *Por o con su cuerpo* 'en persona' se encuentra en un texto legal:

estos... que non fueren servir por sus cuerpos alli do les mandare, o non embiaren sus compannas, ellos non pudiendo por sus cuerpos ir (*Ordenamiento de Alcalá,* 1348; XXXI, p. 72)

Se menciona el cuerpo en algunos textos franceses con relación al matrimonio:

ne volray mon corps remarier
mes corps es liiés du fort lien de mariage (Diez, obra citada)

Según Hinojosa, muchas capitulaciones matrimoniales en los documentos peninsulares emplean *comparatio corporis, compra do corpo* como sinónimos de 'matrimonio' (*El elemento germánico...,* pág. 19).

Es que 'se compró' a la novia pagando a su padre, y este concepto del matrimonio como trato en propiedad continuó hasta muy avanzada la era cristiana.

Conviene apuntar dos frases más del antiguo francés. Con los verbos de movimiento una de ellas parece insistir en la presencia física:

> Jo conduirai mun cors en Rencesvals (*CR*, 892; también 901, 3370)
>
> Par tantes teres ad sun cors demenéd (*CR*, 525)

La otra, en bendiciones y maldiciones, tiene tono fuertemente emotivo:

> Qu'il defenge vos cors de vilenie (*Aïol*, 448)
>
> Bone fud l'ore que le suen cors fud né! (*Guillaume*, 3147)

Para el origen posible de este uso sencillo, pronominal, cita Diez la presencia de *corpus* en el sentido de 'persona' en el latín clásico, p. ej.: *salvete optuma corpora* (Enio), y la presencia de σῶμα en griego; mientras con el *cors Rollant* del francés relaciona *lîp* 'vida' del alto alemán, en frases como *Sivrides lîp*.

2. 'CUERPO' EN EL USO LITERARIO

La épica *SIL* y varios textos de clerecía emplean *cuerpo* en el sentido de 'hombre, persona' al formar epítetos épicos. Estos pueden unirse como aposiciones a la mención del nombre del héroe. Los Siete Infantes son *cuerpo tan leale* (*SIL*, 110), *cuerpo honrado* (*SIL*, 119), *cuerpo tan entendido* (*SIL*, 131; var. *tan sabido*), siendo Ruy Velázquez *cuerpo traidor* (*SIL*, 341). Esto pudo derivarse de la épica primitiva, pero los primeros textos en que se documentan tales frases son los de Berceo (*un cuerpo martiriado*, *Milg.*, 895a; *cuerpo de grand mesura*, *Milg.*, 705c. También: *Milg.*, 472c; *SD*, 226a; *Apol.*, 147a, 637a; *PFG*, 170d, 226a). Con frecuencia se forma el epíteto de esta manera en el *Alex.*, siempre con adición del artículo *un* (algo menos épico); se usan los adjetivos *uenturado* (218a), *de ondrar* (507b), *preçioso* (810a), *tan complido* (1239a), *acabado* (1793a). En otro tipo de frase el cuerpo aparece con función pronominal como sujeto de la oración, pareciendo en tales casos reemplazar a *la barba vellida* del *PMC*, 930:

El cuerpo benedicto, propheta verdadero, ...
de exir de lazerio estava bien certero (*SM*, 294ac)

Armos el buen cuerpo ardido e muy leal (*Alex.*, 430a)

En esta función gramatical el uso que hace del *corpo*, con connotación fuertemente sensual, la lírica gallego-portuguesa, también es notable. La joven es *corpo velido/delgado, a do corpo louçano/velido* [42]. Nada de esto parece encontrarse en francés, donde hay, sin embargo, algunos ejemplos de una frase descriptiva formada con *à:*

La bele Lusiane al cors legier (*Aïol*, 2055)

Dame A., au gent cors honoré (*Raoul*, 374)

La frase épica *onrar la barba* (*PMC*, 1011) es sustituida por *onrar el cuerpo* dos veces en Berceo:

dio.l gran onrra al cuerpo, a la alma mejor (*Milg.*, 66d)

onrraremos los cuerpos, las almas salvaremos (*Milg.*, 74c)

Esto ha de entenderse en sentido religioso, pues en los dos casos se menciona el alma: 'nos honraremos mucho en esta vida, y...' Pero la frase pudo crearse primero en la esfera militar o legal, como lo demuestran los ejemplos con negación:

Con ge ferai son cors honir et vergongier (*Aïol*, 4606)

nichil mali cogitaui neque locutus sum neque contra regem pro quo corpus meum minus ualeat (*HR*, 938.6)

3. 'CUERPO' EN EL USO RELIGIOSO

Cuando se menciona el cuerpo juntamente con el alma, su sentido es 'la vida del hombre en este mundo, el hombre en cuanto ser mortal'. En las lenguas medievales se partía de varios textos bíblicos, p. ej.: *Timete eum qui potest et animam et corpus perdere in gehennam* (Mateo 10, 28). Estas frases aparecen muy a menudo en nuestros textos, sobre todo los de clerecía. El concepto tiene una

[42] E. Asensio, *ob. cit.*, p. 108.

fuerza especial al usarse en textos de carácter no religioso; el Conde de Barcelona está jurando con gran dramatismo al decir

> antes perdere el cuerpo   e dexare el alma (*PMC*, 1022)

esto es, 'antes moriré y me condenaré'. Del mismo modo, Mudarra le grita a Ruy Velázquez:

> entregarvos he mi cuerpo   e vengare los infantes (*SIL*, 431)

Esta fraseología tenía autoridad no sólo bíblica, sino también jurídica. Sobre violación de juramento dice el *F. Viejo:*

> el nuestro señor Jesu Christo, a que vos lo jurades, vos lo demande en este mundo al cuerpo, e en el otro al anima (III, ix, 2; p. 77)

4. 'CUERPO' EN LAS LEYES

En el lenguaje jurídico era muy fuerte la costumbre de expresar en términos físicos la autoridad que regía la vida del hombre. Esta autoridad nada podía hacer contra el alma del criminal, pero podía detenerle, «tomar su cuerpo», poner ese cuerpo en cadenas, mutilarlo o colgarlo, actos éstos que todos eran visibles y pedían, por tanto, expresión física:

a) DETENCION

> Que a todo solariego puede el señor tomarle el cuerpo, e todo quanto en el mundo ovier... mas nol deve prender el cuerpo
> (*F. Viejo*, I, i, 7; p. 28)

> mittat suum corpus in manibus parentum mulieris ad voluntatem illorum (*F. Estella*, p. 28)

b) LIBERACION

> suelto les los cuerpos   e quito les las heredades (*PMC*, 893)
> (Se prosifica en términos parecidos: *PCG*, 531.b.10)

> quitar vos he los cuerpos   e darvos e de mano (*PMC*, 1035b)

Atrego les los cuerpos   de mal e de ocasion (*PMC*, 1365; véase *SIL*, 548)

c) CASTIGO

mando que el su cuerpo sea justiciado (*PFG*, 67c)

yo fare en su cuerpo un exemplo atal (*Alex.*, 469c)

et [si] falsum juraverit, ... de corpore ejus fiat justitia (doc. de 1187; Muñoz, p. 244)

d) LA FORMULA 'CUERPO-AVER'

Se expresa el castigo (o bien la amenaza) de la pena de muerte con incautación de propiedades mediante la fórmula *cuerpo e aver*, con variantes:

que perderie los averes   e mas los ojos de la cara
e aun demas   los cuerpos e las almas (*PMC*, 27-8)

Con haberes y con cuerpos   y con su caballería (*Romances*, 62)

el qui omne matare, ... pierda el cuerpo et quanto oviere (Muñoz, p. 436)

CORAZON/CUER

En todo tiempo tiene gran fuerza simbólica la mención del corazón. Los conocimientos modernos han acabado con muchas creencias antiguas acerca de la función fisiológica del corazón, pero continúan con el vigor de siempre los hábitos lingüísticos de edades pretéritas. Hasta en el análisis más somero aparece la enorme riqueza de la fraseología simbólica y figurada:

1. 'VALENTIA'

Según Corominas, el concepto de valentía está presente en la misma formación de la palabra *corazón:* «El vocablo COR recibió los dos sufijos aumentativos -ACEUM y -ONEM, por efecto del concepto medieval del corazón como sede de la valentía; recuérdese la

frecuencia de locuciones como *un gran corazón, una corazonada,*
y análogas» (y menciona *PMC,* vv. 718, 2508, 1655). El *courage* inglés
y francés y el *coraje* español (tomado del francés) proceden de
*COR-ATICU. La noción de 'valentía' siguió creando frases en el
español antiguo:

> creçem el coraçon   por que estades delant (*PMC,* 1655)
>
> Yual con la edat el coraçon creciendo (*Alex.,* 12c; también 2411b)

Y en sentido algo más amplio:

> valas conortando   e metiendo coraçon (*PMC,* 2804; también
>   *Rodrigo,* 1072; *PFG,* 414d; *Alex.,* 930d)
>
> Si esclargiez voz talenz e voz coers! (*CR,* 3628)

De ahí que el corazón figure en muchas frases adverbiales y adjetivales:

> ivan los ferir   de fuertes coraçones (*PMC,* 718)
>
> omne de grand esfuerço e de grand coraçon (*PFG,* 34d)

2. 'LEALTAD'

> et yo darte e de lo mio lo que ouieres mester con que puedas
> allanar et auer los coraçones de los tuyos (*PCG, Sancho II,*
> 515.a.10)

3. 'SEDE DEL INTELECTO'

Se podrían documentar abundantemente, en verso y en prosa,
en español tanto como en latín medieval de la Península, las frases en las que *corazón* o *cuer* significa esto. Sin hacer catálogo de
ejemplos, podemos precisar que el corazón representaba: *a*) la sede
del pensamiento más íntimo; *b*) los propios pensamientos íntimos;
c) la opinión (*querie de cada unos saber sus coraçones, PFG,* 302d);
d) la voluntad o intención (*haver por coraçon* en *PMC,* 431, 1496);
e) el esfuerzo; *f*) la atención; *g*) la memoria; *h*) la conciencia; *i*) el
presentimiento (*En la carrera do iva doliol el coraçon* en *PMC,* 2767;
también *Sac.,* 177d; *Apol.,* 647c; *SME,* 314b; *José,* B.245a).

4. 'SEDE DE LAS EMOCIONES'

Lo mismo, en cuanto a abundancia y variedad, se puede decir bajo este epígrafe. De los ejemplos medievales, muchos perduran en el uso moderno más o menos sin alterar. Nuestros textos no son en general lo suficientemente líricos para incluir el simbolismo del corazón como sede del amor, siendo éste su principal connotación actual, aunque el *PMC* y otros textos se acercan a esto con la bella frase *las telas del coraçon* (que sigue en uso en el español moderno; se dice en inglés *heartstrings* y en francés *les fibres du coeur*). Un análisis completo podría partir de los vv. 1266, 1660, 2740, 2916, 3031 del *PMC*.

5. FRASES ADVERBIALES

a) DE CORAZON, DE/POR CUER

Esta frase se usaba con una amplia gama de verbos, sirviendo para intensificar la emoción expresada. Tenía una aplicación muy general y estaba quizás en vías de convertirse en un adverbio común, como *heartily* en inglés, pero cayó en desuso a fines de la Edad Media, sufriendo la misma suerte que gran parte de la fraseología física. No son frecuentes los equivalentes franceses y latinos.

Habrá comenzado a usarse *de corazón* con varios verbos de emoción, acompañándose la palabra con un ademán hacia el corazón[43]. Se usaba mucho con el verbo *plazer* (*PMC*, 1355, y 9 casos más; también en los poemas de clerecía, y muy frecuente en la *PCG*), con *pagarse*, con *pesar* y *doler*, etc. Con poca frecuencia se encuentra en la épica francesa, p. ej., Aïol, 1636 *(souspirer del cuer)*. Dos veces en el *PMC* se varía mediante *por cuer*, desconocido en otros textos. La expresión del dolor en los textos latinos fuera de España se intensifica a menudo con una referencia al corazón: *gemitu cordis, non absque magno cordis gemitu*, etc. *Amar/querer* se ven reforzados de vez en cuando mediante una referencia al corazón, pero con me-

---

[43] En nuestros días el ademán acompaña las declaraciones de inocencia, de fe, y desde luego de amor. Apunta Chassan (p. 265) que en sus tiempos —1847— los sacerdotes al prestar declaración ante un tribunal no alzaban la mano derecha al tomar el juramento (como hacen los seglares), sino que ponían la mano derecha sobre el corazón. Hacía el mismo ademán el presidente del jurado al decir que dictaba el veredicto *sur son honneur et sur sa conscience*.

18

nos frecuencia de la que esperaría nuestra mentalidad moderna
(*PMC*, 2018, 2058).

Este uso, con verbos de emoción, de emociones que tenían su
sede en el corazón, es sin duda el primitivo y básico. Pero muy pronto la frase parece haber perdido su connotación física y haberse
aplicado a otros muchos contextos, en los que su significado se debilitó hasta tal punto que era intercambiable con las frases no físicas,
de voluntad, de grado, etc. [44]. Pero perdura cierto contenido emocional
al usarse *de corazón* con los verbos *rogar* (*PMC*, 2201, 3497, que
glosa Menéndez Pidal 'con empeño'), *pedir, gradecer, perdonar* (*PCG*,
Cid, 594.a.37), *repentir* y *servir* (*PMC*, 2521, que glosa Pidal 'con esmero' pero que quizá valga 'con entusiasmo' o 'lealmente'; también
SO, 61d; *Apol.*, 241cd). Berceo y otros poetas de clerecía elaboran el
sencillo *de corazón*, especialmente cuando la frase acompaña el verbo
rogar, diciendo *de firme coraçon, de todo coraçon, de coraçon complido*, etc.

En una fase ulterior de esta debilitación semántica, se emplea
de corazón con verbos que expresan un movimiento o acto, con
resultado poco lógico: con *abrazar* (*SIL*, 26; *Romances*, 24), *escuchar*
(*SM*, 307a), *llorar* (*PMC*, 2632; véase la nota 26) y *verter* (*Duelo*, 4b;
SME, 315b); *reír* (*PCG*, *Infantes de Lara*, 433.b.27), *sonrisar* (*PMC*,
3184); compárese con la poca lógica de

> Y sonrriose el rrey dentro en su corazon (*José*, B.264a)

> Li prestres de mal couer sorrist (citado por Littré, s.v. *coeur*)

Aparece también *de corazón* con *ferir* y *lidiar* (*Alex.*, 1003b; *PCG*,
439.a.8 y 439.a.32); *adobar* (*PMC*, 1675, que glosa Menéndez Pidal
'con esmero', pero mejor 'con entusiasmo'); *guardar* (*José*, B.73b).
En la fase final se usa *de corazón* con el simple *hacer* (*PCG*, *Sancho II*, 500.a.31). Otro indicio de la debilitación de la frase nos lo
da su aparición frecuente en varios hemistiquios adverbiales que
sirven de relleno o de fórmulas totalmente vacías. Estas frases «do-

---

[44] *De voluntad*, *PMC*, 1418, 1447, 1487, con *hacer*; se observa exacta equiva-
lencia con *de corazón* en el v. 3052 del *PMC*, donde se usa la frase con *plazer*.
Las variantes, que obedecen a las necesidades métricas, son *de buena voluntad*
(*PMC*, 1282, 1698, 2882; *Apol.*, 141d, etc.); *de toda voluntad* (*PMC*, 299, 362; *Apol.*,
128d, etc.). *De grado*, de igual significado, se usa con *hacer* en el *PMC*, 819,
2227, y con *plazer* frecuentemente en el *Rodrigo* (p. ej., 128, 164), también en
Berceo. Estas frases adverbiales con *voluntad* pueden derivarse del uso frecuente de la palabra en las primeras fórmulas de los diplomas, donde el donante
dice que hace su donativo libremente: *mea spontanea voluntate*, etc. Del mismo modo *entre mi cuer* tiene variante *entre mi voluntat* (*Milg.*, 665b), y *de buen
corazón* puede decirse *de buen taliento* (*Milg.*, 299b).

bladas» son una parte de la mecánica de la narración épica, y no se encuentran en los poemas de clerecía ni en las crónicas. La más abundante es *d'alma e de coraçon (PMC*, 1923, y 11 casos más), que representa una ayuda a la composición de las numerosas tiradas asonantadas en *-ó*. Menos frecuentes son *de coraçon e de alma (PMC*, 2395), *de cuer e de veluntad (PMC*, 226), *de corazón y de grado (Romances*, 147); y en francés *par coer e par amor (CR*, 1446) [45].

b) OTRAS FRASES ADVERBIALES CON «CORAZON»

Con los verbos de creer y prometer se usaba bastante *con todo mi corazón*, eco sin duda de *quod corde credimus* del Credo; tiene equivalentes en los idiomas modernos. Está también en los textos legales y en latín:

> E yo creo todo quanto prometi ... e creolo con todo mio corazon (*F. Juzgo*, XII, 3, xiv; p. 195)

> offerimus et concedimus ex todo corde et tota voluntate (*Cart. S. Millán;* doc. de 943, p. 39)

> Imperator non erat adjuvatus ex toto corde de Comite Petro de Lara (*CAI*, 89)

A veces se decía *de un corazón* para expresar 'con unanimidad, al unísono' (aquí *corazón* = 'voluntad, intención'; compárese *decir de una boca*):

> mas valen cient caveros todos d'un cuer iguales (*PFG*, 308c; también 252d, 368c)

> Asi que, mientre que formos todos de un corazon, et de una veluntat, et de una fe (*F. Juzgo*, I, 1, viii; p. 8)

Apuntamos por fin la frase *de cuer*, empleada con los verbos *aprender*, *saber*. Es muy poco frecuente en español (*Alex.*, 38c y 1637a) y quizá nunca llegó a establecerse, pues la frase moderna es *apren-*

---

[45] Hay frases correspondientes de forma doble pero sin palabras físicas: *de voluntad e de grado (PMC*, 149, 1005, 1056), *d'amor e de voluntad (PMC*, 1139, 1692), *d'amor e de grado (PMC*, 2234). Estas existen también en francés (*volentiers et de gré*) y en latín (*bono animo et bona voluntate*). A los notarios sobre todo les gustaba esta retórica: *grato animo et uoluntate spontanea* (*Cart. Eslonza*, doc. de 1142), *totis viribus et spontaneis votis* (*Chartes de Silos*, doc. de 1167, p. 15).

der de memoria, no física (pero física todavía en francés, *par coeur,* y en inglés, *by heart).*

PAN

El pan no tiene que ver con el cuerpo, pero merece incluirse porque dio lugar a un rico simbolismo del mismo interés lingüístico que las frases que acabamos de analizar; esto es, el pan es una cosa universal, visible y tangible que puede servir de punto de referencia al expresar buen número de conceptos difíciles y abstractos. Este simbolismo es muy antiguo. Como es sabido, la familia de *compañero, compañía,* etc., se remonta al *CUM-PAN-IO, *COMPANIONEM del latín vulgar, calco del *gahlaiba* gótico (*gileip* en alto alemán). Siendo *ga* la partícula que corresponde a *cum* del latín, y *hlaiba* lo mismo que *loaf,* 'pan' en inglés, el compañero de armas es literalmente la persona con quien uno comparte su pan. En las lenguas germánicas son bastante frecuentes tales formaciones; otra, importante, es *Geselle,* en su origen 'compañero de cuarto' *(Sal, Saal)* [46], que ha dejado familia numerosa en las lenguas modernas.

Gran parte del simbolismo medieval del pan tiene que ver no con la igualdad del compañerismo, sino con la dependencia y la subordinación. Como frase aislada aparece en el *PMC*

> Tornados son a mio Çid   los que comien so pan (1682)

esto es, 'sus vasallos' [47]. Esta frase trae su origen del feudalismo primitivo, cuando proveía el señor en su propia sala o palacio la comida (con otras muchas cosas) de sus vasallos; y la frase perduraba en el período tardío del feudalismo, y en Castilla —que nunca conoció el feudalismo verdadero— debido a que expresaba sucinta-

[46] Tomo aquí muchos detalles de M. Antoine Thomas, «L'Etymologie du mot français *compagnon*», Académie des Inscriptions et Belles-Lettres, *Comptes Rendus des Séances de l'année 1931*, pp. 79-86.

[47] Se varían bastante en el *PMC* las maneras de designar a los vasallos y el vasallaje, en parte sin duda para evitar la monotonía, en parte para buscar expresión concreta de la obligación feudal. En general los vasallos se llaman así, también *sus omes, los suyos,* una vez *los de criazon* (2707), una vez *todos los otros que van o so çervicio* (69b). Aparece la referencia concreta a la *soldada* (1126), conocida en otros textos: *SIL*, 370 y 479; *Romances,* 71; *PCG,* 437.b.24; *HR,* 932.5. En la novela *Red Gauntlet,* de Scott, se describe a un personaje como *A traitor to the man whose bread you eat.* El Duque de Wellington, a quien se rogaba que encabezase un gobierno hostil al Rey (1830), se negó alegando que *I have ate of the King's salt.*

mente en términos concretos una relación compleja y abstracta. El
verso del *PMC* queda aislado, pero *comer el pan de uno* era frase
bien establecida. A los textos legales citados por Pidal *(Vocabulario,*
784₂₂; *Romancero hispánico,* 1953, I, p. 243) podemos agregar:

> con jura de su dueyno o de ome de su pan (*F. Viguera,* 435, p. 81)

> et ome de la vila non de casa por otro si non por el qui su pan
> comiere, o su mandado ficiere (principios del s. XII; Muñoz, p. 439)

> dominus domus iuret pro se et pro hominibus qui panem suum
> comedunt, sicut forum est (*F. Cuenca,* VI, 11; p. 214b)

> Quicquid mancipium in expedicione, aut in exercitu, aut in ape-
> llitu, lucratus fuerit, totum domini sui est, cuius panem comedit
> et preceptis obtemperat (*F. Cuenca,* XXXIII, 9; p. 706b)

La frase vernácula es casi ajena a los poetas de clerecía (se ha
notado únicamente *SD,* 158b, que se refiere a un sacerdote y su
grey), pero la adoptaron los poetas de romances e hicieron uso muy
variado de ella:

> Cuatrocientos sois, los míos   los que coméis el mi pan (13)

> lleguéis vuestros caballeros   los que coméis vuestro pan (164)

> yo no soy vuestro criado   nunca comí vuestro pan (165)

> mas si hay aquí alguno   que haya comido mi pan (191)

> sesenta mil caballeros   todos comen vuestro pan (Apéndice, 1)

Proceden éstos de romances tradicionales, juglarescos, y eruditos
del siglo XVI. Como extensión de este concepto, o bien como retorno
al concepto del mundo clásico *(companionem),* pero sin antecede-
te ni apoyo en ningún texto francés, nos encontramos con que en
los romances carolingios se expresa el compañerismo e igualdad de
los Doce Pares mediante *que a una mesa comen pan.* Se ha conta-
minado la materia carolingia con la Mesa Redonda de la leyenda del
Rey Artús:

> quedaréis encomendada   a Oliveros y a Roldane,
> al emperador, y a los doce   que a una mesa comen pan (164,
> juglaresco)

La frase *comer el pan de uno* perduró mucho más allá de la relación feudal del medioevo. Está presente en varios textos del Siglo

de Oro (p. ej., en *Celestina*, XII) y se escucha en boca de un aldeano
en *La dama del alba* de Casona.

También forma parte de un sistema de referencias más amplio.
Los vasallos, criados o secuaces de un señor son sus *paniaguados*,
deformación más reciente del participio de PANIFICARE del latín
tardío (Corominas, s.v. *pan*). Se usa esto en un romance tradicional
sobre el Cid:

> con tal que no fuesen primos   ni menos fuesen hermanos,
> ni de las tiendas del Cid   ni de sus paniaguados (41)

pero se menciona con anterioridad en un texto legal:

> e subir el, o alguno de sus fijos, o de sus paniaguados a coger
> fruta de cualquier arbol (*F. Viejo*, II, 1, iv; p. 56)

y Corominas trae referencias a *apaniguado* en portugués del siglo XII.

Ganar el pan, con equivalentes en las lenguas modernas [48], es frase expresiva que vale 'ganarse la vida, mantenerse'. El verso

> ¡afarto veran por los ojos   commo se gana el pan! (*PMC*, 1643)

podría glosarse 'ahora verán cómo es la vida de verdad'. Se aceptaba por un texto jurídico a lo menos *(F. Viejo*, I, 4, ii; p. 14).

Tan esencial como alimento es el pan que lo que sería en la
lengua moderna *comer* sólo, se expresaba antes como *comer pan*
(p. ej., *Romances*, 186). De ahí se daba un corto paso figurado para
llegar a decir *comer pan* para significar 'vivir, ser vivo':

> Yo mesquino fediondo qe fiedo más qe can,
> can qe yace podrido, non el qe come pan (*Milg.*, 807ab)

> digote yo verdat, amigo Vusarban,
> si non te do España non coma yo más pan (*PFG*, 44bc)

> y de los grandes señores   que en Francia comen pan
> (*Romances*, 164)

> Meindre vasal(s) de toi ne puet de pain mangier (*Aïol*, 6813)

---

[48] P. ej., *to earn one's daily bread, gagner son pain*. Un *gagne-pain* es a la
vez 'fuente de ingresos' y 'el que gana dinero, sostén (de una familia)', como
el *breadwinner* inglés. El *ganapán* español ha tomado varios rumbos peyora-
tivos. Muchas de estas frases remontan sin duda a la simbolización del pan
en el Padre Nuestro como 'sustento espiritual, la misma vida'.

Aunque hay algo especialmente hispánico en este rico simbolismo
del pan, sería erróneo hacer creer que haya poco en otros idiomas.
De este simbolismo traen su origen en inglés *lord* y *lady*, por ejemplo[49]. Las frases figuradas con mención del pan no son frecuentes
en el antiguo francés, a lo menos de carácter literario, pero hay más
en los textos legales. Dice Littré que la frase *il a mangé le pain
du roi* significaba en ciertos casos que un hombre había sido sol-
dado, en otros que había estado en la cárcel. En un texto del siglo XIII
encuentra Littré un equivalente de *comer el pan de uno:*

> Uns huem, fait lur li reis, qui a mun pain mangié (*Th. le Mart.*
> 134)

De un diploma de 1269 (con versión latina de 1270) cita Du Cange:

> Les sergens seculers qui seroient au pain et sel (qui erunt ad
> panem et ad sal) de Pontegni

y agrega otras frases:

> *Esse ad panem et vinum* dicitur domesticus, qui est e familia
> alicujus, qui ex pane domini victitat...; *Esse in pane,* seu *ad
> panem* patris, *estre en pain,* dicitur filius, qui est in potestate
> patris ... Ita emancipatio appellatur *mise hors de pain.*

El mismo concepto básico, pero con términos menos concretos,
determinó el uso de los verbos *nutrire* (y derivados) y *criar* para
simbolizar el lazo feudal y otros tipos de dependencia: el señor 'da
de comer' a sus vasallos. Los derivados de *nutrire* no son frecuentes
en los textos vernáculos de España (*nodrir* — *SD*, 59d; *SL*, 3c; *Apol.*,
365a — ; *nodrido*, sustantivo — *Apol.*, 632b — ; *nodricion* — *SM*, 21c — ;
nodresçer, 'criar' — *San Ildefonso*, 323b — ; y *nudrir* con un significado
curioso, intransitivo, 'mejorar en sabiduría' — *San Ildefonso*, 234b). —
El *nutrire* latino es más frecuente (p. ej., *HR*, 920.13, 921.6), y se emplea
nourrir en muchos textos franceses, incluso épicos (p. ej., *CR*, 1860,
2380, 3374). Sobre *criar* y *criazón,* véase Menéndez Pidal, *Vocabulario.*
En esta misma categoría figura la frase que describe cómo los reclutas se unen a las fuerzas del Cid:

> Plogo a mio Çid   por que creçio en la yantar (*PMC*, 304)

---

49 «Le pain avait d'ailleurs chez les anciens Germains une importance par-
ticulière: les mots *lord* et *lady* de l'anglais moderne remontent à *hlaf-weard*
'gardien du pain', et *hlóef-dize,* 'qui pétrit le pain'.» (A. Thomas.)

Es una frase realista y figurada a la vez, que nos comunica una impresión de las dificultades de hacer campaña en las arideces de Soria-Guadalajara, así como la responsabilidad del Cid como señor de los que se unían a su bando.

ALGUNAS CONCLUSIONES

1. Conviene comenzar repitiendo que con respecto a la fraseología física, no se pretende que el antiguo español fuera totalmente excepcional [50]. El uso de las partes del cuerpo como referencias simbólicas y figuradas es universal en el tiempo y en el espacio [51], según queda demostrado por las citas. Pero sí parece que se ilustran en los textos del antiguo español unos hábitos lingüísticos que representan todavía una fase primitiva del idioma, fase que perduraba quizá porque los hablantes eran conservadores, o bien porque en tiempos de pobreza, de guerra endémica, la cultura y la capacidad de leer y escribir seguían necesariamente en un nivel bajo. Esta fase parece haberse terminado en la cultura francesa antes de que la registren los textos literarios; bajo muchos aspectos, la *Chanson de Roland* es un producto muy avanzado en comparación con el *Poema de mio Cid*. En el *PMC* y, en grado menor, en los fragmentos épicos se usa esta fraseología física de una manera notablemente expresiva y poética; en parte porque ella pertenecía al habla de la época, en parte porque el autor la escogía cuidadosamente con el propósito de mejorar la representación (esto es, tomando como base del simbolismo el cuerpo del juglar-actor y explotando la potencialidad de la mímica). Al tomar como punto de partida para nuestras secciones la épica, hemos seguido un orden no sólo cronológico, sino también natural. No sabremos nunca lo que precediera al *PMC;* lo que vino después se nos aparece como imitaciones pálidas y como decaimiento. Al paso de los avances de la cultura, disminuía sin

[50] Sin embargo, existe la tentación de pretenderlo así. Dice Américo Castro, con buenas razones dentro de su teoría general, que «Ser persona para el castellano significaba estar muy atento a la presente realidad del individuo —su cuerpo, su aspecto, sus gestos— y a la trascendencia social de sus cualidades morales... La [educación] del castellano consistió en vivir como persona y en personalizar la vida en torno. No le interesaron mucho, por consiguiente, ni las abstracciones ni los símbolos, según descubre el más superficial cotejo del Cid del *Poema* con el Roldán de la *Chanson*» (*España en su historia*, Buenos Aires, 1948, p. 238).
[51] Apunta Chassan (p. ix) la facilidad con que se llama por las partes del cuerpo los accidentes geográficos y los fenómenos naturales: «On dit, dans tous les idiomes, le *bras* d'un fleuve, le *sein* de la mer, les *entrailles* de la terre, la *chair* d'un fruit, le *sifflement* du vent, le *murmure* de l'onde.»

duda la necesidad de las referencias físicas, de los ademanes que ayudaban a la comunicación. Gran parte de nuestra fraseología física cayó en desuso en el siglo XIV, para ser resucitada artificialmente, como serie de clichés, en los romances juglarescos y eruditos de los siglos XV y XVI. Si algún día aparecen textos posteriores del *PMC*, es de suponer que demostrarán que la épica decayó no sólo en tensión dramática (como en las versiones débiles de los episodios de Corpes y de la corte que nos ofrece la *PGC*, y como en las versiones de la *CR* que siguieron la de Oxford), sino también en el estilo.

Si consideramos los textos del antiguo español en su totalidad, o bien el *PMC* solo, podemos reconstruir un sistema extraordinariamente completo de referencias físicas. Las partes importantes del cuerpo que son visibles, y una que no lo es —el corazón— sirven en este sistema como puntos de referencia a los que se asignan claros valores simbólicos. Las funciones principales de estas partes son subrayadas físicamente mediante la mención adicional —para nosotros, tautológica— del órgano visible: *decir de la boca*, etc. Como consecuencia de esto, son posibles nuevas formaciones verbales: *prender en brazos*, *aver a ojo*, *besar la mano que*; y se estimula la formación de nuevos modos adverbiales, como *de corazón*, cuando el movimiento de la mano refuerza la palabra.

2. Este sistema de referencias figuradas y de insistencia en el detalle físico tiene, en el *PMC*, su paralelo en otro sistema de referencias enteramente literales por el que se describen para el público los movimientos de los personajes; y no es que sólo se describan narrativamente, sino que también, cabe suponer, se representan activamente mediante los ademanes y las posturas del juglar. Hasta qué grado se explayaba el juglar-actor en esto es tema de especulación. Algunos de los movimientos que se describen son parte esencial de la narración, actos secuenciales naturales y necesarios. Por ejemplo, en la batalla o en la justa un caballero rompe la lanza, es desarzonado y comienza a luchar de pie con la espada:

> El dexo la lança e al espada mano metio (*PMC*, 3642; también 500, 746, 1722, 2387, 3648; el espada en la mano, 756, 790, 1745; y *SIL*, 230)

En estos casos es probable que se hiciera un ademán para acompañar la palabra. Sería fácil, y en realidad casi se impone, como un hombre moderno al describir un golpe en el boxeo apenas puede de-

jar las manos tranquilas en los bolsillos. Igual se puede decir de la
frase

>   por el cobdo ayuso   la sangre destellando (*PMC*, 781; también
>   762, 1724, 2453)

que es cliché, pero cliché vivo, que obliga al juglar a elevar la mano
y blandir una espada imaginaria. En otros casos podemos estar totalmente seguros de que se precisaba un ademán, pues éste se menciona casi superfluamente; tales versos son acotaciones que se han
incorporado al texto. Ocurren a menudo cuando la narración va a
ceder el paso al discurso directo, anunciando el cambio y sirviendo
de apunte al juglar. Los movimientos de la mano se indican mediante *alzar la mano*, como preludio al santiguarse (*PMC*, 216, 1340, 3508)
o a la oración (*PMC*, 1616) o a la declaración solemne por el héroe
(*PMC*, 2476, 2829, 3185). La frase también aumenta el vigor de las
descripciones de batallas (p. ej., *PMC*, 2421). Para señalar el cambio
del personaje que habla en la corte, se dice *levantarse en pie* (*PMC*,
3213, 3270, 3292, 3361). En varios pasajes se pide toda una serie de
movimientos:

>   Enclino las manos   [el de] la barba velida,
>   a las sus fijas   en braço' las prendia,
>   legolas al coraçon   ca mucho las queria (*PMC*, 274-6)

Se podrían citar otros muchos ejemplos. Todos han de considerarse
como partes del mecanismo de la narración. Se usaba la misma técnica, pero con menos constancia, en los fragmentos épicos (p. ej., en
el *Rodrigo*, muchos movimientos de la mano, y *levantarse en pie*,
70, 533, 560); en los romances, que en su forma definitiva no eran
representados por un juglar de pie ante un auditorio, el sistema
ha decaído, y se dice *alzar la mano* en general como preludio a un
golpe (p. ej., 53, 121, 176, 195). En francés las frases son distintas,
pero tenían el mismo propósito que en el *PMC*, con interés adicional en un caso: cuando un hombre ruega a Dios su actitud —*jointes
ses mains*— es la misma que adopta al dirigirse a su señor feudal
(p. ej., *CR*, 2015; *Raoul*, 8443); el ejemplo más importante es la
postura de Roldán moribundo (*CR*, 2391-2) [52]. Pero el verdadero equivalente francés de *alzar la mano* como preludio a la oración es

---

[52] Véase M. Roques, «L'Attitude du héros mourant dans la *CR*», *Romania*,
LXVI (1940), pp. 355-366, y E. J. Ward, «A Study of Hands and their Association
with Prayerful Attitudes as seen in the *CR*», *RoN*, XII (1970-1971), pp. 435-442.

tendre les mains (*vers Deu*, etc.), como en *CR*, 137, etc. Se alza la mano como en español antes de santiguarse un hombre o de dar una bendición (p. ej., *CR*, 2194, 2848). El cliché francés que corresponde a *una grand ora callo e comidio* es

> Li empereres en tint sun chef enclin (*CR*, 139; también 2391, 3504)

y al disponerse un personaje a hablar en una asamblea, encontramos de vez en cuando *se drecer en piez* (p. ej., *CR*, 195).

El hábito de describir los movimientos corporales, y de emplear el movimiento como preludio al discurso directo, a oraciones, etc., persiste en los textos que es dudoso si se dedicaban a la representación oral —poemas de clerecía— y en otros que se creaban para la lectura privada, como crónicas y obras en latín. En estos casos podemos decir que su presencia era necesaria para los lectores que querían imaginarse visualmente los actos, del mismo modo que los notarios continuaban la ficción de representar visualmente los actos asociados con los tratos en propiedad. Aquí y allá habrá influido también la épica. En los poemas de clerecía, donde naturalmente son frecuentes las oraciones, se usa mucho la introducción física *alzar la mano* (en Berceo, mucho; *Alex.*, 426c, 2433c; *LBA*, 86a; *San Ildefonso*, 329b; *SME*, 316a), igualmente en los textos latinos (*HR*, 963.31; *CAI*, 120). Hasta hay indicio de una frase verbal que corresponde a *dar la mano que:*

> A ti alço mis manos e muestro mi cuidado,
> Que me libres, Sennor, non pase tan cuytado (*Rimado*, 720ab)

La *PCG* en general no quita estas frases de su prosificación, según cabría esperar; hasta añade detalles de este tipo en lugares donde no los había en el original. En la escena de la corte el Cid, después de recibir sus dos espadas de los Infantes y de entregarlas a sus caballeros, se dice sencillamente en el poema que se vuelve a levantar cuando reanuda sus acusaciones (*PMC*, 3199); pero la *PCG* aquí agrega:

> Desi el Cid puso la mano por la barba (618.b.6)

Otras muchas menciones literales de las partes del cuerpo —*mano, ojo, barba*, etc.— bien pueden haberse acompañado con ademanes; pero no insistimos en esto porque, a diferencia de las frases analizadas, no tienen el uso regular ni la forma fija que caracteriza las otras como elementos esenciales de la técnica narrativa [53].

3. Hemos dado casi por sentado que estas frases físicas representan una fase algo primitiva en la evolución lingüística. Tal era la conclusión de Chassan. Ninguna de estas frases está presente en el latín del período más arcaico; tampoco, salvo rara excepción (*manus, cor*), encontramos allí los valores simbólicos de las partes del cuerpo. El latín clásico era demasiado culto y abstracto para admitir estas cosas, y hasta el latín de los juristas nos ofrece bien poco, aparte algunas frases con *manus*. Como dice Chassan, la fraseología física del romance temprano es un producto del nuevo barbarismo de los siglos oscuros, y por la mayor parte esta fraseología y este simbolismo son nuevas creaciones romances. En unos pocos casos solamente —*le cors Rollant, *companionem*— podemos atribuir a hábitos lingüísticos germánicos estas nuevas formaciones; para los demás, podemos quizá postular una continuación de hábitos mentales germánicos, y ese gusto por las referencias físicas, visuales y concretas que tan típico es de las sociedades primitivas.

Es evidente, dada la naturaleza de la épica, que esta fraseología formaba parte del habla de todos, y que no fue creación especial del juglar épico. Era imprescindible que el discurso del juglar se comprendiese al instante, quedando por tanto excluidas la retórica difícil y la originalidad lingüística. Sin embargo, es probable que algunas frases tuviesen una acogida especial en la épica debido a su contenido emocional, y más, a su comodidad métrica: así adoptaron los poetas épicos *llorar de los ojos* como cliché de primer hemistiquio y le dieron cierto tono literario. Hasta el uso de *barba* para formar epítetos literarios puede haber tenido antecedentes en el habla común [54]. El poeta puede haber deformado la pauta de la fraseología física, concentrándola en sus versos; como cualquier poeta, éste escogía frases con fuerza emocional y dramática, pero a diferencia de otros poetas, éste necesitaba frases que permitiesen la mímica y diesen claras sugerencias visuales.

Como queda apuntado, muchas de estas frases caían en el desuso

---

[53] T. R. HART, «Hierarchical Patterns in the *CMC*», *RR*, LIII (1962), pp. 161-173, se ocupa de la manera en que la precisa mención de los ademanes y ceremonias es «One more reflection of the concern for order which underlies the *Cantar*, as it underlies the whole medieval view of the world and man's place in it». Esto es justo, y complementa lo que hemos dicho acerca de la función estilística y dramática de los ademanes.

[54] Por ejemplo, el nombre de *Barbarossa*, y un diploma de 1023 (Du Cange, s.v. *barba*) en el que se describe al Conde Baudoin IV como *honesta barba*.

en el siglo xiv. Algunas, como *besar la mano que*, representan una fase temprana y apenas se registran después del *PMC*. Su desaparición puede haberse debido a la evolución de las costumbres sociales en que se basaban, o bien a la incomodidad gramatical (esto es, tales verbos no pueden usarse en voz pasiva). Se perdió en parte el simbolismo de pan y mano al acabarse el feudalismo. Las frases del tipo *decir de la boca* llegaron con el tiempo a considerarse como tautologías imperdonables. La educación, la familiaridad con las abstracciones (taquigrafía mental) y la enorme influencia del latín culto han desterrado las demás.

4. Los textos del antiguo español han tenido valor desigual para nuestras finalidades. El *PMC* sobresale como creación literaria y nos muestra con pleno vigor el sistema de referencias físicas, mientras los fragmentos épicos atestiguan el decaimiento. Tiene el *PMC* un sentido muy excepcional de las distinciones sociales, de la etiqueta y del ritual, y sobre todo de los detalles legales, sentido que determina su riquísimo contenido lingüístico en parte no registrado en otros textos. Los romances nos decepcionan si nos acercamos a ellos con esperanzas de encontrar una continuación del lenguaje épico de este tipo; causando esto una paradoja que es imposible resolver dentro de la teoría general de los orígenes del romance. En los romances viejos —fragmentos épicos, se dice— hay poca fraseología física, y pocos clichés épicos. Es a todas luces alarmante la escasez de esta fraseología en los romances sobre el Cid, Bernardo del Carpio, Fernán González, los Siete Infantes y Sancho II: no encontramos *comer el pan de uno*, aparece *llorar de los ojos* una vez solamente en un romance juglaresco tardío sobre el Cid, y así sucesivamente. Hay muy pocas frases en los demás romances históricos y en los fronterizos; muy poco hay que notar en los romances sobre el Rey Rodrigo. Pero en los romances carolingios y en los novelescos o caballerescos, de la segunda mitad del siglo xv y principios del xvi, vuelven a la vida como clichés consagrados varias de las frases físicas. Sus autores eran conscientes, quizá, de que las frases formaban parte de una *fabla* antigua (aunque la verdadera *fabla* o *maguerismo* pertenece a la segunda mitad del xvi) y de que daban sabor arcaico a sus obras; pero resulta difícil decir dónde las aprendieron, cuando los romances viejos casi carecían de ellas y los textos épicos eran desconocidos. Los poetas tardíos de romances es cierto que no tomaron nuevamente su fraseología física de Francia, aun cuando tomaban de Francia sus materiales; *pleurer des oilz* es poco frecuente en los textos franceses tardíos, y *mangier le pain de quel-*

qu'un no existía en los textos literarios (estos dos son los clichés principales de los romances carolingios).

Una comparación de los textos épicos con los de clerecía refuerza la opinión de que los primeros poetas de clerecía aprendieron muchas cosas en la épica. Berceo, hacia 1220, no podía sino emplear el lenguaje establecido de la épica, adaptando gran parte de su fraseología física a los contextos religiosos. En su obra nos muestra muchas frases no registradas en la épica, dando indicios o de la persistencia de los hábitos mentales presentes en la creación de la épica, o de cierta inventiva. El autor del *Fernán González* procedió en el estilo como con su material, esto es, tomando por partes iguales del mundo épico-seglar y del mundo de la narración devota. El *Alexandre* tiene una rica vena de referencias físicas y da muestras constantes de haberse dejado influir por aquella *jogleria* que se condena en la estrofa 2 del poema. El *Apolonio* es más independiente y parece ser una obra más libresca. Cuando nos enfrentamos con Juan Ruiz, las fuentes del material y del lenguaje se han ensanchado tanto que ha desaparecido gran parte de la fraseología primitiva, y ésta tiene muy reducido papel en el *Rimado*.

Al considerar las crónicas, sorprende al principio que la *PCG* haya conservado tantos elementos de la fraseología física de la épica, incluso lo que hemos llamado acotaciones del juglar-actor. Esto se hace más comprensible si pensamos que las prosificaciones épicas forman la misma médula de la crónica, y que el equipo alfonsí, al comenzar la creación de la prosa literaria castellana, entraba en un territorio sin mapas hasta ese momento. Este equipo dependía en gran medida del único gran cuerpo de literatura vernácula existente: la épica. Los cronistas con buen tino se dejaban guiar por los poetas que sí sabían narrar, siguiéndoles tan de cerca que dejaban en su prosa los ritmos y asonancias épicas. Hasta en la prosa histórica, sabían los cronistas que a sus lectores les gustaría poder representarse visualmente los movimientos, actos y proezas, y poder sentirse las emociones mediante las frases vigorosas de la épica. Otro factor es que Alfonso era un hombre meticuloso que respetaba sus fuentes; había pasado su vida en la ceremonia de la corte, la etiqueta de saludarse y despedirse, discusiones de las leyes, y respetaba la mención exacta de todo esto que hace el *PMC*. A veces corregía y completaba la fraseología física de la épica. Muy poco se suprimía al prosificar: algún adorno (p. ej., los símiles —poco frecuentes— del *PMC*), los versos de relleno (p. ej., los adverbios dobles, como *de cuer e de veluntad*), los epítetos épicos. También redujo Alfonso el tono emocional y exclamatorio de la épica, p. ej., en la sección adaptada del *PMC*, empleando tres veces *llorar de los ojos*, de las nueve en el poema. Aquí y allá parece que alguna frase del *PMC* ya no seguía siendo inteligible para los lectores de 1289, pues los cronistas conservan (¿respetuosamente?) una frase física, pero añaden una frase abstracta a manera de glosa explicativa:

> et soltaruos e et danuos e de mano que uos uayades (534.a.12)

> pues yo, sennor, dexouos estos tres caualleros en la uuestra mano et en la uuestra acomienda (623.b.33)

Del latín literario de España en el medioevo, podemos afirmar que en varios aspectos se dejaba influir por los hábitos lingüísticos vernáculos. Cuando encontramos fraseología física en la *HR* y *CAI*, puede deberse en parte a esos hábitos y en parte a antecedentes en la Biblia y en las autoridades jurídicas, pues las hay[55]. Las crónicas y poemas escritos antes de 1100 (Sampiro, el **Carmen Mortis Sanctii Regis* reconstruido, la *Vita Sancti Dominici* y el *Carmen Campidoctoris*) nos ofrecen muy poco, y en el siglo XII poco también es lo que se encuentra en la *Historia Silense*, el *Chronicon* de Pelayo y la *Crónica Najerense*, a pesar de la dependencia de esta última de fuentes épicas. En la *HR* y *CAI*, en cambio, tenemos narraciones más vivas, cada una con su héroe y su tono épico, y en estas dos obras se observa cierta cantidad de fraseología física. En el siglo XIII el latín de Lucas de Tuy y Rodrigo de Toledo era bastante bueno para que rechazasen la influencia vernácula, a pesar de usar fuentes épicas. Pero la *HR* tenía a veces dudas sobre la propiedad de una frase épica tomada de la lengua vernácula, y le añadía una buena abstracción latina:

> Omnia eorum spolia et substantia in iure et in manu Roderici remanserunt (926.25)

> rogamus et obsecramus... ut ille tradat te in manus nostras et in potestate nostra (943.1)

Era lógico que los que escribían en latín tuviesen tales dudas, pues en las escuelas se enseñaba que era vicioso el pleonasmo. Ya dijo

---

[55] En su tesis el Dr. G. R. West (véase la nota 30) recalca las influencias bíblicas en este aspecto del estilo medieval, sobre todo del *HR* y *CAI*. Cree que tal es el caso especialmente de la *CAI*; la *HR*, más «legalista», adopta mucha fraseología legal latina. Llega West hasta el punto de rechazar totalmente la influencia en estas obras de los «hábitos lingüísticos vernáculos». Véase el capítulo 4 para muchas citas bíblicas que importan para la formación del estilo épico medieval.

Quintiliano que *ego oculis meis vidi* era pleonasmo, y que bastaba sólo *vidi* [56]. Lo afirmaba Matthieu de Vendôme en su *Ars versificatoria* (IV, 11): «Amplius, cavenda est ut dictionum sententiarumque otiosa positio: ... pleonasmus, unius dictionis, ut apud Virgilium: *Sic ore locuta est*.» Pero la autoridad de la Vulgata —de Virgilio no hablemos— les habrá reasegurado a los escritores del medioevo en asunto de fraseología física.

5. La relación entre el lenguaje de las leyes y el de la épica era estrecha. Buen número de las frases físicas de la épica, sobre todo del *PMC*, se documentan en los diplomas, fueros y códigos. Algunas de ellas tuvieron seguramente allí su origen, pues se crearon en actos simbólicos y ceremonias cuya finalidad era —en tiempos cuando se usaba poco la escritura— la de hacer público y visible una detención, una incautación, un casamiento, un trato en propiedades, un homenaje. En este apartado figuran la mayor parte de las frases con *mano, los ojos de la cara, decir de la boca,* algunas frases del *cuerpo* y la de *pan.* La pauta dada por estas frases puede haber motivado la formación de otras del mismo tipo, *ver de los ojos, llorar de los ojos,* etc. Otras frases se extendieron más allá de su esfera primitiva en la ley, como *los ojos de la cara.* La presencia de algunas frases en los textos legales —*aver a ojo,* frases con *corazón*— no indica un origen legal; en cambio, el uso de frases verdaderamente legales en el *PMC* puede haber señalado su entrada en el dominio literario, y el prestigio del poema las habrá ayudado a establecerse allí. En este respecto, el fuerte carácter legal de la fraseología del *PMC* es indicio de la profesión de su autor (véase el capítulo 1).

6. Es difícil determinar hasta qué punto las frases físicas conservaban su pleno sentido físico, hasta qué punto en la mente del hablante se percibía todavía una referencia activa a una parte del cuerpo y se motivaba un ademán [57]. Muchas de las frases con *mano* se habrán lexicalizado completamente, igual que en latín el hablante se olvidó con el tiempo de que *stipulari* tuviera que ver con pajas o *concordia* con el corazón. En el caso de *dar de mano* hemos podido rastrear una frase desde su origen físico a través de su uso todavía primitivo en el *PMC* hasta significados más remotos en época tardía.

---

[56] Debo estas citas a mi amigo Mr. Peter Such.
[57] El juglar-actor pudo seguir haciendo ademanes para acompañar palabras y frases cuando éstas ya no seguían sugiriéndolos en el uso corriente. Los actores profesionales de hoy hacen en la escena ademanes aceptables mucho más de lo que harían en las mismas situaciones de la vida cotidiana.

El *de corazón* adverbial, empleado al principio con verbos de emoción y con ademán, perdió pronto su sentido físico, y en tiempos del *PMC* podía acompañar otros verbos y hasta aparecer en contexto nada lógico.

Menéndez Pidal y D. McMillan han creído poder separar los usos literales y figurados estudiando la presencia o ausencia, respectivamente, del artículo. Es verdad que *tomar a las manos* es literal, 'coger (un objeto) en las manos', mientras *tomar a manos* es figurado, 'prender (a una persona) con las manos en la masa'. Pero esta distinción no vale en los casos siguientes:

> Ante que a Babilonia a oio la ueamos (*Alex.*, 2305a)
>
> Quando tus enemigos a tus oios los uieres (*Alex.*, 55a)

ni en una serie como la que se ilustra en *PMC*, 1643; *Milg.*, 559c; *PFG*, 253a. Hay otras muchas anomalías de este tipo.

Este estudio de un campo lingüístico limitado sirve para demostrar algún aspecto de la formación de palabras y de la evolución semántica, y del funcionamiento de la mentalidad medieval. Pero más que nada, sirve para iluminar el enorme interés estilístico del *PMC*, no sólo como texto manuscrito e impreso, sino también en la representación pública y viva.

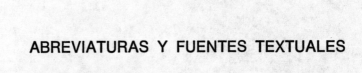
ABREVIATURAS Y FUENTES TEXTUALES

1. REVISTAS Y SERIES

AEM	= *Anuario de Estudios Medievales.*
AHDE	= *Anuario de Historia del Derecho Español.*
ALM	= *Anuario de Letras* (Méjico).
BAE	= *Biblioteca de Autores Españoles.*
BH	= *Bulletin Hispanique.*
BHS	= *Bulletin of Hispanic Studies.*
BRAH	= *Boletín de la Real Academia de Historia.*
BRABLB	= *Boletín de la Real Academia de Buenas Letras de Barcelona.*
CCMe	= *Cahiers de Civilisation Médiévale.*
CHE	= *Cuadernos de Historia de España.*
CL	= *Comparative Literature.*
CN	= *Cultura Neolatina.*
ELH	= *Enciclopedia Lingüística Hispánica.*
MAe	= *Medium Aevum.*
MLR	= *Modern Language Review.*
REH	= *Revista de Estudios Hispánicos.*
RF	= *Romanische Forschungen.*
RFE	= *Revista de Filología Española.*
RFH	= *Revista de Filología Hispánica.*
RH	= *Revue Hispanique.*
RLC	= *Revue de Littérature Comparée.*
RoN	= *Romance Notes.*
RPh	= *Romance Philology.*
RR	= *Romanic Review.*
SMV	= *Studi Mediolatini e Volgari.*
ZRP	= *Zeitschrift für Romanische Philologie.*

2. TEXTOS LITERARIOS ESPAÑOLES

a) VERSO

PMC	= *Poema de mio Cid* (Oxford, 1972; traducción española, Madrid, 1976).

CMC   = *Cantar de mio Cid*, variante del anterior.
Rodrigo   = *Las mocedades de Rodrigo*, ed. de A. D. Deyermond
               en *Epic Poetry and the Clergy: Studies on the
               «Mocedades de Rodrigo»* (Londres, 1969).
SIL   = *Siete Infantes de Lara* (o de *Salas*), ed. de R. Menén-
               dez Pidal en *Reliquias de la poesía épica española*
               (Madrid, 1951), pp. 181-239.
Romances   = *Primavera y flor...*, ed. de M. Menéndez y Pelayo
               en *Antología de poetas líricos castellanos*, vols. VIII
               y IX (Madrid, s.f.).

(OBRAS DE BERCEO)

SM   = *Vida de San Millán*, ed. de B. Dutton (Londres, 1967).
Milg.   = *Milagros de Nuestra Señora*, ed. de B. Dutton (Lon-
               dres, 1971).
Duelo   = *Duelo de la Virgen*, ed. de B. Dutton (Londres, 1975).
Loores   = *Loores de Nuestra Señora*, ed. de B. Dutton (Lon-
               dres, 1975).
Signos   = *Signos del juicio final*, ed. de B. Dutton (Londres,
               1975).
SD   = *Vida de Santo Domingo*, ed. de J. D. Fitzgerald (Pa-
               rís, 1904).
SO   = *Vida de Santa Oria*, ed. de T. A. Perry en *Art and
               Meaning in Berceo's «Vida de Santa Oria»* (New
               Haven & Londres, 1968), pp. 197-218.
Sac.   = *Sacrificio de la misa*, en *BAE*, LVII, pp. 80-90.
SL   = *Martirio de San Lorenzo*, en *BAE*, LVII, pp. 90-93.

PFG   = *Poema de Fernán González*, ed. de R. Menéndez Pi-
               dal en *Reliquias...*, pp. 34-180.
Alex.   = *Libro de Alexandre*, ed. de R. S. Willis (Princeton,
               1934).
Apol.   = *Libro de Apolonio*, ed. de C. C. Marden (Baltimo-
               re & París, 1917).
SME   = *Vida de Santa María Egipcíaca*, ed. de M. Alvar (Ma-
               drid, 1967).
LBA   = Juan Ruiz, *Libro de buen amor*, ed. de J. Corominas
               (Madrid, 1967).
San Ildefonso = *Vida de San Ildefonso*, en *BAE*, LVII, 323-30.
Sem Tob   = Sem Tob de Carrión: *Proverbios Morales*, ed. de
               G. Alvarez (Salamanca, 1970).
LRO   = *Libro de los reyes de Oriente*, en *BAE*, LVII, pp. 319-
               321.

José   = *Poema de José*, ed. de W. W. Johnson (Mississippi, 1974).
Rimado   = P. López de Ayala, *Rimado de Palacio*, en *BAE*, LVII, pp. 425-476.

b) PROSA

CVR   = *Crónica de veinte reyes* (con referencia a los mss.).
PCG   = *Primera Crónica General de España*, ed. de R. Menéndez Pidal y otros, 2 tomos (Madrid, 1955).

Libro de las batallas, ed. A. Galmés de Fuentes (Oviedo, 1967).

3. TEXTOS LATINOS

a) DE ESPAÑA

Silense   = *Historia Silense*, ed. de Dom J. Pérez de Urbel & A. González Ruiz-Zorrilla (Madrid, 1959).
HR   = *Historia Roderici*, ed. de R. Menéndez Pidal en *La España del Cid*, II (5ª edic., Madrid, 1956), 919-969.
CAI   = *Chronica Adefonsi Imperatoris*, ed. de L. Sánchez Belda (Madrid, 1950).
Najerense   = *Crónica Najerense*, ed. de A. Ubieto Arteta (Valencia, 1966).

b) FUERA DE ESPAÑA

PPLMA   = *Poésies populaires latines du Moyen Age*, ed. de E. du Méril (París, 1847).
Pagano   = A. Pagano, *Manuale di Storia della Letteratura Latina nel Medio Evo* (Milán, 1943).
MGH.SS.   = *Monumenta Germaniae Historica, Scriptorum* (Hannover, 1827-).
MGH.AA.   = *Monumenta Germaniae Historica, Auctorum Antiquissimorum* (Berlín, 1879-).

4. EPICA FRANCESA

CR   = *La Chanson de Roland* (versión '0'), ed. de F. Whitehead (Oxford, 1957).
Guillaume   = *La Chanson de Guillaume*, ed. de D. McMillan, S.A.T.F., 2 tomos (París, 1949-1950).

Aïol　　　　= *Aïol, Chanson de Geste,* ed. de J. Normand & G. Rey-
　　　　　　　naud, S.A.T.F. (París, 1877).
Raoul　　　= *Raoul de Cambrai, Chanson de Geste,* ed. de P. Me-
　　　　　　　yer & A. Longnon, S.A.T.F. (París, 1882).

(Las referencias a otras *chansons de geste* constan en las notas.)

5.　TEXTOS LEGALES

a)　Colecciones generales

Muñoz　　　= T. Muñoz y Romero, *Colección de fueros municipa-
　　　　　　　les y cartas pueblas* (Madrid, 1847).
Rozière　　= E. de Rozière, *Recueil des formules usitées dans
　　　　　　　l'Empire des Francs du Ve au Xe siècle,* 3 tomos
　　　　　　　(París, 1859-1871).
Fórmulas　= «Colección de fórmulas jurídicas castellanas de la
　　　　　　　Edad Media» (de alrededor del año 1400), en *AHDE*,
　　　　　　　III (1926), pp. 476-503.
Documentos = *Documentos para la historia de las instituciones de
　　　　　　　León y Castilla* (*siglos X-XIII*), ed. E. de Hinojosa
　　　　　　　(Madrid, 1919).

b)　Códigos nacionales

F. Viejo　= *Fuero Viejo de Castilla,* ed. de I. de Asso y del
　　　　　　　Río & M. de Manuel y Rodríguez (Madrid, 1847).
F. Juzgo　= *Fuero Juzgo en latín y castellano* (Madrid, 1815).
O. Alcalá　= *Ordenamiento de Alcalá* (1348), en *F. Viejo,* arriba.

c)　Fueros locales

F. Albarracín = *Fuero latino de Albarracín (fragmentos),* ed. de A.
　　　　　　　González Palencia & I. González Palencia (Madrid,
　　　　　　　1932).
F. Avilés　= *Fuero de Avilés,* ed. de A. Fernández-Guerra (Ma-
　　　　　　　drid, 1865).
F. Coria　= *Fuero de Coria,* ed. de J. Maldonado y Fernández del
　　　　　　　Torco & E. Sáez (Madrid, 1949).
F. Cuenca　= *Fuero de Cuenca,* ed. de R. Ureña y Smenjaud (Ma-
　　　　　　　drid, 1935).
F. Estella　= *Fuero de Estella,* ed. de J. M. Lacarra (Madrid, 1928).

F. Lorca   = *Fuero de Lorca*, ed. de J. M. Campoy (Toledo, 1913).
F. Miranda   = *Fuero de Miranda de Ebro*, ed. de F. Cantera (Madrid, 1945).
F. Oviedo   = *Fuero de Oviedo*, en *F. Avilés*, arriba.
F. Salamanca = *Fuero de Salamanca*, ed. de J. Sánchez Ruano (Salamanca, 1870).
F. Viguera   = *Fuero de Viguera y Val de Funes*, ed. de J. M. Ramos y los Certales (Salamanca, 1956).
F. Zorita   = *Fuero de Zorita de los Canes*, ed. de R. Ureña y Smenjaud (Madrid, 1911).

d) CARTULARIOS

Cartulario de S. Pedro de Arlanza, ed. de L. Serrano (Madrid, 1925).
Becerro gótico de Cardeña, ed. de L. Serrano (Valladolid, 1910).
Cartulario del monasterio de Eslonza, ed. de V. Vignau (Madrid, 1884).
Cartulario de S. Millán de la Cogolla, ed. de L. Serrano (Madrid, 1930).
Colección diplomática de S. Salvador de Oña (822-1284), ed. de J. del Alamo, 2 tomos (Madrid, 1950).
Cartulario de S. Vicente de Oviedo, ed. de L. Serrano (Madrid, 1929).
Libro de regla o Cartulario de la antigua abadía de Santillana de Mar, ed. de E. Jusué (Madrid, 1912).
Recueil des Chartes de l'abbaye de Silos, ed. M. Férotin (París, 1897).

NOTA.—Para las referencias a R. Menéndez Pidal, *Cantar de mio Cid*, se utiliza la edición de Madrid, 1944-46, 3 tomos; para *La España del Cid*, la 5ª edición de Madrid, 1956, 2 tomos.

ensayos/planeta

DE LINGÜÍSTICA Y CRÍTICA LITERARIA

En publicación